Hanna Reitsch
Fliegen-mein Leben

Hanna Reitsch

Fliegen-mein Leben

Mit 42 Abbildungen

Herbig

4. Auflage Januar 2001 – Sonderproduktion

©1979 by F. A. Herbig Verlagsbuchhandlung
GmbH, München
Alle Rechte vorbehalten
Umschlaggestaltung: Wolfgang Heinzel
Satz: Gruber & Hueber, Regensburg
Druck: Jos.C.Huber KG, Dießen
Binden: R. Oldenbourg, Kirchheim
Printed in Germany

ISBN: 3-7766-2197-4

Inhalt

Vorwort

Dieses Buch schrieb ich nach meiner Entlassung aus 1½jähriger amerikanischer Kriegsgefangenschaft. Es sollte nicht nur von meinem eigenen Fliegerleben berichten, sondern gleichzeitig aufweisen, wie viele Menschen unseres Volkes in der Vergangenheit und über die Vergangenheit dachten und für was wir uns einsetzten. Es endet mit der Darstellung der Ereignisse des Jahres 1945. Im Jahre 1951 wurde es in der Deutschen Verlagsanstalt Stuttgart veröffentlicht und hat mehrere Auflagen erfahren. 1966 wurde es dort nicht mehr neu verlegt. Nun hat es J.F.Lehmanns Verlag* übernommen, um es mit einer größeren Zahl von neuen Bildern wieder erscheinen zu lassen. Er regte gleichzeitig an, ich solle ein weiteres Buch mit der Fortsetzung meiner Lebensgeschichte schreiben.

Das, was ich seit 1945 erlebte, ist noch vielgestaltiger an Höhen und Tiefen, an Buntheit der Ereignisse, an Begegnungen mit ungewöhnlichen Menschen, mit Staatsoberhäuptern, mit Astronauten, mit Menschen verschiedenster Länder, Kontinente und Rassen. Außerdem hatte ich das Glück, in der Sportfliegerei nach dem Krieg weit größere Erfolge zu erringen, als dies bis 1945 der Fall war.

Die Arbeit am zweiten Band meiner Lebensgeschichte aber läßt mich erkennen, wieviel leichter es war, dieses Buch »Fliegen – mein Leben« zu schreiben. Dabei brauchte ich mich nur an die Wahrheit zu halten und sie freimütig wiederzugeben. Jetzt aber erkenne ich, daß, wenn ich diesen Freimut und die gleiche Wahrheitsliebe bei dem in Arbeit befindlichen neuen Band anwende, ich in große Konflikte gerate und zwar in Konflikte mit meinem Wunsch, zur Versöhnung beizutragen, sowohl im eigenen Land als auch mit anderen Ländern, vor allem mit unseren früheren Gegnern. Wahrheit deckt Wunden auf, aber nur über diesen Freimut kommt es zu Klarheit und Versöhnung. Ich bin davon überzeugt, daß eine segensreiche Zukunft und ein dauerhafter Friede nur durch Wahrheit und durch eine bewältigte Vergangenheit und wahrhaftige Darstellung des Erlebten erreicht werden kann. Es gilt aber nicht nur im Großen, sondern auch im Kleinen – für das Leben eines jeden einzelnen Menschen.

Es wäre daher falsch und unwahr, wenn ich meine Gefangenschaft sowie andere unerfreuliche, aber mein Leben bis heute tief beeinflussende Erlebnisse auslassen würde. Das hat nichts mit Unversöhnlichkeit zu tun, sondern sie weisen im Gegenteil auf, wie man trotzdem ohne Bitternis seinen Mitmenschen in Liebe gegenübersteht, unabhängig von der Behandlung, die man durch sie erfahren hat. Am schwersten zu ertragen wurden für mich die Verleumdungen und Falschberichte im Zusammenhang mit meinem Flug mit Generaloberst Ritter von Greim (dem letzten Oberbefehlshaber der früheren Luftwaffe) in das von Russen völlig eingeschlossene Berlin, die bis zum heutigen Tag fortgesetzt werden, sobald mein Name durch eine neue Zeitungsmeldung auftaucht. Ich wurde und werde dadurch immer von neuem auf eine politische Bühne geholt, auf die ich niemals gehörte. Es werden bis zum heutigen Tag noch immer gefälschte, sogenannte »Augenzeugenberichte über die letzten Tage im Hitlerbunker« unter meinem Namen in der in- und ausländischen Presse sowie in Büchern angeführt wie etwa in Trevor Ropers Buch »The last Days of Hitler« oder William L. Shires Buch »Aufstieg und Fall des Dritten Reiches«. Sie enthalten oder benutzen Aufzeichnungen, die von der amerikanischen CIC am 5.12.1945 veröffentlicht wurden. Ich betone hier ausdrücklich, daß ich diese »Augenzeugenberichte«, die in Ichform verfaßt sind, nie geschrieben, nie gesehen und nie unterzeichnet habe. Sie entsprechen zum größten Teil nicht der

Wahrheit. Wahrheit über mein Leben ist das, was ich in diesem Buch »Fliegen – mein Leben« niedergeschrieben habe.

Wer meine Entwicklung von Jugend an in diesem Buch verfolgt und auch das Unausgesprochene und Hintergründige zwischen den Zeilen meines Buches zu lesen vermag, wird verstehen, daß es auch im Krieg für mich keinen anderen Weg geben konnte als den, von dem ich berichte. Meine Begegnungen mit führenden Persönlichkeiten ergaben sich aus meiner Berufstätigkeit. Von ihnen berichte ich wahrheitsgetreu wie von meinem übrigen Leben: Woher ich stamme, wie ich zu meinem Beruf kam und was mir bis 1945 als Fliegerin zu erleben beschieden war.

Im Gegensatz zu meiner eigenen Darstellung über den letzten Flug nach Berlin wollte der amerikanische Verfasser jenes gefälschten »Augenzeugenberichtes« über die letzten Tage im Hitlerbunker« sich die Sensation meines gefährlichen Fluges mit Generaloberst von Greim nicht entgehen lassen. Um aber zu vermeiden, eine deutsche Fliegerin etwa als tüchtig oder gar als tapfer darstellen zu müssen, wählte er den Weg der Wahrheitsverdrehung und ließ mich diesen Flug nicht der Tatsache entsprechend als ein von Generaloberst von Greim auserwählter Pilot und für ihn vertrauenswürdiger Mensch und Freund durchführen, sondern machte mich statt dessen zur »Freundin Adolf Hitlers«. Ich kann nur annehmen, daß der Schreiber und Erfinder dieses gefälschten Berichtes nicht ahnte, welche Folgen für mein Leben daraus entstanden. Ich werde seitdem im In- und Ausland, vor allem aber in den östlichen Ländern, mit manchem belastet, was man mit dem Dritten Reich in Verbindung bringt. Die Folgen dieses gefälschten Berichtes werde ich im neuen Buch aufweisen.

Trotz alles Belastenden hatte ich nach dem Krieg das Glück großer fliegerischer Erfolge. Seit man uns Deutschen im Jahre

9

1952 wieder zu fliegen erlaubte, erlangte ich als einzige weibliche Teilnehmerin bei den Segelflugweltmeisterschaften 1952, die in Madrid/Spanien ausgetragen wurden, für Deutschland und den Deutschen Aero-Club die Bronzene Medaille. Weit schöner und beglückender aber als dieser Erfolg wurde für mich ein kleines Erlebnis nach der Siegerehrung in Madrid. Da trat ein französischer Jude an mich heran, der im Zweiten Weltkrieg im Kampf gegen Deutschland einen Arm und ein Bein verloren hatte. Er drückte mir bewegt die Hand und sagte: »Sie haben während dieser Weltmeisterschaften für Deutschland die Herzen aller gewonnen.« Das war für mich beglückender als der fliegerische Erfolg.

1955 folgte eine fliegerische Krönung, als ich bei den Deutschen Segelflugmeisterschaften, wiederum als einzige weibliche Teilnehmerin, die deutsche Meisterschaft gewann, obwohl als Gastteilnehmer der damalige Segelflugweltmeister – der Franzose Pierre – und der ehemalige Segelflugweltmeister – der Schwede Silesmo – mitflogen. Die fliegerischen Erfahrungen steigerten sich für mich durch die erfolgreiche Teilnahme an den Segelflugweltmeisterschaften 1956 in St. Yan (Frankreich), bei denen mir ein neuer deutscher Frauenrekord im freien Streckenflug mit 370 km gelang. Ein besonderes Erlebnis wurde für mich ein Wellenflug über St. Auban (Frankreich) 1957, bei dem es gelang, mit 6848 m Höhe einen neuen deutschen Frauen-Höhenrekord im Segelflug aufzustellen und dabei meinen ersten Diamanten zur »Gold-C« zu erringen.

Das Jahr 1958 wurde durch ein schweres einschneidendes Ereignis für die weiteren Jahre meines Lebens bestimmend, da ich seitdem mein Segelfliegen ins Ausland verlegte. Vom Deutschen Aero-Club zur Teilnahme an den Segelflugweltmeisterschaften in Polen auserwählt, wurde mir als einzigem teilnehmenden Piloten von Polen das Einreise-Visum verweigert. Da die deutsche Nationalmannschaft aber ohne Protest dagegen teilnahm, flog ich seitdem weder bei Deutschen National- noch bei Weltmeisterschaften noch irgendwelchen Segelflugveranstaltungen des Deutschen Aero-Clubs mit.

Ein Jahr später folgte ich einer Aufforderung, die mich nach Indien rief, um dem indischen Leistungssegelflug zu helfen. Das Erlebnis dieses ungeheuren Kontinents und der Einblick, den ich in das geistige Indien gewinnen durfte, und vor allem die Freundschaft mit dem großen weisen indischen Ministerpräsidenten Jawaharlal Nehru, den ich im Segelflugzeug hoch über New Delhi flog, wurden für mein weiteres Leben sehr bedeutsam. Die durch Pandit Nehru – in dessen Haus ich als Gast wohnte – angeregte Einführung in Yoga-Lehren mit täglichen Übungen und Meditationen vertieften und bereicherten mein Leben in für mich ungeahntem Maß. Noch wußte ich nicht, welchen schicksalhaften Weg Pandit Nehru für mich verursachen würde.

Zunächst folgte ich 1961 einer Einladung amerikanischer Segelflieger zu Wellensegelflügen über der Sierra Nevada (Kalifornien). Herrliche, höchst interessante Erlebnisse bereicherten diese Reise: Die Besichtigung der berühmten US-Erprobungsstelle Edwards in Kalifornien – eine Einladung nach Huntsville/Alabama zu Wernher von Braun – ein Empfang bei Präsident Kennedy im Weißen Haus – und eine Begegnung mit dem großen Wissenschaftler und Konstrukteur Igor Sikorsky in Connecticut.

Im Herbst 1961 rief mich der finnische Aeroclub in das Land, dem ich seit 1934, wie »Fliegen – mein Leben« aufweist, sehr nahe verbunden bin. Dann aber tat sich für mich eine völlig neue Welt auf: Schwarz-Afrika. Pandit Nehru hatte im Januar 1962 seinem Freund, dem Staatspräsidenten von Ghana, Dr. Kwame Nkrumah, vorgeschlagen, mich nach Ghana zu rufen, um eine

Segelflugschule aufzubauen und damit der Charakterformung der ghanaischen Jugend zu helfen. Vier Jahre galten jetzt ausschließlich dieser Aufgabe, über die ich in meinem Buch »Ich flog für Kwame Nkrumah« (ebenfalls in J. F. Lehmanns Verlag, München, erschienen) ausführlich berichtete. Der Staatsstreich in Ghana 1966, der durchgeführt wurde, während sich Dr. Nkrumah auf dem Weg nach Hanoi zu Ho Tschi Minh befand, um mit ihm die Möglichkeit der Beendigung des Vietnamkrieges zu erörtern – setzte dieser schönsten Aufgabe, die ich im Leben hatte, jäh ein Ende. Ich mußte wieder einmal erfahren, welch unheimliche Mächte aus wirtschaftspolitischen Motiven bei diesem Ghana-Coup am Werke waren. Dr. Kwame Nkrumah, der große afrikanisch-nationale Freiheitskämpfer, der den Kapitalgruppen des Westens die Geschäfte verdarb, konnte sich gegen solche Gegner nicht behaupten. Die Freundschaft, die zwischen Nkrumah und mir durch meine erfolgreiche Tätigkeit als Prinzipal der Segelflugschule gewachsen ist, vertiefte sich während seines Exils in Conakry (Guinea), wo ich ihn mehrfach besuchte. Eine unheilbare Krankheit setzte seinem Leben am 27. April 1972 ein tragisches Ende.

Mir brachten Verhaftung und Ausweisung aus Ghana als Folge des Staatsstreichs 1966 das vorläufige Ende einer ungeheuer interessanten Aufgabe.

Die Jahre von 1968 an bis zum Zeitpunkt, da ich diese Zeilen schreibe, brachten erneut schöne fliegerische und menschliche Erlebnisse: Durch Wiederaufnahme des Hubschrauberfliegens, das ich 1937 als erste Frau der Welt erlernte, und durch systematische Alpensegelflüge, die ich bereits 1937 mit meiner ersten Überquerung der Alpen im Segelflugzeug von Salzburg nach Italien begonnen hatte. Die ab 1969 durchgeführten Alpensegelflüge wurden zum Höhepunkt meines Fliegerlebens. Darüber zu berichten – sowie von Begegnungen mit Neil

Armstrong, dem ersten Menschen, der den Mond betrat – mit Testpiloten – Wissenschaftlern – Sportlern und Freunden – wurde ich gebeten, im nächsten Band meiner Lebensgeschichte zu schreiben.

Eines hat mich mein Leben neben anderem gelehrt, was Marie von Ebner-Eschenbach in ihren Aphorismen ausdrückte: Daß nämlich ein einziger wahrer Freund mehr zu unserem Glück beiträgt als tausend Feinde zu unserem Unglück. Und ich schätze mich reich und glücklich, nicht nur einen, sondern viele wahre Freunde zu haben.

Wenn das, was ich in diesem ersten Band meiner Lebensgeschichte niedergeschrieben habe, der Jugend, den Fliegern, manchen Suchenden und Ringenden ein wenig auf ihrem Lebensweg helfen kann, so wäre der Wunsch, den ich mit diesem Buch verbinde, erfüllt.

Wir Flieger auf der ganzen Welt haben alle eine große Aufgabe: Das, was wir hoch oben erleben dürfen, auf die Erde hinunterzutragen. Dort oben nämlich gibt es keine Grenzen, keine Völker, keine Sprachen – dort bilden alle eine Einheit. Der einsame Flug in dieser grenzenlosen Weite hat unsere Seelen zu Brüdern gemacht.

Möge das Fliegen der Welt zum Frieden verhelfen!

Hanna Reitsch

* *1979 wurde dieser Titel vom Herbig Verlag übernommen.*

Elternhaus und Jugend in Hirschberg

Meine Geschichte beginnt mit meinen Eltern, mit meinem Vater, der von mittelgroßer Gestalt und zart gebaut war, dessen Kopf jedoch auffällig an Beethoven erinnerte und nicht nur äußerlich den künstlerisch begabten Menschen verriet, der er war, feinnervig und empfindsam, von fast überkultivierter Wesensart – und mit meiner Mutter, die ich kleiner als ihn, zierlich und proportioniert, mit dem feingeschnittenen, klugen Gesicht, in ihrer sprudelnden und doch immer sanft ausgeglichen wirkenden Lebhaftigkeit vor mir sehe. Sie entstammt einer Tiroler Adelsfamilie, in die sich jedoch vielfach bürgerliches Blut gemischt hatte. Mein Vater war Schlesier, und mein Bruder, als Achtjähriger befragt, hatte nicht unrecht, wenn er uns in kindlichem Stolz als „Tiroler-Preußen" ausgab: denn Süd und Nord vereinigten sich in dieser Ehe auf das glücklichste.

Mein Vater war Augenarzt und leitete in Hirschberg in Schlesien, einer kleinen, alten Stadt von nicht mehr als etwa fünfundvierzigtausend Einwohnern, eine Augenklinik, die als Privatklinik dem dortigen Diakonissenhaus angegliedert war. Hirschberg liegt in einer wunderschönen Gegend. Im Süden wird es von dem in seiner höchsten Erhebung sechzehnhundert Meter hohen, fast alpin wirkenden Kamm des Riesengebirges umsäumt, im Norden von den bewaldeten Bergen des Bober-Katzbach-Gebirges und im Osten und Westen von Wäldern und Hügeln, die, mit ihren Feldern, Burgen und Schlössern nach beiden Himmelsrichtungen hin langsam abnehmend, in die weite Ebene hinüberweisen.

Hier wurde ich geboren, hier verlebte ich meine Kindheit und Jugend, und niemals wird das Bild dieser geliebten Stadt, die uns Deutschen heute genommen ist, in mir verblassen!

15

Das leise Rauschen der Bäume, welche die breite Straße säumten, an der das elterliche Haus lag, wehte heimatlich vertraut schon in meine kindlichen Träume hinein. Und obwohl ich noch zu klein war, um ganz zu begreifen, was es heißt, eine Heimat zu haben, lag schon Geborgenheit darin, so wie in Vaters Cellospiel, das abends aus dem Musikzimmer zu mir herüber klang, ruhig und tröstend. Und zugleich war meine Mutter darin, meine geliebte Mutter, nach der ich mich immer sehnte. Während die Geschwister neben mir in ihren Betten schon schliefen, stand ich heimlich auf und schlich vor das Zimmer, in dem die Eltern saßen. Ich wollte in der Nähe der Mutter sein. Bis sie mich dort eines Tages schlafend fand und mich, liebevoll zurechtweisend, in mein Bett zurückbrachte.

Unter diesem Dach wuchs ich mit dem älteren Bruder Kurt und der jüngeren Schwester Heidi heran, und es schützte mich viele Jahre, bis ich nach Beendigung meiner Schulzeit die Stadt verließ. Aber wo ich seitdem auch war und bin, immer sehe ich den Kamm der schlesischen Berge, höre ich das Rauschen der Bäume, und Bild auf Bild entsteigt daraus, – tief geliebtes, schmerzlich entbehrtes Leben!

Da war die Augenklinik, die mein Vater als Arzt betreute. Von unserer Wohnung, in der mein Vater auch Sprechstunden abhielt, lag sie etwa fünf Minuten entfernt. Sie war uns Kindern vertraut wie das eigene Haus, denn Vater und Mutter hielten uns schon früh an, anderen zu helfen und an ihren Leiden Anteil zu nehmen. Wir Kinder durften deshalb abwechselnd unseren Vater auf seinen täglichen Klinikbesuchen begleiten, um die Kranken mit kleinen, kindlichen Zeichen und Gaben, die wir stets selbst erdenken und herstellen mußten, zu erfreuen. Mir wurden diese Besuche schon früh ein Bedürfnis, und ich benutzte deshalb oft genug den Heimweg von der Schule, um auf einen Sprung nach den Kranken zu sehen, die

Mit meiner Mutter

Hanna –
fünf Jahre alt

Mein Vater

Meine jüngere
Schwester Heidi

Mit Vater
und Bruder
musizierend

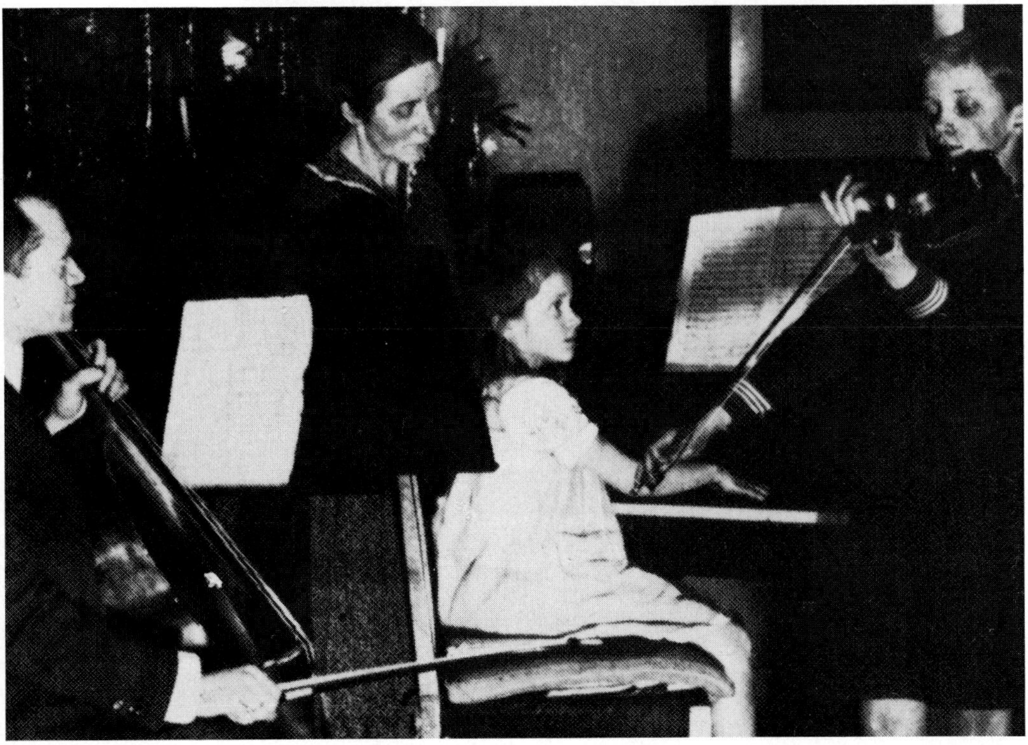

Mein älterer Bruder Kurt

ich gern mit Erzählungen, mit Erlebtem und Ersonnenem erfreute.

Damals schon erfuhr ich, daß mein Vater Arzt aus innerer Berufung war. Es war natürlich nur ein Eindruck, der sich meiner jungen, noch ungeformten Vorstellungswelt einprägte, da ich sah, wie mein Vater sich um seine Kranken unablässig persönlich bemühte.

Später wußte ich, daß helfen und heilen können ihm so sehr Lebensinhalt geworden waren, daß er sich von dieser ausschließlich ärztlichen Tätigkeit ganz erfüllt und glücklich fühlte. Ein Wirkungskreis, der ihn von seinen Kranken fortgeführt hätte, zum Beispiel an eine Universität, wurde von ihm ernsthaft nie in Betracht gezogen. Angebote in dieser Richtung hat er stets ohne Zögern abgelehnt.

Vielleicht war es deshalb für ihn eine besondere Freude, mein frühes, noch ganz kindliches Interesse an seiner ärztlichen Tätigkeit festzustellen. Er scheute keine Mühe, mein Verständnis dafür zu wecken und zu fördern. Zu diesem Zweck verschaffte er sich manchmal vom Metzger die toten Augen von geschlachteten Tieren, um mich zu lehren, wie ein Auge gebaut ist, und um mich anzuweisen, wie man kleine Schnitte und Operationen an diesen Augen ausführt.

Vaters schöne, schlanke Hände hielten dann das Messer, und in diesen Händen lag alles, was seine schönheitsdurstige, empfindsame Seele an Ungreifbarem ersehnen mochte. Ich mußte diese Hände immer wieder ansehen und begriff ahnend, daß ein Zusammenhang bestand zwischen den Augen, die in der Schale vor mir lagen wie ein unfaßbares Wunder, und jeder anderen wirklichen Schönheit, die ein ebensolches Wunder ist. Aber erst später, als ich älter war, verstand ich ganz, daß gerade der Arzt in Vater auch zur Kunst drängte, weil Kunst für ihn den reinsten Ausdruck seines Wesens bedeutete. Von seiner ärztlichen Tätigkeit ausgehend, beschäftigte er sich deshalb viel mit der Darstellung des Auges in der Kunst und schrieb auch darüber in Zeitschriften, wobei sein Spezialgebiet die Darstellung des Auges bei Dürer war.

Sonst aber galt außerhalb seines ärztlichen Berufes seine besondere Liebe der Musik. Fast komme ich in Versuchung zu sagen, mein Vater atmete darin, so sehr kam Musik aus seinem Wesen und kehrte wieder in ihn ein. Es verging deshalb auch kein Tag, an dem er nicht zu seinem Cello gegriffen hätte und an dem wir nicht – manchmal zwischen den Sprechstunden, manchmal eine Viertelstunde vor dem Mittagessen – seinen ausdrucksvollen, schönen Bogenstrich gehört hätten. Wenn er dann zu uns ins Eßzimmer kam, in dem wir schon am Tisch hinter unseren Stühlen stehend auf ihn warteten, empfingen wir Kinder ihn mit einem Tiroler Jodler. Jedesmal ging dann eine stille, erlösende Freude, die uns alle glücklich machte, über sein Gesicht.

Mein Vater ließ es aber, trotz dieser Sanftheit und dem immer verhaltenen Ernst seines Wesens, in unserer Erziehung an Strenge nicht fehlen. Im Geistigen richtete sich diese Erziehung nach bestimmten sittlichen Werten, auf die ich noch zu sprechen komme, in den Dingen des täglichen Lebens wurde sie gekennzeichnet durch die Einfachheit der Lebenshaltung, die mein Vater bestimmte. Als Arzt hielt er selbstverständlich darauf, daß unsere Ernährung gut und ausreichend war. Näschereien jedoch gab es nicht, und die vielen Patienten, die ins Haus kamen und für uns Kinder oft Süßigkeiten mitbrachten, mußten enttäuscht erleben, daß mein Vater nicht erlaubte sie uns zu geben. Es gab darin fast nie eine Ausnahme. Wir drei Geschwister waren alle lebhaft. So kann man wohl verstehen, was uns der große Garten hinter dem elterlichen Haus und der lange Flur in der Wohnung, mit einem Turnreck dazu, bedeuteten. Während der Vater Sprechstunden abhielt, war es natürlich nicht erlaubt, im Flur zu spielen. Nach Kinderart vergaßen wir jedoch oft genug das Verbot, bis uns des Vaters strenge Hand erreichte. Die Schläge waren zu ertragen, und mein Bruder Kurt, zwei Jahre älter als ich, spürte kaum, daß er sie empfangen hatte, noch dachte er darüber nach. (Die vier Jahre jüngere Schwester Heidi war noch nicht beteiligt.)

Doch ich war sehr empfindlich als Kind und besaß ein fast übersteigertes Ehrgefühl, so geschah es wohl, daß ich nach Erhalt der verdienten Strafe in den Wald lief und nicht wieder zurückkehren wollte, bis mich am Abend die Furcht vor der kommenden Dunkelheit, Zerknirschung und Heimweh zurücktrieben. Da war es die Mutter, die mich still, voll Liebe empfing, nichts fragte und nichts sagte und mir nur ein Kreuz auf meine Stirn machte. An ihren Augen sah ich, wie sehr sie sich um mich geängstigt hatte. Das aber war schlimmer als alle Strafe und drückte mir vor Reue schier das Herz ab.

So vertrat mein Vater in unserer Familie eine starke Autorität, die unbestritten war und sich auf ein festes sittliches und geistiges Fundament stützte.

Das Glück unserer Familie aber war erst vollkommen durch meine Mutter. Ich habe sie nie anders als immer heiter und ausgeglichen in Erinnerung. Unbegrenzt war ihre Güte, und sie war sehr klug. In ihrer Jugend hatte sie als Schülerin des Kaiserlichen Civil-Mädchenpensionats in Wien mit dem Abitur als Abschluß eine ausgezeichnete Erziehung genossen, die ihr ein gediegenes Wissen und das gute Beherrschen mehrerer Fremdsprachen vermittelt hatte.

Als Mutter war sie, wie alle Mütter in ihrem Herzen zu ihren Kindern sind: liebend, geduldig und nie ermüdend, tröstend und lehrend. Aber sie besaß auch die Gabe, die nicht allen

Müttern gegeben ist, dies unauffällig sichtbar zu machen, so daß unser Leben wunderbar reich durch sie wurde. Soll ich erzählen, wie sie auf den täglichen Spaziergängen, die sie mit uns Kindern machte, uns lehrte, den Grashalm und die Blumen, die Käfer und die Vögel, den Himmel und die Wolken zu sehen, die Sonne des Tages und nachts den Mond und die Sterne ganz nahe und bewundernd in unser kindliches Leben hineinzuziehen? Wie sie uns für unsere Spiele Verse schrieb, am Heiligendreikönigstag mit Leintuch und einer Krone aus Goldpapier uns als die Könige Kaspar, Melchior und Balthasar ausstaffierte und dann zu Vaters Patienten schickte? Scheinbar zufällig, in Wirklichkeit jedoch bewußt und beobachtend, hielt sie sich soviel als möglich in unserer Nähe auf, wenn wir spielend beschäftigt waren, um einzugreifen, wenn es nötig war, uns dabei im Spiel zu eigenem Denken und eigener Erfindung anregend.

Ihre mütterliche Liebe schien unbegrenzt, aber es war eine Liebe, die verstand, Maß zu halten. Auch darin waren sich meine Eltern einig. Doch während mein Vater oft glaubte, Strenge anwenden zu müssen, beugte sich meine Mutter zu unserem kindlichen Trotz oder unserem kindlichen Unverstand hernieder, um uns sanft aber bestimmt zu veranlassen, das zu tun, was sie für richtig hielt.

Sicherlich hat ihr meine Erziehung, vor allem in jungen Jahren, manche uneingestandene Sorge bereitet, denn ich war von meinen Geschwistern das empfindsamste Kind, das noch dazu in einer außerordentlich starken Erlebnis- und Gefühlswelt wurzelte.

Als ich, vierjährig, von unserem Balkon mit ausgebreiteten Armen hinunterspringen wollte, griff meine Mutter entsetzt nach mir: „Kind, – da wärst du ja tot!" „Wär ich dann beim lieben Gott?" sagte ich. „Tät er mich dann fragen: Hannerl, woll'n wir's hageln lassen?" Nichts imponierte mir damals mehr als ein tüchtiges Hagelwetter.

Daß ich später gern meine Schularbeiten nicht am Tisch im Zimmer oder Garten erledigte, sondern mir eigens dazu die Krone eines Baumes aussuchte, mag ihr nicht ganz recht gewesen sein, aber es ängstigte sie auch nicht übermäßig, da sie wußte, daß ich sportgeübt und schwindelfrei war. Schwieriger wurde es schon, als ich eines Tages mit Eifer daranging, meinen Bruder im Rülpsen zu übertreffen und diese eben erworbene Fertigkeit stolz bei Tisch vorführte. Es trug mir selbst von ihrer sanften Hand eine Ohrfeige ein, wonach ich diese Kunst nur noch heimlich im Keller übte.

Von größerer erzieherischer Bedeutung jedoch war, wie sie es verstand, meine impulsive Art in die richtige Bahn zu lenken. So neigte ich leicht zu vorschnellem Urteil. Meine Mutter ignorierte niemals meine Ansicht – wie manche Erwachsene es törichterweise Kindern gegenüber tun –, sondern ließ sie zuerst einmal gelten, um mir vorsichtig und scheinbar unbeabsichtigt an einem von ihr gegebenen Beispiel zu zeigen, daß ich mich irrte.

So entsinne ich mich, daß mir eines Tages ein mit Rotkäppchen und Wolf grell bemalter Samtschulranzen besonders gut gefiel. Es war in den Jahren, in denen ein Kind anfängt, langsam seinen Geschmack zu bilden. Im Wachen wie im Träumen sah ich nur noch diesen Ranzen, bis ich das Glück hatte, mit meiner Mutter zusammen der Schülerin auf der Straße zu begegnen, die diesen Ranzen trug, und ihr nun begeistert diese „kostbare Zier" zeigen konnte. Sie mag wohl still in sich hineingelächelt haben, aber sie verdarb mir meine Freude nicht. Statt dessen richtete sie es unauffällig so ein, mich vor ein Schaufenster zu führen, in dem viele verschiedene Ranzen lagen. Dort schlug sie mir vor, daß sich jede von uns den schönsten aussuchen sollte. Meine Wahl war schnell getroffen, ein Samtranzen mit einem röhrenden Hirsch als Bild, während sie unverständlicherweise einen einfachen Lederranzen vorzog. Sie verbesserte mich auch dieses Mal nicht, aber sie hielt es in der Folgezeit so, daß wir oft zusammen die Auslagen von Schaufenstern besichtigten und nach unserem Geschmack mit den Augen wählten. Auf diese Weise bildete sie langsam aber sicher mein Urteil einfach dadurch, daß sie mich jedesmal zum Nachdenken über unsere verschiedene Wahl anregte.

Besonders ernst nahm meine Mutter die Aufgabe, mich gegenüber meinen Mitmenschen zu gerechtem und liebevollem Denken zu erziehen. Im allgemeinen war ich ihnen gegenüber immer fröhlich und aufgeschlossen, und es lag mir fern, je mißtrauisch zu sein. In meiner gefühlsmäßigen Einstellung neigte ich jedoch dazu, mein Urteil über Menschen ganz einfach aus der vorhandenen oder mangelnden Sympathie zu fällen. Wenn ich zum Beispiel, von einer Kindergesellschaft heimkommend, begeistert das eine Kind lobte, weil es Eindruck auf mich gemacht hatte, um ein anderes ebenso uneingeschränkt zu tadeln, weil es mir mißfallen hatte, nahm sie mich wohl auf ihren Schoß und lehrte mich, daß Gott jedem Menschen gute und schöne Eigenschaften geschenkt habe, dem einen nach außen sichtbar, wodurch er bei den Menschen gefällig und angenehm wirke und es entsprechend leicht habe, dem anderen jedoch im Inneren verborgen, und daß es nun an mir sei, dieses Besondere herauszufinden.

Meiner Mutter war es deshalb auch ein ernstes Anliegen, uns Kinder zu immer freundlichem Wesen gegen alle Menschen zu erziehen. „Freundlichkeit gegen jedermann" - so schrieb sie Moltkes Wort an seine Braut in ihr Tagebuch - „ist die erste Lebensregel, selbst gegen die, welche dir nicht gefallen. Die wahre Höflichkeit und der feinste Weltton ist eine angeborene

Freundlichkeit eines wohlwollenden Herzens. Wirkliche Bescheidenheit und Anspruchslosigkeit sind der wahre Schutz gegen die Kränkungen und die Zurücksetzungen dieser Welt. Wenn wir nichts anderes scheinen wollen, als wir eigentlich sind, so kann weder Rang noch Geburt, noch Menge und Glanz uns wesentlich aus der Fassung bringen."

Der Konfession nach war meine Mutter katholisch erzogen worden, und obgleich wir, dem Bekenntnis des Vaters entsprechend, protestantisch lebten, blieb vieles der katholischen Atmosphäre, aus der meine Mutter kam, im geheimen wirksam. Sie kam wohl dadurch zeitweilig in Gewissenskonflikte, die sie jedoch mit sich selbst austrug, von denen mein Vater, den sie nicht beunruhigen wollte, gar nichts wußte, und ich selbst erst sehr viel später erfuhr. Ich habe oftmals neben ihr gekniet, wenn sie ihre täglichen Besorgungen durch einen kurzen Kirchenbesuch unterbrach. Sie konnte nicht wissen, wie überzeugend ihr persönliches Beispiel wirkte und wie sehr sie uns Kindern durch ihr Wesen ihre Frömmigkeit nahebrachte.

Mit Todesahnungen erfüllt hatte sie mich einst unter ihrem Herzen getragen. Als sie mir dann in einer stürmischen Frühlingsnacht das Leben schenkte, erwies es sich, daß sie ihre Gefühle getäuscht hatten, denn sie blieb gesund und konnte einige Jahre später noch meine Schwester zur Welt bringen. Vielleicht kam es daher, daß sie sich, trotz der uneingeschränkten Liebe zu meinen Geschwistern, mit mir in besonderer Weise verbunden fühlte. Und mir erging es nicht anders. Auch ich liebte alle, den Vater ebensosehr wie die Geschwister, und ich hätte unter ihnen nicht wählen können. Aber zwischen mir und meiner Mutter bestand noch eine ganz besondere Beziehung: Jede von uns beiden trug die andere in sich, lebte ahnungsvoll das Leben der anderen mit und brauchte doch nichts zu sagen und nichts zu verschweigen. Es war so selbstverständlich, wie die Geheimnisse der Natur selbstverständlich sind, die sich vor unseren Augen ausbreiten und doch Geheimnis bleiben.

Schon als ich noch ein Kind war, empfand ich dies. Doch erst viel später, als ich das Elternhaus verlassen hatte und mein äußeres Leben so erlebnisreich verlief, als ich täglich meiner Mutter Briefe empfing und ständig ihre stille Führung spürte, wußte ich, daß diese Verbundenheit nie etwas Vergleichbares in meinem Leben haben würde.

Wenn ich zurückschauend versuche, mein bisheriges Leben gedanklich zu erfassen und die Fülle der Ereignisse und Erlebnisse auf einen Grund zu stellen, der stark genug ist, sie zu tragen, so greife ich wie in Kindertagen zu der Hand von Vater und Mutter, in deren Liebe ich glücklich und sorglos aufgewachsen bin. Immer werden Kindheitserinnerungen hell in das Leben von Erwachsenen hineinleuchten, denn die Natur, welche die Liebe zwischen Eltern und Kindern gesetzt hat, will es so. Aber für mein Leben bedeutet das Elternhaus mehr als Ausgangspunkt und Geleit, es bedeutet die Mitte, und von allen Menschen, die meinen Weg begleitet haben, sind meine Eltern mir der Maßstab für alles geblieben. Daran hat auch der Tod nichts ändern können.

Schulzeit in Hirschberg und Rendsburg

Jetzt war ich noch jung, ein Schulmädchen, das jeden Tag sorglos empfing. Ich liebte meine Schule, meine Mitschülerinnen und Lehrer. Ich lernte gern und leicht, aber ich war nie mehr als eine Durchschnittsschülerin und hatte auch nicht den Ehrgeiz, mehr zu sein. Ich hatte dabei das Glück, einer Klasse anzugehören, die sehr begabt war und deren Bestand an

Schülerinnen sich von Sexta bis Prima fast unverändert hielt. Zum Kummer meiner Eltern brachte mir jedoch mein Übermut manchen Verweis, und das Klassenbuch füllte sich deshalb in jedem Schuljahr viel zu schnell mit Tadeln. Ich konnte damals nicht ahnen, daß sich daraus einmal eine kleine Katastrophe für das erzieherische Bemühen meiner Lehrer ergeben sollte. Als ich nämlich später das Eiserne Kreuz zweiter Klasse erhielt und mich die Stadt Hirschberg zu ihrem Ehrenbürger machte, wurde ich den Schülerinnen meiner Schule als ein Muster an Fleiß und Betragen hingestellt. Für die Lehrerschaft ergab sich unglückseligerweise, daß gerade in jenen Tagen einige Schülerinnen beim Aufräumen die alten Klassenbücher meiner Klasse fanden und, als sie diese begierig im Hinblick auf meinen unverdienten Ruhm durchstöberten, die schreckliche Anhäufung von Tadeln entdeckten. Ihre begeisterte und berechtigte Freude mag sich jeder vorstellen. Doch die Schule hatte Humor. Der Direktor erlaubte, daß alle Blätter, die einen Tadel über mich aufwiesen, aus den Klassenbüchern gelöst und danach gebunden wurden, um sie mir dann bei der Schulfeier als stattliches Buch zu überreichen.

Im übrigen verlief meine Schulzeit unbeschwert und harmonisch, hier und da unterbrochen von übermütigen und mädchenhaften Albernheiten, wie sie wohl in jeder Schule vorkommen. Es geschah nicht oft, denn im allgemeinen verehrten und liebten wir unsere Lehrer, aber dann und wann spielten wir ihnen doch einen Streich.

So zum Beispiel galt es eines Tages, eine Stunde bei einer Lehrerin totzuschlagen. Nachdem der Unterricht zuerst wie immer angefangen hatte, sprang ich verabredungsgemäß plötzlich auf und schrie: „Eine Maus", – sprang danach mit einem Satz über die Lehne der hintersten Bank und sauste auf eine Ecke des Schulzimmers zu – der Maus nach, die es gar nicht gab.

Der Erfolg war unbeschreiblich. Die ganze Klasse schrie wie eine wildgewordene Horde durcheinander, setzte mir nach über Bänke, Tische und Stühle, sich dabei natürlich im Gedränge überschlagend, um endlich, zu einem großen Knäuel verstrickt, von einer Klassenecke zur anderen zu springen, während die vor Schreck bleiche Lehrerin vergebens versuchte, sich Gehör zu verschaffen. Plötzlich – von uns zuerst unbemerkt, dann aber durch den Zuruf einer schreckensbleichen Mitschülerin angekündigt – stand der Direktor in der Tür. Mit einem Schlag verstummte das Geschrei, still schlich jede auf ihren Platz. Der Direktor tat streng; doch ich spürte, daß er in seinem Herzen unsere Lausbuberei verstand. Ich hatte als Vertrauensschülerin Rede und Antwort zu stehen. Als ich mich als Anstifterin bekannte, ließ meine Klasse mich nicht im Stich und stellte sich tapfer neben mich. Der Spaß war uns die Stunde gemeinsamen Nachsitzens wert, die uns der Direktor zudiktierte.

Es gäbe viele Geschichten zu erzählen, die meine Schulzeit verschönten. Sie zeigen alle, daß meine Jugend im äußeren Ablauf nichts besonders Auffälliges aufzuweisen hat. Es gab natürlich auch in meiner Entwicklung Schwierigkeiten, die bei meiner stark gefühlsmäßigen Lebensart und einer ausgesprochenen Ehrempfindlichkeit nicht ausbleiben konnten. Hier war es immer wieder meine Mutter, die vorsichtig ausgleichend eingriff, obwohl ich dabei die Kraft ihres mütterlichen Herzens manchmal auf eine harte Probe stellte. In Erinnerung ist mir vor allem noch eine Begebenheit, die sich zutrug, als ich etwa dreizehn Jahre alt war. Ich war, wie ich schon erwähnt habe, jahrelang die Vertrauensschülerin meiner Klasse, und nichts schien das gute Verhältnis zu den Mitschülerinnen und Lehrern trüben zu können. Bis eines Tages eine „Neue" in unsere Klasse eintrat, deren Eltern von auswärts nach Hirschberg gezogen waren. Sie war ein begabtes, charakterlich kompliziertes Mädchen, das es zuerst in der Klasse nicht leicht hatte. Ich freundete mich mit ihr an und versuchte, sie in die Klassengemeinschaft hereinzuholen. Sie aber beneidete mich – ohne daß ich es ahnte – um meine Stellung in der Klasse. Eine Krankheit, die mich einige Wochen von der Schule fernhielt, benutzte sie als willkommene Gelegenheit, in meine so schöne Verbindung mit den Mitschülerinnen Mißtrauen zu säen, indem sie den Mädchen einredete, mein freundliches Wesen sei nicht aufrichtig gemeint, sondern beruhe auf Falschheit und Unehrlichkeit des Charakters. Dies ist ein Vorgang, der im Grunde nichts Ungewöhnliches an sich hat, da er sich immer wieder in diesem Alter wiederholt. Ich lag noch krank zu Bett, als ich davon erfuhr. Die Wirkung auf mich aber war furchtbar und drohte zu einer Katastrophe zu werden, denn in dem überspitzten Ehrgefühl, das mir eigen war, glaubte ich nun, da man mir Aufrichtigkeit und Wahrhaftigkeit absprach, auch meine Ehre verloren zu haben. Zum Verständnis muß ich hier einflechten, daß in unserer Erziehung die Ehre ein wesentlicher Begriff war, der uns vom Vater immer wieder eingeprägt wurde. Ehre bedeutete für ihn ein Grundelement des menschlichen Daseins, auf das sich das Leben des einzelnen und der Familie, des Volkes und der Menschheit notwendig gründen muß. Ohne Ehre leben zu müssen, wäre für ihn unmöglich gewesen. In dieser Hinsicht war er ganz in der preußischen Vorstellungswelt groß geworden und vertrat sie im besten Sinne des Wortes.

Der Begriff der Ehre ging deshalb auch sehr früh in unser junges Leben ein. Aber während meine Geschwister mit gesunder Selbstverständlichkeit ihre Ehre als gesichert ansahen, wurde mir der Ehrbegriff in dem Augenblick zur Gefahr, als ich, in meinem Ehrgefühl verletzt, noch zu unreif war, um richtig abschätzen zu können, welchen Wert ich einem versuchten

Angriff auf meine Ehre beimessen durfte. Ich glaubte damals, daß ein Mensch ohne Ehre kein Recht habe, weiterzuleben. So kam es in jener Situation zu einer lauten Anklage gegen alle: die „Neue", die Mitschülerinnen und auch gegen die Klassenlehrerin, wie es nun einmal meinem Temperament und dem Grad meiner inneren Verstörtheit entsprach.

Aber da geschah etwas Wunderbares. Als ich nach der Krankheit aufstand und den Raum verließ, stand meine Mutter vor der Tür. Warum sie jetzt gerade da war, wußte ich nicht, aber sie war bei mir und begleitete mich durch viele Straßen. Lange Zeit sagte sie nichts. Als sie sprach, gelang es ihr, Begriffe in mir zu klären, die mich befähigten, das, was in der Klasse geschehen war, auf mich zu nehmen. Es muß mir ungeheuer schwer geworden sein. Die Spannung, die sich der ganzen Klasse mitteilte, löste sich erst, als auf allgemeines Befragen der sehr klugen und energischen Klassenlehrerin die Anschuldigungen in sich zusammenfielen und nach einer Entschuldigung jeder einzelnen ein neues, zwar unbeschwertes, aber in sich gehalteneres Zusammenleben begann.

Von diesem einen Fall abgesehen, den ich hier nur deshalb erzählte, um an einem Beispiel zu zeigen, daß meine Entwicklung nicht ohne Klippen war und auch, weil er die erzieherische Weisheit meiner Mutter besonders hell beleuchtet, verlief meine Schulzeit ungestört glücklich.

Meine Schule war ein Realgymnasium und führte von der Sexta bis zum Abitur. Es war das Verdienst unseres Direktors, nur wirklich befähigte Lehrkräfte heranzuziehen, damit den Schülerinnen ein gutes Wissen auf allen Gebieten vermittelt würde. Der Geist der Schule war frei von jeder Enge. Besonders gern gedenke ich dabei unseres Musiklehrers Johl, der ein wahrer Musiker war, wie man sich nur einen wünschen kann. In seinen Musikstunden war ein Singen und Klingen, ein

Musizieren und Jubilieren, daß es uns die strenge Arbeit, die er zugleich mit uns leistete, völlig vergessen ließ. Ein ganzes Schatzkästlein schönster Lieder hat er uns gelehrt, aus dem ich noch heute schöpfe. Wie oft ich es später nach der Schulzeit geöffnet habe, wenn ich allein in blauen, schweigenden Höhen flog, weiß ich nicht. Nur daß es nie leer wurde und immer wieder seine schönsten Lieder hergab bis auf den heutigen Tag das weiß ich.

So ergänzten sich Schule und Elternhaus in vortrefflicher Weise. Den Kinderschuhen waren wir allzu schnell entwachsen. Das bedeutete aber, daß wir von den Eltern immer mehr mit in den Kreis ihrer Interessen und Anschauungen einbezogen wurden.

In diesem Zusammenhang muß ich auch die Musikabende in meinem Elternhaus erwähnen, bei denen Quartett oder Trio gespielt wurde. Sie fanden einmal in der Woche regelmäßig wiederkehrend statt, wobei stets viele musikliebende Menschen zu uns ins Haus kamen.

Wir durften jetzt an diesen Abenden teilnehmen und uns mit kleinen Handreichungen, zu denen es gehörte, Noten umzublättern oder in der Pause Tee zu reichen, nützlich machen. Die Abende trugen ganz das Gesicht meiner Eltern, denen innere Kultur alles, äußerer Glanz wenig bedeutete. Meinen Vater, der, im Gegensatz zu meiner immer heiteren Mutter, meist still und ernst war, vermochten diese Abende in wunderbarer Weise aus seiner Strenge und Gebundenheit, die ihm Pflicht und Verantwortungsgefühl im Alltag auferlegten, zu lösen. Über allem aber strahlte gütig und vermittelnd, voll Charme und bezaubernder Herzenswärme meine Mutter, die sich um jeden bemühte.

Diese Abende umschlossen im Kleinen, was ganz allgemein mein Elternhaus kennzeichnete: schlichtes, von Grund auf echtes Menschentum, das gewachsen war aus einer festen, sittlichen Ordnung.

Diese Ordnung stützte sich im Geistigen auf bestimmte sittliche Werte, die sich uns Geschwistern schon früh einprägten. Dazu gehörte neben der Achtung vor der Würde des Menschen und neben dem Ehrgefühl, das man als kostbarstes Gut zu hüten hatte, auch das Vaterland. Es war etwas Lebendiges wie das Elternhaus, dem man in Liebe und Verantwortung vor Gott zugewiesen war. Durch die Eltern erkannten wir, daß das für alle Völker galt, für alle Menschen, die in den geistigen und historischen Bindungen ihres Landes lebten, seien sie Deutsche oder Engländer oder Bürger irgendeiner Nation. Mit engem Nationalismus hatte diese Auffassung nicht das geringste zu tun.

Denn nichts hätte meinen Eltern ferner gelegen. Die Tatsache, daß mein Vater einer Loge angehörte, deren weltbürgerliche Ausrichtung ja unbestritten ist, mag diese Behauptung erhärten. Wesentlicher waren die Reisen meiner Eltern in die verschiedensten europäischen Länder. Mein Vater war vor seiner Ehe in China gewesen, meine Mutter in Frankreich und England, auch mein Bruder verlebte nach dem Abitur, vor seinem Eintritt in die Kriegsmarine, ein Jahr in England. Umgekehrt hatten wir abwechselnd einen englischen Studenten und eine englische Studentin im Austausch zu Gast. Dies alles trug dazu bei, unser Haus für die Welt offenzuhalten, immer bereit, neue Anregungen zu empfangen und zu geben. Doch durfte, nach Auffassung meiner Eltern, diese Weltoffenheit nicht um den Preis der nationalen Würde erkauft werden. Die eine umfaßte die andere ganz selbstverständlich.

Auf den späteren Flügen und Expeditionen, die mich in fast alle Länder Europas und auch in andere Erdteile führten, habe ich immer wieder feststellen können, daß das im Nationalen stets selbstbewußte Ausland den Begriff des Weltbürgertums gar nicht anders verstanden haben wollte. Ich danke es darum meinen Eltern, daß sie mich gelehrt haben, immer bereit zu sein, die Welt mit offenem und unvoreingenommenem Herzen aufzunehmen, um zugleich an dem Neuen, das mir „draußen" begegnete, die Echtheit meiner Liebe zu Heimat und Vaterland zu erproben. Wo und wie ich dieser Welt immer begegnet bin, nie konnte mich ihre Weite einsam und verlassen machen, ebensowenig wie die Enge der Heimat, wenn ich zurückkehrte, je bedrückend war. Denn das eine gehört zum andern, und es kommt nur auf den Menschen selbst an, es richtig zu verstehen. Damals konnte ich natürlich den Wert dieser Erziehung nicht voll einschätzen, denn ich stand noch an der Schwelle der Mädchenjahre, und es waren noch die einfacheren Dinge des Lebens, die mich beschäftigten. Zudem nahm auch die Berufsfrage einen stark bestimmenden Raum ein.

Daß es für ein Mädchen eigentlich nur eine Lebensaufgabe geben konnte, nämlich Frau zu werden und dann eine gute Mutter zu sein, stand dabei so unverrückbar fest, daß es gar nicht erst in den Kreis meiner Betrachtung gezogen wurde.

Als Beruf aber wollte ich den der Ärztin wählen. Mein Interesse kam von meines Vaters ärztlicher Tätigkeit her, und ich habe schon erzählt, wie dieses Interesse bei mir schon in den Kinderjahren erwachte. Nun aber, erfüllt von der lebendigen Frömmigkeit meiner Mutter, in eigenem Erleben vertieft durch meine Konfirmationsstunden, wollte ich Missionsärztin werden. Und ich wollte eine fliegende Missionsärztin werden. In diesem Vorschlag verdichtete sich zum erstenmal – ich mochte damals dreizehn oder vierzehn Jahre alt sein – mein Verlangen, fliegen zu können. Bis dahin war der Wunsch zum Fliegen nicht auffallender gewesen als bei anderen Kindern, und er hatte deshalb anfangs auch meine Eltern nicht beunruhigt. Welches Kind, das Phantasie hat und gleich intensiv in Märchen und in der Natur lebt wie ich, spricht nicht einmal einen Wunsch aus, der vom Alltäglichen abweicht und ins Wunderbare geht? Fliegen aber gehört dazu. Es ist ein uralter Traum der Menschheit, der im kindlichen Wesen, das so grenzenlos in die Weite und Fülle der Welt greift, am ehesten wach wird. Und die Eltern selbst hatten mir ja die Störche in ihrem ruhigen Flug gezeigt und den Bussard, der hoch und kreisend steigt! Und so schien ihnen dieser Wunsch eine Kindervorstellung, die sich mit den Jahren – wie alles wechselnd im Kinderleben ist – verflüchtigen würde.

Aber der Wunsch wuchs in mir. Er wuchs mit jedem Vogel, den ich fliegen sah, mit jeder sommerlichen Himmelsbläue und mit jeder segelnden Wolke darin. Er wurde ein Verlangen, eine Sehnsucht und schließlich ein tiefes Heimweh, das in mir saß und mich nicht mehr losließ.

Meine Eltern mochten das langsam ahnend mit wachsender Sorge verfolgt haben, denn sie achteten streng darauf, daß sich in keinem von uns Geschwistern im Keim etwas festsetzte, was sich aus falschem Geltungsbedürfnis zu einer charakterlichen Seltsamkeit hätte entwickeln können.

Mein Vater nahm mich deshalb, als er die Hartnäckigkeit sah, mit der ich meinen Berufswunsch und damit den Wunsch zu fliegen immer wieder vorbrachte, eines Tages beiseite und schlug mir vor, mit ihm einen Pakt abzuschließen.

Wenn es mir gelingen würde, bis zum Abitur kein Wort mehr vom Fliegen zu erwähnen, sollte ich zur Belohnung die Erlaubnis erhalten, nach der Prüfung an einem Segelflugkurs in Grunau, das in der Nähe von Hirschberg lag und eine bekannte Segelfliegerschule besaß, teilzunehmen.

Im stillen hoffte mein Vater, mich durch dieses Versprechen eine Zeitlang zum Schweigen zu bewegen und damit zum

Vergessen meines törichten Wunsches. Doch darin hatte er sich getäuscht. Er konnte nicht ahnen, wie oft ich heimlich nach Grunau radelte, um irgendwo vom Straßenrand aus sehnsüchtig den Rutschern, Sprüngen und Flügen der Segelflugschüler auf dem Galgenberg zuzuschauen. Er wußte nicht, was mir das Fliegen bedeutet hat. Eltern und Geschwister kannten zwar meine Sehnsucht, doch hütete ich scheu mein Geheimnis, um nicht in den Verdacht zu kommen, angeberisch zu sein. Von nun an schwieg ich darüber ganz. Ein seltsamer Zufall kam mir dabei zu Hilfe.

In der Geschichtsstunde – ich war damals in der Tertia – wurden die Gestalt und Lehre des Ignatius von Loyola durchgenommen. Durch die Art und Auslegung seiner Persönlichkeit und Lehre, die mir im Unterricht vermittelt wurde, erfaßte mich ein starkes Interesse an diesem großen Ordensstifter. Ich suchte deshalb in der Bücherei nach Literatur über ihn und fand das kleine Buch „Geistliche Übungen" – so war, glaube ich, sein Titel – von ihm selbst verfaßt. Diese „Geistlichen Übungen" erschienen mir ein wertvoller Weg zur Selbsterziehung und sprachen mich, so jung ich war, stark an. Es wollte den Menschen aufrufen, seine Fehler dauernd zu überprüfen, sie abzulegen und dadurch seinen Willen zu meistern.

Ich fing voll Energie mit diesen Übungen an. Zuerst bemühte ich mich, meine Neigung zu Superlativen abzulegen. Es kostete viel Willenskraft, aber allmählich stellte sich, nach manchen Rückfällen, ein kleiner Erfolg ein, den auch meine Mutter, die nichts von all dem wußte, zu meiner größten Freude eines Tages feststellte. So half mir dieses Büchlein zu schweigen, wo ich reden wollte, und ich schwieg nicht ein oder zwei Jahre lang, sondern die ganze Zeit bis zum Abitur. Als ich dann nach bestandenem Examen nach Hause kam, wollte mir mein Vater in seiner Freude eine alte goldene Armbanduhr zum Geschenk machen. Ruhig gab ich sie ihm zurück und erinnerte ihn an sein Versprechen. Ich sah ihn blaß werden. Meine Mutter aber schloß mich in ihre Arme.

Meine Eltern wünschten, daß ich vor dem Studium eine hauswirtschaftliche Schule besuchen sollte. Ich ging auf die Koloniale Frauenschule nach Rendsburg, die einen vorzüglichen Ruf hatte und auch als Vorstufe für den Beruf der Missionsärztin dienen konnte. Die Schule, ein schöner, moderner Klinkerbau, lag etwas außerhalb der Stadt, dicht am Ufer des Kaiser-Wilhelm-Kanals. Hinter dem Haus erstreckte sich der Gerhards-Hain, ein Mischwald aus Birken, Tannen und Buchen. Neben Kochen, Waschen, Plätten und vielem anderen lernten wir mit Hühnern, Enten und Gänsen, Hammeln und Schweinen umgehen, mußten schustern, schlossern und glasern, durften reiten und schießen. Da man die Schulzeit als Vorbereitung für ein späteres Leben in den Kolonien ansah, hatten wir auch englischen und spanischen Sprachunterricht und wahlfrei Unterricht in der Kisuaheli- oder der Hererosprache.

Eine besondere Freude während dieser Zeit bedeutete für uns die Marine. Jedes Kriegsschiff, das durch den Kanal fuhr, fühlte sich mit unserer lustigen Mädchenschule verbunden. Wenn von weitem die Sirene heulte, stürzten wir aus Küche und Waschraum, aus Garten und Stall ans Ufer und stellten uns in Reih und Glied auf. Das Schiff stoppte dann ab und glitt langsam und gravitätisch an uns vorüber, während ein lustiges Rufen von hüben nach drüben scholl.

Nach einem Jahr hatten wir das Ziel der Schule erreicht. Einen besonderen Erfolg habe ich in diesem Jahr nur mit den Schweinen gehabt. Es war eine lustige Geschichte, die ich hier erzählen will:

Zum Dienst der Schülerin gehörte es, mindestens einmal im Halbjahr eine Woche lang das liebe Viehzeug zu versorgen, natürlich auch die Schweine. Das Amt war beliebt, solange die Schweine klein und umgänglich waren. Nach und nach wurde es jedoch verpönt, ja verhaßt, weil die Schweine beim Heranwachsen ihre guten Eigenschaften verloren und recht tückisch und gefährlich wurden. Vielleicht lag es daran, daß sie den ewigen Wechsel in der Betreuung als Ruhestörung empfanden und deshalb gegen die Urheber dieser Störung zum Angriff übergingen. Wie es auch sein mochte, jede Mitschülerin, die jetzt das Amt verwaltete, erzählte Schreckliches von den Beißattacken der Tiere, bis die Schulleitung beschloß, die Schweine schlachten zu lassen. Bis dahin jedoch war noch eine Woche Zeit, und in dieser Woche fiel das Amt auf mich.

Ein reichlich ungemütliches Gefühl, das man einfach mit Angst bezeichnen muß, überfiel mich vor meinem „Dienstantritt". Doch war ich zu stolz, um es mir anmerken zu lassen.

In der Nacht vor der ersten „Begegnung" schlief ich wenig und war schon eine Stunde vor der Zeit – um 4 Uhr morgens – im Stall, um im Falle eines Mißlingens wenigstens nicht dem beißenden Spott des Stallmeisters, der um 5 Uhr kam, ausgesetzt zu sein.

Mit Holzpantinen, Gummischürze und Mistgabel ging es in den Stall. Unglücklicherweise wurden die Schweine an diesem Morgen besonders ungnädig, als ich sie aus ihrer Ruhe störte. Sie fielen über mich her, zwei zerrissen meine Schürze in viele kleine Fetzen, ein drittes stürzte sich auf meine Mistgabel, mit der ich einen schwachen Versuch machte, mich der anderen Angreifer zu erwehren. Mit einer mir unverständlichen Kraft biß das Schwein den Stiel entzwei, während ich mit dem oberen Stück einfach Reißaus nahm und hinter mir in panischem Schrecken die Tür zuknallte.

Mein Leben hatte ich gerettet, doch was nun? Der Stall mußte gesäubert werden, obwohl mir bei dieser Vorstellung der Angstschweiß von der Stirn perlte. Während ich noch ratlos dastand, zeigte sich mir plötzlich ein Weg der Rettung. Ich entdeckte, angebaut an den ersten, einen zweiten Stall, der nicht benutzt war. Beide Räume waren durch eine verschließbare Luke miteinander verbunden. Ich räumte den zweiten Stall von den dort aufbewahrten Gartengeräten und trieb mit einem Besenstiel die Tiere hinein, schloß dann die Luke und säuberte in aller Ruhe den ersten Stall.

Dieser Ausweg war ideal, aber weniger schön fand ich es, durch den zweiten Stall doppelte Arbeit zu haben. Um das zu vermeiden, wollte ich die Tiere dahin erziehen, den ersten Stall, den ich nach der Säuberung mit Stroh aufgefüllt hatte, als Freß- und Tagesraum zu benutzen, während der zweite Stall ihren Schmutzereien dienen sollte. Die Tiere aber dachten nicht daran, solange sie es nicht begriffen. Doch ich ließ in meinen erzieherischen Versuchen nicht locker. Wohl jede Stunde lief ich in den Stall, um sie zu kontrollieren. Jedes Geschäft im Stroh des Tagesraumes nahm ich mit der Mistgabel auf und hielt es ihnen mit einem sanften Schlag vor die Nase, um es dann in den dafür bestimmten zweiten Stall zu werfen. Meine Mitschülerinnen sahen diesem Bemühen mit lautem Spott zu, und da ich in den ersten drei Tagen keinerlei Erfolg zu verzeichnen hatte, konnte ich mich vor ihren Neckereien kaum retten. Doch siehe da, welches Wunder, am vierten Tag war im Tagesraum nicht einmal mehr die Spur von Schmutz zu entdecken. Und so blieb es, bis die Schweine nach unabänderlichem Geschick ihr Leben aufgeben mußten.

Dies war der einzige Erfolg, der mir Bewunderung und Lob einbrachte; denn als ich, um ein anderes Beispiel zu nennen, zu Beginn der Herbstferien heim kam und durchsetzte, auch einmal das Kochen zu übernehmen, geschah es, daß ich – gewöhnt, für mindestens fünfzig Personen zu kochen – schon bei der ersten Mahlzeit soviel Reis kochte, daß meine arme Familie notgedrungen tagelang davon essen mußte. Nach diesem Versuch übernahm unsere Köchin wieder energisch das Regiment in ihrem Reich.

Ich werde Segelfliegerin. Mein „Fliegervater" Wolf Hirth

Nun sollte das Fliegen wahr werden!

Ich durfte in den Herbstferien, die noch in meine Rendsburger Schulzeit fielen, an einem Lehrgang auf der Segelflugschule in Grunau teilnehmen.

Der lang ersehnte Tag kam und war herbstlich schön. Ich nahm am Morgen mein Rad und fuhr hinaus durch Hirschbergs vertraute Straßen, an den Häusern vorbei, deren Gesichter ich so gut kannte, die zuerst dicht beieinander standen und immer weniger wurden, als die Landstraße begann. Vorbei an den Wiesen und Feldern, während zugleich der Kamm der schlesischen Berge meine Augen heimatlich grüßte. Den Galgenberg, der mein Ziel war, schienen sie schützend zu umfangen.

Es war noch früh und deshalb kühl, doch ich merkte es nicht. Meine Füße traten die Pedale, der Himmel über mir strahlte zartblau und fern, und die Vögel sangen. Mein Herz war voller Jubel.

Auf dem Kamm des Galgenberges war für Uneingeweihte nicht viel zu sehen. Eine große Halle stand dort, in der die Segelflugzeuge untergebracht waren, und daneben ein kleines, bescheidenes Holzhaus, das als Kantine und als Unterschlupf bei schlechtem Wetter diente. Mir schlug das Herz bei diesem

Anblick höher. Hier begann ja die neue, ersehnte Welt! Voller
Zuversicht und Hoffnung, zum Zerreißen gespannt, stand ich
mitten in einem Haufen junger Männer an der Segelkiste, die
schon auf flaches Gelände geschoben worden war, und hörte
zu, wie uns der Lehrgangsleiter, Pit van Husen, die ersten
Anleitungen gab.
Beim Segelfliegen beginnt man nicht mit Theorie. Praxis und
Erfahrung bedeuten alles.
Zuerst lernt jeder Segelflieger das Balancieren.
Nachdem es andere vor mir geübt hatten, kam ich an die
Reihe.
Klopfenden Herzens setzte ich mich auf den offenen Sitz der
„Grunau 9". Ich war hundertvierundfünfzig Zentimeter groß,
kaum neunzig Pfund schwer. Zudem ein Mädchen. Kein
Wunder, daß ich von den umstehenden Jungen manchen Spott
hörte, denn ein Mädchen sollte vernünftigerweise bei den
Kochtöpfen bleiben.
Pit van Husen hielt die Segelkiste an einem Flügelende fest.
Sie zitterte trotzdem bei der geringsten Bewegung wie ein auf-
gescheuchter Vogel, jederzeit bereit, mit einem Flügelende auf
den Erdboden aufzusetzen. Dann ließ Pit van Husen das
Flügelende los, und nun balancierte ich – wie ich angewiesen
worden war – mit dem Querruder, immer darauf bedacht, daß
die Flächen den Erdboden nicht berührten.
Nach mir kamen andere an die Reihe. Der eine machte es gut,
der andere nicht. Lob gab es kaum, dafür aber Anpfiffe für
jeden, der sich ungeschickt anstellte. Mancher stieg mit hoch-
rotem Kopf aus. Aber schließlich hatten es alle geschafft.
Als nächstes übten wir das Rutschen.
Auf Geheiß von Pit van Husen hängten einige kräftige Burschen das zweiarmige Gummiseil in den dafür bestimmten
Haken an der Rumpfschnauze. Vier Mann an jeder Seite hat-

ten nun die Enden des Gummiseils aufzunehmen und es festzuhalten. Andere hielten den Schwanz der Segelkiste.

Pit van Husen rief die Startkommandos:

„Ausziehen!"

Die Startmannschaft hatte die beiden Seilenden anzuziehen
und gleichzeitig nach vorne zu gehen.

„Laufen!"

Die Mannschaft mußte jetzt mit dem Seil nach vorne laufen,
bis die höchstmögliche Spannung erreicht war.

„Los!"

Die Schwanzmannschaft ließ den Schwanz los, und die Segelkiste rutschte katapultartig nach vorn, während sich gleichzeitig
der Ring des Gummiseils aus dem senkrecht stehenden Haken
löste. Der Pilot mußte dann bei dem kurzen Rutscher, den die
Segelkiste machte, achtgeben, daß die Fläche horizontal blieb.
Außerdem mußte er versuchen, durch Betätigung der Fuß-
pedale, welche das Seitenruder bewegen, Richtung zu halten.

Später, so erklärte uns Pit van Husen, würde das Gummiseil
stärker ausgezogen werden, so daß aus dem Rutscher kleine
Sprünge würden, zunächst nur einige Meter weit, kaum über
dem Boden. Dann sollten es mit jedem Start längere und
höhere Sprünge werden, bis man fast unmerklich zu kleinen
Flügen übergehen würde, die man im Gleiten dadurch ver-
längern konnte, daß man die Segelkiste mit jedem weiteren
Start ein Stück höher den Hang hinaufzog. Die A-Prüfung
setzte eine Flugzeit von dreißig Sekunden voraus.

Nun, Fliegen schien nicht schwer zu sein!

So dachte ich, als ich endlich zum Start an die Reihe kam und
in das Segelflugzeug stieg. Wie – wenn ich den Steuerknüppel
ein klein wenig anziehen würde, ohne daß es einer merkte? Ob
dann die „Kiste" mit mir einen Meter hoch steigen würde?
Ich wollte endlich fliegend über dem Boden sein.

Die Startmannschaft aber dachte:

Das Mädchen wollen wir schon von der Stelle bringen, und lief, als das Kommando kam, mit lautem Gebrüll nach vorn und zog, was das Zeug hielt, an den Enden des Startseils.

Nun, sie sollten es tun!

„Los!" schrie Pit van Husen, und ich wußte im selben Augenblick, daß ich jetzt meinen Vorsatz wahrmachen würde. Ich würde den Steuerknüppel etwas anziehen, nicht viel, höchstens fünfzehn bis zwanzig Zentimeter, obwohl es verboten war! Ich tat es.

Zunächst spürte ich nur, daß die Kiste mit meinem angeschnallten Körper einen Ruck nach vorn tat und mein Kopf dabei zurückflog. Für Bruchteile von Sekunden wußte ich nicht, wie mir geschah. Dann, als ich wieder zu mir kam, rutschte ich nicht, wie es eigentlich befohlen war, auf dem Boden, sondern flog und sah nur Himmel, nichts als Himmel! Die Kiste hatte sich mit meinem Federgewicht, dem viel zu großen Startschwung der Jungen und meinem angezogenen Steuerknüppel steil, ja fast senkrecht erhoben.

„Drücken!" hörte ich es von unten brüllen, „drücken!" Ich drückte den Knüppel bis zum Anschlag ganz nach vorn. Die Kiste, die noch genügend Fahrt hatte, folgte dem Steuer. Dieses Mal jedoch fast kerzengerade nach unten, von wo mir die Erde fast blitzartig entgegenzukommen schien. Das war unheimlich. Ich zog das Steuer deshalb wieder an. Jetzt ging es wieder nach oben, und wieder sah ich nichts als Himmel. Dann wieder Erde. – Dann Himmel. – Dann – ich merkte, daß die Kiste jetzt nur noch ganz wenig Fahrt hatte – tat es einen Schlag, daß die Gurte rissen, und ich lag unten. Ich war hinausgeschleudert worden. Das Segelflugzeug aber war heil geblieben. Das Fliegen hatte ich mir zahmer vorgestellt. Dieses Auf und Nieder fand ich reichlich aufregend!

Mit Gebrüll kam der ganze Haufen Jungens angelaufen. Natürlich mußte das ja schief gehen! Ein Mädchen sollte hinter dem „Kochtopf" bleiben, wo es hingehörte!

Lachend, als ob nichts geschehen sei, stand ich unter ihrem Gespött auf. Aber ich hatte meinen Lehrer, Pit van Husen, vergessen. Vom schnellen Laufen noch fast außer Atem, stand er jetzt vor mir und brüllte auch, brüllte derart, daß mir Hören und Sehen verging, so wie es ein Mensch nur angesichts einer unbegreiflichen Dummheit tut, die ein anderer macht und die ihm den Schrecken in alle Glieder jagt. Nie im Leben hatte ich ähnliches gehört. Eine Flut von Worten prasselte auf mich nieder, die ich so schnell gar nicht aufnehmen konnte. Aber das verstand ich, daß ich ungehorsam gewesen war, undiszipliniert und untauglich zum Fliegen.

Dann aber kam erst das Schreckliche.

„Zur Strafe", schrie er, „haben Sie drei Tage Startverbot!" Damit drehte er sich um und ging. Mit ihm zog ein Teil der Jungen, alle wesentlich kleinlauter geworden, ab, während ein anderer Teil mir half, die Kiste aufzubocken und zum Startplatz zurückzuziehen. Seit diesem Ereignis aber nannten sie mich in diesem Kursus nur noch die „Stratosphäre".

Am Abend, als ich völlig zerknirscht mit meinem Rad nach Hause fuhr, war mir klargeworden: Ich hatte zwar undiszipliniert und ungehorsam gehandelt, aber ganz untauglich zum Fliegen war ich nicht. In diesem Punkt irrte Pit van Husen. Ich würde es ihm und den anderen beweisen.

Ich wußte an diesem Abend und auch in den nächsten Tagen zu meinem Glück nicht, daß fast zur selben Stunde beschlossen wurde, mich bei nächster Gelegenheit von der Schule zu weisen. Wie an jedem Abend, hatte auch heute nach Unterrichtsschluß Pit van Husen dem Altmeister des Segelflugs, Wolf Hirth, der Leiter der Segelfliegerschule Grunau war, über den

Verlauf des Tages Bericht erstattet. Dabei stand mein Zwischenfall im Mittelpunkt.

„Das Mädchen tun wir raus", sagte Wolf Hirth ruhig, als Pit
van Husen geendet hatte, „wir wollen keine Leich'."

Davon wußte ich nichts, sondern radelte nach Hause. Dort an-
gekommen, entschuldigte ich mich, um den Fragen meiner
Eltern und Geschwister zu entgehen, mit übergroßer Müdig-
keit. Ich schloß mich in mein Zimmer ein und ging ins Bett.
Von Schlaf jedoch konnte keine Rede sein. Die Gedanken
gingen wie ein Mühlrad durch meinen Kopf und ließen mir
keine Ruh'. Tausendmal hatte Pit van Husen recht! Ungehorsam einer Anweisung gegenüber kam beim Fliegen fast
einer Todsünde gleich. Jede auch kleinste Unterschätzung der
Gefahr konnte schreckliche Folgen haben, wobei der eigene
Tod nicht einmal das Schlimmste zu sein brauchte.

Ich brannte meinem Gehirn den Gedanken förmlich ein, daß
die peinlich genaue Befolgung auch der geringsten Regel beim
Fliegen ein zwingendes Gebot ist. Vielleicht hat diese Lehre,
die ich mir damals selbst erteilte, dazu beigetragen, daß ich
heute noch lebe.

Die Nacht aber wollte kein Ende nehmen, und je länger sie
dauerte, um so stärker schlichen sich Zweifel ein. Konnte es
nicht sein, daß Pit van Husen recht hatte? War es vielleicht
doch so, daß ich mich zum Fliegen nicht eignete? Die Zweifel
waren wach geworden und ließen mir keine Ruhe. Irgend etwas
mußte ich tun. Mir kam plötzlich ein Gedanke.

Ich stand auf und suchte im Zimmer nach einem Stock. Dann
sprang ich ins Bett zurück, nahm dort aufrecht sitzend den
Stock zwischen die Knie, ganz in derselben Lage, wie der
Steuerknüppel im Flugzeug steht. Ich schloß die Augen und
stellte mir ganz plastisch vor, daß ich in der Segelkiste säße. Auf
meinem gedachten Sitz fing ich an zu balancieren und machte

dabei mit meinem Stock jene Gegenbewegungen, die man mit dem Steuerknüppel machen muß, um zu verhindern, daß ein Flächenende den Boden berührt.

Als ich es konnte, kam der Start. Ich gab die Startkommandos und merkte nicht, so sehr war ich bei der Sache, daß ich sie laut ins Zimmer rief.

„Ausziehen!"

„Laufen!"

„Los!"

Ich spürte den Ruck, ganz wie ich ihn am Morgen erlebt hatte. Doch ließ ich dieses Mal den Knüppel in seiner Mittelstellung stehen.

In Gedanken rutschte ich nun nach vorn, hielt dabei genau Richtung ein und balancierte so, daß sich keine der beiden Flächen neigte. Dann blieb die Kiste stehen. Ich wußte, daß das ein guter, einwandfreier Rutscher war.

Ich übte noch einmal und auch zum drittenmal und immer wieder, wohl eine Stunde lang. Danach schlief ich befriedigt und beruhigt – und todmüde ein.

Am Morgen, als der Wecker mich unbarmherzig aus dem Schlaf gerissen hatte, wiederholte ich die Übung vor dem Aufstehen in derselben Weise wie in der Nacht. Dann radelte ich wie tags zuvor nach Grunau.

Starten durfte ich also heute nicht. Ich hatte deswegen von den Kameraden derben Spott und manche Neckerei zu ertragen, denn der Ton war hier rauh. Es war dies eine nicht gerade angenehme, jedoch heilsame Erziehung; zudem war ich auch in meinem tiefsten Innern überzeugt, daß sich alles bald ändern würde.

Vorläufig jedoch mußte ich, zusammen mit anderen, nach jedem Rutscher, der gemacht wurde, die Segelkiste auf zwei Räder aufbocken und an den Startplatz zurückziehen. Den ganzen Tag gab es genug zu lernen. Ich schaute mir jeden Rutscher genau an, und jedes Wort der Kritik griff ich begierig auf. Da lernte ich schnell, wo die Fehler lagen, was richtig oder falsch gemacht worden war.

Natürlich saß ich am Abend wieder mit dem Stock als Steuerknüppel in meinem Bett, um die Übungen vom Vorabend fortzusetzen. Ich merkte dabei, wie sehr mir die Erfahrungen, die ich tagsüber durch das Zuhören gesammelt hatte, zunutze kamen. Mit den Gedankenrutschern ging es jetzt schon ganz leicht, ja ich versuchte es sogar mit kleinen Sprüngen. Als ich mich dann endlich schlafen legte, tat ich es in dem frohen Gefühl, einen lehrreichen Tag hinter mir zu haben. Obwohl ich nicht selbst hatte starten dürfen, war der Gewinn für mich groß.

Den zweiten Straftag begann ich wieder mit meinen Übungen im Bett. Am Vorabend hatte ich nach den Rutschern schon kleine Sprünge versucht. Heute begann ich damit, den Knüppel nur ganz wenig anzuziehen, so daß ich in meinem Gedankentraining spürte, wie sich die Segelkiste leicht vom Boden abhob und etwa zehn bis fünfzehn Meter in der Luft blieb. Ich fühlte mich schon ganz sicher und rief, wieder alles um mich herum vergessend, meine Startkommandos laut durch das Zimmer.

Kein Wunder, daß meiner Familie langsam Angst wurde. Verstohlen prüfend sahen sie mich manchmal – wenn ich auf kurze Zeit für sie sichtbar wurde – von der Seite her an.

Im übrigen verlief der zweite Straftag in Grunau nicht viel anders als der erste. Ich mußte wieder zusammen mit den Kameraden nach jedem Rutscher die Segelkiste aufbocken und hörte wie gestern zu, was Pit van Husen den einzelnen Schülern an Kritik sagte.

Ein glücklicher Zufall jedoch kam meinem Wissensdurst und meiner Lernbegier in diesen Tagen zu Hilfe. Zusammen mit unserem Anfängerlehrgang hatte auch ein Kursus für Fortgeschrittene in Grunau begonnen, dessen Teilnehmer schon, von der Höhe des Südhanges aus, in einer richtigen Rumpfmaschine wie „erwachsene" Flieger starten und Gleitflüge machen durften, teils geradeaus, teils in vorgeschriebenen Kurven. Dieser Kursus machte, zu meiner Freude, zu einer anderen Zeit Mittagspause, als wir es taten.

Zur Stunde, als meine Kameraden sich zum Essen niedersetzten, schlich ich von ihnen fort auf die Höhe des Hanges und sah voll Sehnsucht zu, wie hier schon richtig geflogen wurde. Wie bei uns bekam auch in diesem Kursus jeder Schüler vor dem Start genaue Anweisungen. Für mich war alles neu, was ich dabei hörte. Wenn man also – ich wiederholte es in Gedanken – nach links kurven wollte, mußte man das Querruder und das Seitenruder nach links bewegen.

An diesem Abend übte ich im Bett mit meinem Stock das Kurvenfliegen. Die eine Kurve flach, die andere steil, stets darauf bedacht, jede sauber auszufliegen. Am dritten Tag flog ich in meiner Vorstellung die Kurven bereits so sicher, als ob ich schon rechte Erfahrung und Übung hätte. Ich war überglücklich, und selbst der Spott meiner Kameraden, an dem es in Grunau nie fehlte, konnte mir meine Zuversicht nicht mehr nehmen.

Nach diesen drei Straftagen durfte ich wieder meine Rutscher machen. Ich hatte aus der bösen Erfahrung gelernt und wollte das Lehrgeld nicht zum zweitenmal zahlen. Ich tat deshalb haargenau nur das, was mich Pit van Husen anwies zu tun. Natürlich glückte auch der Rutscher. Er war fehlerfrei, und Pit van Husen war zufrieden. Jetzt war kein Grund mehr, mich hinauszuwerfen.

Im Laufe der nächsten Tage durfte ich dann die Starts nachholen, welche die anderen mir voraus hatten. Jeder Rutscher glückte, war besser als der vorhergehende, und es folgten nun Sprünge, kleine und große. Bald hatte ich alles Versäumte nachgeholt.

Dann kam der Tag, der mir völlig unverhofft ein großes Glück schenkte.

Der erste Teilnehmer unseres Lehrganges war zur A-Prüfung zugelassen. Es war ein wohlbeleibter, runder Ehemann von vielleicht vierzig Jahren, der bereits im ersten Weltkrieg als Beobachter geflogen war und uns deshalb an Erfahrung manches voraus hatte. Doch er hatte Pech. An diesem Tag war wenig Wind, dazu war das Gewicht des Prüflings erheblich. So fest die Startmannschaft das Seil auch zog, der Startschwung reichte nicht aus, um die Segelkiste vom Boden abzuheben.

Kein Wunder, daß der Arme nervös wurde und schließlich, links und rechts im Zickzack, den Hang hinunterrutschte. Wir anderen liefen mit Gejohle hinterher, um die Kiste wieder den Hang heraufzuziehen. Als wir oben waren, besprach Pit van Husen die Fehler dieses unglücklichen Startes mit uns. Mich wies er jedoch an, inzwischen den Platz in der Kiste einzunehmen, da ein Segelflugzeug niemals unbelastet stehen darf, um nicht vom Wind umgeworfen zu werden.

Zum erstenmal saß ich nun in einem Segelflugzeug, das auf größerer Höhe stand. War es nicht, als ob ich starten sollte? Wenn ich zum Beispiel diesen Punkt am Himmel ins Auge faßte, würde ich bestimmt, wie es sein mußte, Richtung geradeaus halten. Wenn ich dann ...

Ich hatte nicht gemerkt, daß mir die anderen schon eine Weile lachend zugesehen hatten. Auch Pit van Husen. „Los, schnallen Sie sich an!" sagte er und dachte dabei wohl, daß ich von dieser geringen Höhe ganz gefahrlos einen Rutscher tun konnte. Jubelnd stimmten die anderen dem Vorschlag zu. In ihrer Vorstellung sahen sie schon, wie sich das Schauspiel meines ersten Fluges wiederholen würde. Mit meinem geringen Gewicht würde sich die Kiste einfach nicht am Boden halten lassen.

Schon war die Startmannschaft am Seil, das Kommando ertönte und die Kiste hob sich langsam vom Boden ab.

Ich merkte, daß ich Fahrt hatte, zuviel Fahrt, als daß es Sinn gehabt hätte, die Kiste an den Boden zu drücken. Ich ließ deshalb das Steuer weich in meinen Händen und suchte den bestimmten Punkt am Horizont, um genaue Richtung einzuhalten.

Dann schaute ich nach rechts und nach links. Gott sei Dank, keine Fläche hing, und ich flog, wie ich es seit Jahren geträumt hatte. Keinen Augenblick kam dabei das Gefühl der Unsicherheit in mir auf. Mein intensives Gedankentraining trug jetzt seine guten Früchte.

Doch jedes Glück hat einmal ein Ende. Ich verlor jetzt ständig an Höhe, und die Wiese kam näher. Vorschriftsmäßig setzte ich die Kiste auf und rutschte noch ein wenig geradeaus. Dann blieb sie stehen, während sich die linke Fläche langsam zu Boden neigte.

Ich rührte mich nicht. Stand nicht auf, sah mich nicht um, sondern blieb ganz einfach in meiner geliebten Segelkiste sitzen. Traumbefangen – selig. Mit großem Hallo kamen die Kameraden vom Startplatz her gelaufen. Neununddreißig Sekunden war ich geradeaus geflogen. Dreißig Sekunden setzte die A-Prüfung voraus. Dusel hat das Mädchen gehabt! Unverschämten Dusel! Daß man neidisch werden könnte! Aber das war die alte Geschichte vom blinden Huhn, das auch einmal ein Korn findet.

Mochten sie es auslegen, wie sie wollten. Ich schwieg und war erfüllt von dem Erleben. Wir bockten zusammen die Kiste auf und schoben sie den Hang hinauf. Oben erwartete uns Pit van Husen.

„Das war wohl nur ein Zufall. Für die A-Prüfung kann ich es Ihnen nicht anrechnen."

Dann nach einer kleinen Pause:

„Am besten versuchen Sie es sofort noch einmal."

Ich sah ihn an, als ob ich ihn nicht richtig verstanden hätte. Aber es mußte doch wohl so sein. In seinem Gesicht war nichts zu sehen, was auf einen Scherz hätte schließen lassen. Auch die anderen, die um uns herum standen, hatten es wohl so aufgefaßt. Man sah es ihnen an.

Freude war in mir, eine große Freude, doch auch ein leichtes Gefühl der Unsicherheit.

Traute ich mir nicht zuviel zu? War es nicht Selbstüberschätzung, wenn ich jetzt in die Kiste stieg? Vorher, ja, vorher, da hatte es nur ein Rutscher sein sollen. Daß ich dann den Flug tat, war ein Zufall gewesen, ein Zufall, bei dem ich Glück gehabt hatte. Aber jetzt ...

Auf einmal mußte ich an meine Mutter denken. Hier, umringt von den lauten Burschen, fühlte ich sie, als ob sie neben mich getreten wäre, und sie gab mir Selbstvertrauen, mahnte zur Bescheidenheit, warnte vor Übermut. Nein, ich versprach es ihr, ich würde nichts erzwingen wollen, und wenn es nicht anders sein sollte und der Startschwung nicht groß genug war, würde ich eben nur einen Rutscher tun.

Da ertönte schon das Kommando.

Wieder hob sich die Kiste von selbst ab. Zum zweitenmal durfte ich fliegen. Ich faßte es nicht.

Auch dieses Mal setzte ich meine Kiste vorschriftsmäßig auf den Boden. „Huah – huah", rief es mir aus achtzehn Männerkehlen schon von weitem entgegen. „Prüfung bestanden", bedeutete das in der Sprache von Grunau. „Hau, Boi", hieß es

in Württemberg, während man in Rositten den Kranich nach-
ahmte.

Das konnte doch nur einem Fortgeschrittenen gelten. Aber der
Ruf galt wirklich mir.

Am nächsten Morgen kam Wolf Hirth auf den Galgenberg. Er
wollte sich dieses Mädel selbst ansehen, das auf ein Haar,
gleich am Anfang, Bruch gemacht hätte und nun so völlig unerwartet die A-Prüfung geflogen hatte. Er war groß von Gestalt,
hatte dunkles, dichtes Haar, eine hohe Stirn und gütige, etwas
schalkhaft blinzelnde Augen, die mich prüfend anschauten.
Für uns Flugschüler war er ein Halbgott.

War es ein Wunder, daß mein Herz bis zum Halse schlug, als
er mir jetzt zu starten befahl? Ich hatte den gleichen Startplatz und die gleiche Wiese zum Landen wie tags zuvor ...
Wolf Hirth mochte es Freude machen, daß ich so sicher flog.
Wieso ich dazu kam, konnte er jedoch nicht wissen. Ich durfte
am anderen Tag, gleichsam zur Belohnung, unter seiner Anleitung von einer höheren Stelle aus starten, so daß der Gleitflug wieder um ein gutes Stück länger wurde. Danach flog ich
fast alle Tage unter seiner persönlichen Anleitung. Er zeigte
mir, wie man Kurven fliegt, S-Kurven, die man zur B-Prüfung
beherrschen mußte, flache und steile Kurven, und war immer
neu erstaunt, daß ich jede wie auf Anhieb flog. Von meinen
Übungen mit dem Stock im Bett wagte ich ihm damals noch
nichts zu sagen. Auch mir selbst ist der Wert dieser Übungen
erst sehr viel später ganz aufgegangen, als ich in Deutschland
und im Ausland junge Flieger auszubilden hatte. Ich konnte
jedesmal feststellen, daß derjenige das Fliegen am besten
erlernt, der versteht, sich gut zu konzentrieren. Diese Fähigkeit
besaß ich bereits, als ich mit meinen Übungen im Bett begann.

Ich verdanke sie nicht nur dem Büchlein des Ignatius von Loyola, sondern auch wieder meiner Mutter.

In meinen Kinderjahren, ich war damals kaum sechs Jahre alt, hatte sie nämlich meinen Bruder und mich regelmäßig angehalten, uns nach Tisch lang ausgestreckt auf einen Teppich zu legen, die Hände unter dem Kopf gefaltet. Wir mußten dann die Augen schließen und sollten dabei versuchen, fünf Minuten lang an nichts zu denken. Sie selbst setzte sich beobachtend neben uns.

Mir war es rätselhaft, wie ich so etwas fertigbringen sollte. Kaum hatte ich die Augen geschlossen, zog auch schon eine schier unabsehbare Folge von Bildern und Gedanken durch meinen Kopf: Meine Puppe, die ich nicht gewaschen hatte, Kurts Eisenbahn, der Baum im Garten, den ich zum Klettern ausprobieren wollte, – alles kam und ging kunterbunt durcheinander. Gelegentlich schaute ich auch leicht blinzelnd zu meinem Bruder hinüber, der aber mit fest geschlossenen Augen neben mir lag. Schnell schloß ich meine eigenen wieder und versuchte es von neuem. Schließlich, als kein fester Wille, kein Vorsatz half, bat ich kindlich vertrauend den lieben Gott, mir doch helfen zu wollen, daß ich an nichts mehr dächte. Und jedesmal, wenn wir wieder unsere Übung machen sollten, bat ich von neuem darum, unablässig, solange wir auf dem Teppich lagen. Eines Tages habe ich dann meiner Mutter gestanden, daß ich mit dem Ausschalten meiner Gedanken nie weiter kam als bis zu dieser sich immer wiederholenden Bitte. Zu meinem Erstaunen lachte sie herzlich darüber. Sie gab mir den Rat, mich ruhig weiter daranzuhalten. Hatte sie auch nicht erreichen können, daß ich jeden Gedanken ausschaltete und so zu der gewünschten Entspannung kam, so lernte ich dadurch doch, mich eine gewisse Zeit auf ein bestimmtes Ziel zu konzentrieren.

Sie konnte damals nicht ahnen, wie sehr es mir im Leben später helfen sollte.

Nach diesem Kursus auf der Segelflugschule Grunau ging ich wieder nach Rendsburg zurück. Ein halbes Jahr später war die Schulzeit dort zu Ende. Sie schloß mit einer Prüfung ab.

Und dann lagen wieder schöne Ferientage vor mir. Ungeduldig, heiß erwartete Ferientage, denn Vaters Erlaubnis zum Fliegen umfaßte auch die Teilnahme an einem C-Kursus in Grunau. Wieder fuhr ich mit dem Rad hinaus zum Galgenberg. Wir übten jetzt am Südhang, und neben unserem Lehrer Steinig war meist auch der Schulleiter Wolf Hirth zugegen.

In den ersten vier Tagen war es fast windstill, Zeit genug für uns, um, von der Höhe des Hanges aus, Übungsgleitflüge mit vorge-schriebener S-Kurve auszuführen. Jetzt flogen wir nicht mehr die offenen Schulmaschinen, sondern wie richtige Flieger mit Rumpfmaschinen, bei denen der Führersitz umkleidet ist. Natürlich waren wir alle nicht wenig stolz darauf.

Die C-Prüfung setzte voraus, daß man mindestens fünf Minu-ten über Starthöhe im Aufwind segelt. Wie aber ist es möglich, mit einem Segelflugzeug ohne Motorkraft die Höhe zu halten oder gar Höhe zu gewinnen?

Jeder hat wohl schon einmal ein Motorflugzeug landen sehen. Ohne Motorkraft – im Leerlauf – gleitet es dabei langsam, ständig Höhe verlierend, zum Flugplatz hinunter. Das scheint selbstverständlich. Ebenso selbstverständlich ist es aber auch, daß ein Segelflugzeug, das durch Starthilfe von der Höhe eines Berges katapultiert wird, nun von dieser Höhe, ähnlich wie ein Motorflugzeug mit abgestelltem Motor, nach unten gleitet. Wodurch aber wird aus diesem Gleiten ein Höhen-gewinn?

Zur Erklärung führe ich ein Beispiel von Wolf Hirth an. Man stelle sich einen Fahrstuhl vor, in dem eine Sprossenleiter steht. Ich befinde mich auf der obersten Sprosse der Leiter und steige diese hinunter. Damit habe ich selbst an Höhe verloren. Wenn sich nun aber gleichzeitig der Fahrstuhl aufwärts bewegt, so gelange ich, obwohl ich durch mein Abwärtssteigen an Höhe verloren habe, doch in das oberste Stockwerk. Bei diesem Beispiel bin ich das Segelflugzeug, das durch das Gleiten an Höhe verliert und trotzdem in größere Höhe kommt, weil der Aufwind, in unserem Beispiel der Fahrstuhl, stärker ist als das eigene Gleiten. Jeder Flug eines Segelflugzeuges ist ein Flug mit Höhenverlust. Wenn aber die Luftströmung, in der es sich befindet, mit größerer Geschwindigkeit steigt, als das Segelflugzeug gleitet, so gewinnt es an Höhe trotz des eigenen Sinkens.

Die aufwärtsgerichtete Luftströmung nennen wir „Aufwind". Wie aber entsteht nun dieser Aufwind, der es vermag, ein Segelflugzeug zu tragen?

Es gibt viele Arten von Aufwind. Der einfachste ist der Hangwind. Wir finden ihn nur in hügeligem, bergigem Gelände und an Steilküsten, denn er entsteht durch Ablenkung des horizontal gerichteten Windes nach oben. Der Wind fließt dabei gleichsam in seinen bodennahen Schichten über Bodenerhebung und Hindernisse hinweg. An einem Berg zum Beispiel strömt er an der einen Seite hinauf (Aufwind) und fließt an der anderen Seite wieder hinab (Abwind).

Startet man also auf der Höhe eines Hanges und hält sich an der Luvseite, das heißt der Aufwindseite vor dem Hang, so kann man – vom Wind getragen – hin und her segeln, solange der Wind bläst und solange man die Energie hat, auf einen kleinen, unbequemen Sitz trotz der Druckschmerzen, die sich einstellen, sitzen zu bleiben und nicht einzuschlafen.

Zu einem C-Kursus gehört viel Glück – Glück mit dem Wetter. Ein C-Kursus dauert in der Regel nicht länger als vierzehn

Tage. Weht an keinem Tage Wind, so muß man traurig ohne C-Prüfung nach Hause zurückkehren, denn auch das hervorragendste Talent zum Fliegen wird einem in diesem Fall nichts nützen.

In unserem Kursus hatten wir jedoch Glück. In den ersten Tagen war es zwar fast windstill. Doch am fünften Tag kam endlich Westwind auf. Mit Wolf Hirth und unserem Lehrer Steinig zogen wir froh und erwartungsvoll hinauf zu dem langgestreckten Westhang, an dem etwa dreißig Meter unter dem Kamm der Startplatz lag.

Hier standen wir nun neben unserer Maschine, mittelgroße und hochgewachsene, kräftige Männergestalten, braungebrannt und wetterfest, und unter ihnen ich, klein und schmal, aber wie alle bis in den letzten Nerv gespannt.
Würde es gelingen? Würde ich fähig sein, mit richtiger Geschwindigkeit, mit nicht zu wenig und nicht zu viel Fahrt den Aufwind am Hang auszunutzen? Würde der Wind auch stark genug sein, daß man nicht gleich im Tal auf der Landewiese saß? Würde ich den richtigen Abstand vom Hang halten können, nicht die Bäume streifen, bevor ich über die Hanghöhe hinaufgetragen war? Und ohne Bruch landen?
Wie ein Karussell gingen die Gedanken in meinem Kopf herum. Aber da hörte ich schon meinen Namen rufen. Ich mußte mich zum Start fertigmachen.
Ich holte meine Kissen (es war ein beträchtlicher Packen), die ich, weil ich so klein war, brauchte, und schnallte mich fest. Jetzt trat Wolf Hirth auf mich zu.
Ich sollte mich nach dem Start rechts halten und dicht am Hang bleiben, doch auch nicht zu nah. Ich würde dann schon merken, wie mich der Wind lupfen würde.

Wie gut tat seine klare, ruhige Stimme. Sie gab mir Selbstvertrauen und Sicherheit. Da konnte doch eigentlich gar nichts schief gehen!

Aber ich mußte noch auf viel mehr achten. Wolf Hirth erklärte mir alles eingehend.

Ich mußte mich bemühen, immer gleiche Fahrt (Geschwindigkeit) zu halten. Wenn ich das andere Ende des Hanges erreicht hätte, mußte ich um hundertundachtzig Grad gegen den Wind kurven, damit er mich mit meinem Segelflugzeug nicht über den Hang hebe und ich dann in den Abwind käme, der mich schnell nach unten ziehen würde. Fünf bis zehn Minuten durfte ich fliegen, und als Zeichen zum Landen wollte man auf dem Startplatz eine Kette bilden. Auf der großen Landewiese am Fuße des Westhanges sollte ich landen, wie ich es bei den Übungsflügen gelernt hatte.

Die Startmannschaft stand schon bereit.

„Alles fertig?"

„Ausziehen!"

„Laufen!"

„Los!"

Ein kurzer Ruck, der mich nach rückwärts an den Sitz preßte, und schon war das Flugzeug frei.

Mit Startschwung ging es in einer leichten Kurve den Hang entlang. Noch waren Büsche, Kiefern und Tannen höher als ich selbst. Doch jetzt sollte ich ja mein Vertrauen in den Aufwind setzen und mich dicht an den Rand der Bäume halten. Wirklich, es wurde wahr!

Eine unsichtbare Kraft hob jetzt die Segelkiste hoch, während ich selbst hart auf den Sitz gedrückt wurde. Sanft schwebend trug mich der Aufwind den Hang hinauf. Ich stieg höher und höher, so daß – noch bevor das Flugzeug das andere Ende des Hanges erreicht hatte – der Kamm schon unter mir lag.

Jetzt flog ich zum erstenmal wie ein Vogel!

Meine erste Kurve am Ende des Hanges machte ich noch zaghaft. Ob ich jetzt an Höhe verlieren würde, ob der Aufwind reichte, daß ich die Höhe halten konnte? Es ging jedoch alles über Erwarten gut. Als ich dann über dem Startplatz die zweite Kurve flog, fühlte ich mich schon ganz sicher.

Wie seltsam anders schaute doch die Welt von oben aus! Ich war zwar nur hundert Meter hoch, aber unter mir die Menschen auf dem Startplatz schienen so klein, – ich konnte ihre Gesichter schon nicht mehr klar erkennen.

Da lag der Südhang mit der Flugzeughalle – und da, wie ein Baukastenmodell, die Schule und das Dorf und in der Ferne die liebe, schöne Stadt mit ihren so vertrauten alten Türmen. Die Welt war zum Zerspringen schön!

Plötzlich sah ich vor mir zwei Bussarde in gleicher Höhe segeln – ohne Flügelschlag. Ich wußte, wo diese Vögel flogen, war der Aufwind am stärksten.

Ich beschloß, ihnen nachzufliegen. Mit meiner Segelkiste war ich etwas schneller als sie. Würden sie fliehen, wenn ich sie erreicht hatte?

Schon konnte ich Federn und Farbe erkennen. Sie aber hielten Kopf und Blick fest auf den großen Vogel gerichtet, der mich trug. Warum sollten sie vor dem großen Bruder fliehen?

Vom Wind getragen, ohne Flügelschlag, stiegen sie ihre Bahn – ich immer bemüht, es ihnen nachzutun. Doch sie konnten es weit besser als ich. Ich fand sie plötzlich hoch über mir wieder, und von neuem begann das Spiel. Ich flog ihnen nach und fand immer dort, wo sie waren, stärkeren Aufwind. Nichts anderes sah ich, an nichts anderes dachte ich, bis der Blick zufällig die Uhr streifte. Die mir von Wolf Hirth zugebilligten zehn Minuten konnten doch unmöglich schon vorüber sein. Ich sah auf die Uhr. Mehr als zwanzig Minuten waren vergangen. Vielleicht ging die Uhr falsch. Ich mußte es ja an der Landekette sehen können, die sie auf dem Startplatz bilden wollten. Wirklich – da standen sie und winkten. Wie lange wohl schon? Es nützte nichts, daß mir der Schreck in alle Glieder fuhr. Ich mußte schnell hinunter.

Nicht genug, daß ich mir zum zweitenmal den Vorwurf machen mußte, unfolgsam und undiszipliniert gewesen zu sein, ich hatte bestimmt auch einem Schüler die Möglichkeit genommen, heute starten zu können, und wer wußte, ob morgen noch der gute Wind wehen würde? Von der Landewiese zum Startplatz allein brauchte man gut eine halbe Stunde, wenn auch ein Pferd zum Ziehen der Segelkiste zur Verfügung stand. Wie aber wäre es, wenn ich nicht auf der Landewiese, sondern auf dem Startplatz landen würde? Dort war reichlich Platz. Die Sache mußte nur richtig überlegt werden, damit ich nicht über den Platz hinausrutschte und dann Bruch machen würde. Vorsichtig ließ ich mich in den Abwind treiben, doch nur so weit, daß mir noch die Möglichkeit blieb, die Aufwindseite zu erreichen. Auf diese Weise verlor ich schnell an Höhe, ließ mich dann, nicht sehr hoch über dem Startplatz, vom Wind rückwärts treiben und drückte in einem Augenblick, der mir geeignet schien, mit großer Fahrt zu Boden, ganz dicht an den Boden heran. In gleichem Maße, wie der Boden vor mir anstieg, zog ich leicht den Steuerknüppel, setzte auf und rutschte, mit noch verhältnismäßig großer Fahrt, zum Startplatz. Ich saß mit meiner Kiste genau da, wo ich hinwollte. Zudem war die Kiste heil – ich war atemlos vor Glück.

Doch oben hatte ich nicht gehört, was Wolf Hirth unten an kräftigen Verwünschungen gegen meinen Ungehorsam in die Luft geschrien hatte, denn er sah im Geist die Kiste schon zu Bruch gehen. Jetzt aber war er nicht weniger erlöst als ich, da alles gut gegangen war, und bis ich vor ihm stand, war sein Ärger schon verraucht durch die Freude über meine geglückte Landung. Für mich ging es deshalb recht glimpflich ab. Er zupfte mich lediglich leicht am Ohr und sagte: „Eigentlich hätte ich Grund, böse zu sein, daß Sie ohne Anweisung gehandelt haben. Und zur Warnung für die anderen sage ich es hier nochmals ausdrücklich: Wer ähnliches in Zukunft ungefragt tut, bekommt Startverbot. Disziplin muß sein."

„Rein fliegerisch", fügte er dann hinzu, „war die Sache jedenfalls einwandfrei."

Das war ein Tadel und ein Lob zugleich. War es ein Wunder, daß mir der ganze Tag strahlend hell erschien?

Einige Tage später sollte ich erfahren, daß ihm mein Flug doch Freude gemacht hatte. Der Stolz der Schule war ein neues Flugzeug, das nur Wolf Hirth und den Fluglehrern vorbehalten war. Damit durfte ich nun als erster Schüler starten und erhielt dazu die Erlaubnis, so lange in der Luft zu bleiben, wie es mir gefiel und die Windverhältnisse es zuließen.

Zum erstenmal flog ich nun, ohne an eine Einschränkung gebunden zu sein. Zum erstenmal war ich frei wie der Vogel. Mit einem wahren Hochgefühl startete ich und segelte nun, solange der Wind blies, machte mein musikalisches Schatzkästlein auf und holte die schönsten Lieder daraus hervor. Ich sang sie in den Himmel hinein, dem ich entgegenflog, und merkte kaum, daß es kalt wurde, teils regnete, teils schneite und es dort oben eigentlich höchst ungemütlich war. Nach mehr als fünf Stunden Flugzeit ließ der Wind nach, und ich war zum Landen gezwungen.

Dankbar wie immer, wenn alles gut gegangen war, setzte ich auf dem Boden auf.

Aufgeregt liefen mir alle entgegen, gratulierten zum Weltrekord. Abends schon brachte das Radio die Nachricht. Glückwünsche und Blumen wurden meinen Eltern ins Haus gebracht.

In mir jubelte es, ich war jung, ich fand es wunderschön. Doch am Abend, als ich schlafen ging, lag auf meinem Bett ein Brief von meiner Mutter. „Bist Du Dir voll Dank bewußt, daß es die Gnade des Glücks gewesen ist, die Dir den Erfolg schenkte?" schrieb sie.

Was hieß hier „Gnade des Glücks", dachte ich widerstrebend, als ich es las. Ich hatte Schnee und Kälte, Wind und Regen aushalten müssen, und noch spürte ich den schmerzhaften Druck des unbarmherzig harten Sitzes. Was konnte meine Mutter vom Fliegen wissen?

Je mehr ich darüber nachdachte, um so mehr mußte ich ihr recht geben. Gnade des Glücks: war nicht der Wind, der an diesem Tag so anhaltend wehte, ein Teil davon?

Ich begriff, daß jegliches Tun erst durch die Gnade des Glücks zum Erfolg wird.

In diesem Sinne sah ich anderntags die Geschenke und Blumen an, die immer noch ins Haus kamen.

Als Medizinstudentin auf der Sportfliegerschule

Seit diesem Erlebnis hatte mich die Liebe zum Fliegen so gepackt, daß sie sich von meinem Leben nicht mehr trennen ließ.

Ich fuhr nun in mein erstes Semester nach Berlin, ließ mich dort als Studentin der Medizin immatrikulieren, besuchte die ersten Vorlesungen und hatte dabei doch nur den einen Gedanken: Fliegen!

In meinen Briefen überzeugte ich meine Eltern, daß ich als zukünftige fliegende Ärztin in Afrika das Motorfliegen beherrschen mußte. Der Gedanke leuchtete ihnen ein, und obwohl sie über meine beharrliche Liebe zum Fliegen keineswegs glücklich waren, gaben sie – beeindruckt von meinem Ernst – ihre grundsätzliche Zustimmung.

Ihre Liebe und Einsicht waren stark genug, mich nicht zu hindern, mein Leben nach eigenem Wunsch aufzubauen, doch wollten sie verhüten, daß es in eine oberflächliche, ehrgeizige Bahn geraten könnte. Sie glaubten dies am besten dadurch zu erreichen, daß sie mich vor die harte Notwendigkeit stellten, die Kosten für einen Ausbildungslehrgang von meinem Wechsel abzusparen, den ich zum Studium erhielt.

Der Deutsche Luftsportverband besaß damals in Deutschland drei Sportfliegerschulen: in Berlin-Staaken, in Würzburg und in Stuttgart-Böblingen.

Mit Staaken nahm ich Verbindung auf und meldete mich dort zur Teilnahme an einem Lehrgang für das Fliegen von Sportflugzeugen.

Jeden Morgen um fünf Uhr fuhr ich zum Flugplatz Staaken hinaus. Dort war ich zunächst das einzige Mädchen unter lauter jungen und älteren Männern, die alle schon einen Beruf hatten: Direktoren, Kaufleute, Ingenieure, Chemiker, Journalisten und der Schauspieler Mathias Wiemann, mit dem mich seit dieser Zeit eine echte Fliegerfreundschaft verbindet. Viele von ihnen kamen morgens mit ihrem Wagen und übten das Fliegen als Sport oder als geselligen und entspannenden Ausgleich zur Berufsarbeit. Kam man vom Start, so saß man plaudernd im Kasino. Ich jedoch war in ihrem Kreis das Küken. Meist hielt ich mich in der Werkstatt auf, in der es für mich viel zu lernen gab. Da waren die Motoren, eine neue, fremde Welt! Ich merkte bald, daß es wenig besagte, wenn man eine Maschine fliegen konnte. Das lernte sich schnell. Doch wenn man den Motor nicht kannte, so kannte man nicht das Herz des Flugzeuges. Ich nahm mir deshalb vor, den Motor bis in sein letztes Geheimnis hinein beherrschen zu lernen. Von Haus aus verstand ich von Technik nichts. Um recht viel zu erfahren, war ich immer, wenn nicht geflogen wurde, in der Werkstatt, in der als Motorwarte alte, erfahrene Meister tätig waren. Als Schüler war man dort nicht gern gesehen – man stand im Weg und störte höchstens durch viele dumme Fragen. Und ich wußte kaum, wo ich mit Fragen und Lernen beginnen sollte!

So mußte ich erst einmal eine gewisse innere Scheu überwinden. Da ich von meinem Ziel unter keinen Umständen lassen wollte, ließ ich mich nicht einschüchtern und fragte weiter, fragte so lange, bis ich eines Tages die einfachsten technischen Grundlagen verstanden hatte und nun mit jedem Mal mehr und mehr vom Wesen eines Flugzeugmotors begriff. Zum Dank für alles, was ich lernte, half ich die Flugzeuge putzen.

Eines Tages erhielt ich in der Werkstatt meine erste technische Aufgabe. Der Werkmeister, ein stiller, bescheidener Mann, aber ein großer Könner, wollte sich überzeugen, ob von alldem, was er dem dummen kleinen Mädchen auf sein vieles Fragen ständig antworten mußte, etwas hängen geblieben war. Zugleich wollte er sehen, ob ich dabei keinen Schmutz und keine Arbeit scheute. Ich mußte deshalb, zunächst unter seiner Aufsicht, einen alten Flugzeugmotor, der nicht mehr zu gebrauchen war, auseinandernehmen. Am Sonntag, als keiner in der Werkstatt und auf dem Flugplatz war, baute ich ihn dann wieder zusammen.

Das klingt sehr viel einfacher, als es für mich damals war. Es schien mir wirklich ein Rätsel, wie ich es fertig bringen sollte. Ich wußte, daß ich die Aufgabe nur lösen würde, wenn ich ganz systematisch vorging. Deshalb machte ich mir schon beim Auseinandernehmen des Motors eine Unmenge von Zeichnungen und Skizzen und lernte auf diese Weise alle Einzelheiten kennen wie ein Medizinstudent beim Sezieren den Körper kennenlernt.

Sonntags arbeitete ich ohne Unterbrechung den ganzen Tag und auch die Nacht hindurch, bis ich Montag früh mit blutigen, zerschundenen Händen und von Kopf bis Fuß von Öl und Schmutz befleckt, stolz den zusammengebauten Motor vorweisen konnte.

Mit diesem Erfolg war ich bei den Werkleuten aufgenommen. Die Männer, die um mich herumstanden oder nacheinander einzeln kamen, um sich das Ding anzusehen, sagten zwar nicht viel und der Meister nickte nur zustimmend mit dem Kopf. Ich aber spürte, daß ich von nun an hier in der Werkstatt kein Fremder mehr wäre. Ich war kein „Sonntagsflieger", sondern ihr „Kamerad". Zum erstenmal machte ich jetzt die Erfahrung, daß in der Motorfliegerei Pilot und Motorwart zusammengehören. Wer sich nur in eine Motorkiste hineinsetzt, Gas gibt, um dann, unbeschwert und vergnügt, davonzufliegen, wird niemals mit dem Flugzeug ganz verwachsen, denn das Herz des Flugzeugs bleibt der Motor.

Von jetzt an suchte ich deshalb jede Gelegenheit, um möglichst viele Arten von Motoren kennenzulernen. Ich las Fachliteratur, so viel mir in die Hände kam, und lernte, lernte unentwegt. Es ging mir dabei auf, daß es kein Nachteil wäre, wenn ich auch von Automotoren und vom Autofahren etwas verstehen würde.

Natürlich läßt kein Mensch einen ahnungslosen Anfänger mit seinem Auto fahren. Ohne Fahrschule es lernen zu wollen, war hoffnungslos. Geld aber, um an einem Fahrkurs teilzunehmen, hatte ich nicht.

Ich fand jedoch einen Ausweg.

Seit Tagen hatte ich von oben auf dem weiten Flugplatz eine Gruppe Arbeiter bemerkt, die jedesmal winkten, wenn ich sie überflog. Aus der geringen Höhe konnte ich erkennen, daß sie einen Trecker hatten, der einen mit Steinen voll beladenen Wagen am Rand des Flugplatzes entlang fuhr. Ich richtete es so ein, daß ich nachmittags nach dem Flugbetrieb, wenn die anderen im Kasino saßen, zu ihnen ging. Natürlich gab ich mir den Anschein, als ob es ganz beiläufig geschehe. Wir kamen schnell ins Gespräch.

Einer von ihnen hatte ein krankes Auge – ich ließ mir für ihn von meinem Vater eine Salbe schicken.

Ein anderer war zufällig aus Schlesien, ein dritter endlich wollte wissen, wer das Mädchen sei, das hier fliegen lernte. Nach dieser Frage schmunzelte ich im stillen, gestand es jedoch nicht, sondern hörte mir vergnügt an, was sie darüber meinten. Offensichtlich schien es ihnen sehr zu imponieren und, wie den meisten Laien, ein schwieriges und gefährliches Handwerk zu sein. Als die Gespräche darüber nicht aufhören wollten, fühlte ich mich schließlich doch verpflichtet, ihnen zu gestehen, daß ich es sei. Nun war das Verwundern an ihnen, und ich mußte ihnen alles bis in die Einzelheiten hinein erzählen. Dabei half ich ihnen die Steine aufladen, und schon ehe der Wagen voll war, wurden wir gute Kameraden.

Nun faßte ich Mut und bat sie, den Trecker selbst steuern zu dürfen, obwohl ich nicht die leiseste Ahnung hatte, wie es sich mit den Gängen und der Kuppelung verhielt. Lachend gaben sie mir ihre Einwilligung. Natürlich würgte ich den Motor zuerst ein paarmal ab. Doch dann hatte ich begriffen, wie man es machen mußte, und nun fuhr ich stolz bis an das andere Ende des Flugplatzes, lud dort die Steine ab, fuhr zurück und kam wie ein Sieger wieder bei ihnen an.

Von jetzt an durfte ich jeden Tag mit dem Trecker fahren. Es war mein heimliches Vergnügen, aber auch ein bewußtes Training, wenn wir keinen Flugdienst hatten. Fast spielend lernte ich auf diese Weise Autofahren, ohne daß es mich auch nur einen Pfennig kostete. Mit den Arbeitern aber hatte ich mich inzwischen angefreundet, denn alle waren echte Kerle, die sich ihren Lohn hart verdienen mußten. Fast alle hatten schwere Zeiten hinter sich. Viele von ihnen waren lange arbeitslos gewesen, und mir wurde bei ihren Erzählungen bewußt, wie glücklich das Paradies gewesen war, in dem ich zu Hause gelebt hatte. Die älteren von ihnen hatten schon am ersten Weltkrieg teilgenommen. Man sah es an ihren Gesichtern und den Narben. Nachdem sie jahrelang in den Schützengräben ihre Pflicht getan, hatte man sie nach der Heimkehr bespuckt und beschimpft und ihnen die Schulterstücke von den Uniformen gerissen. Das alles hatte sie in den Nachkriegsjahren sehr verbittert. „Grad' als ob wir die Friedensstörer gewesen wären", sagten sie fast verteidigend zu mir. „Als ob es ein Spaß sei, sein Leben durch eine Kugel zu verlieren."

Ich bekam auf diese Weise einen tiefen Einblick in ihren Kummer und in ihre Nöte. Wir teilten die Eßpakete, die ich von daheim erhielt, ich konnte auch wohl diesem oder jenem für seine Frau ein Kleid geben, das ich mir von meiner Mutter erbat, und fühlte mich in ihrem Kreis recht wohl.

Unsere Kameradschaft drohte immer dann gestört zu werden, wenn die Arbeiter auf die Politik zu sprechen kamen. Von den Arbeitern, die hier zusammen waren, gab es kaum zwei, die der gleichen Partei angehörten. Mit tiefen Erschrecken erlebte ich zum erstenmal, wie Menschen, die sich im allgemeinen verstanden, im politischen Gespräch zu gehässigen und fanatischen Gegnern wurden. Mir war das alles neu, denn ich war in meinem Elternhaus wohl zu deutscher Gesinnung erzogen worden, doch gab es bei uns keine parteipolitischen Probleme. Jeder von ihnen versuchte natürlich, mich für seine politische Ansicht und Partei zu gewinnen, und schließlich gerieten sie sogar darüber eines Tages in einen so heftigen Streit, daß es beinahe zu Schlägereien gekommen wäre.

Nachdenklich und niedergeschlagen ging ich an diesem Tag – ich sollte am Nachmittag zum Höhenprüfungsflug starten – von ihnen fort, denn mit der Einheit und Gemeinschaft zwischen ihnen schien es nun endgültig aus zu sein.

Mit meinem Fliegen hatte ich inzwischen Fortschritte gemacht. Ich lernte es mühelos und leicht. Zum Anfang flog unser Fluglehrer, Otto Thomsen, am Doppelsteuer mit. Er nahm mich in eine harte Schule, und was er mir während des Fliegens zurief, war nicht gerade sanft. Doch merkte ich bald, daß es keine schlechte Schule war, denn Thomsen war ein hervorragender Lehrer. Er wußte, daß beim Fliegen nur eine harte Schule zu Sicherheit und Leistung erzieht.

Ich merkte zudem bald, daß der böse Schein ganz offensichtlich trog, denn schon nach wenigen gemeinsamen Flügen durfte ich – was an sich ungewöhnlich war – allein starten und fliegen.

Wieder erlebte ich eine völlig neue Welt!

Das war kein lautloses Segeln und Kreisen, still wie ein Vogel mit ausgebreiteten Flügeln, sondern hier herrschte der Gesang des Motors. Es dauerte eine Weile, bis ich mich daran gewöhnt hatte. Doch dann sang das eigene Herz mit. Ein Orgelbrausen hatte sich aufgetan und erfüllte das kleine Stück Himmel, das zwischen mir und der Erde lag. Denn noch flog ich mit unserer offenen Mercedes-Klemm in niedriger Höhe, noch war die Erde greifbar nah, noch war ich ganz ihr Kind. Wie sie mir zulächelte, wenn ich sie überflog und wie sie ihre Arme nach

Mit meinen Eltern

Mit meinem „Fliegervater" Wolf Hirth

...ls Testpilot an der Forschungsanstalt für Segelflug
...n Gespräch mit dem Konstrukteur Hans (genannt Köbis) Jacobs

Vor einer Kunstflug-Vorführung
wird der Fallschirm angelegt

Zusammen mit (von links)
Professor Alexander Lippisch,
Professor Walter Georgii und Fritz Stamer

mir ausstreckte! Jeder Baum war ein solcher Arm, jede Krone eine Hand, die mich grüßte.

Aber dann kam der Tag, an dem ich mich ihr zum erstenmal entwand, eben jener Tag, an dem meine Arbeiter über mich in Streit geraten waren und ich zum Höhenprüfungsflug starten sollte.

Zweitausend Meter Höhe waren vorgeschrieben und zwei Stunden Flugzeit zugestanden, aber unsere gute alte „Klemm", schon etwas lahm, würde mit ihren zwanzig PS allein schon eine Stunde zum Steigen auf die vorgeschriebene Höhe brauchen. In Pelz gekleidet, das Gesicht zum Schutz gegen Sonne und Kälte eingefettet, stieg ich ein. Manche gute Lehre mußte ich, bevor ich startete, mit auf den Weg nehmen; denn der Himmel, der bisher strahlend blau und wolkenlos gewesen war, schien sich stark mit Wolken zu bedecken. Mir wurde deshalb geboten, den Flug vorzeitig abzubrechen, wenn es sich wettermäßig als notwendig erweisen sollte.

Ich hörte zu, begriff alles und hatte doch das Gefühl, schon nicht mehr unter ihnen zu sein, die hier um mich herumstanden. Bis in die Fingerspitzen hinein fühlte ich das Fieber des Startens, das mich bei völlig kühlem und klarem Kopf wie ein leiser, lockender Rausch erfüllte.

Endlich durfte ich Gas geben und rollte über den Platz. Ich hob vom Boden ab und überflog auch schon die Gruppe der Arbeiter. Ob sie sich immer noch um die Parteien zankten? Ich hatte keine Zeit, darüber nachzudenken. Denn mein Ohr hörte auf den Motor und war besorgt, daß er ruhig und gleichmäßig laufe, und mein Auge schaute auf das Instrumentenbrett, ob Tourenzahl und Temperatur des Motors einwandfrei wären. Ich flog zuerst eine große Runde um den Flugplatz, dann fing ich an zu steigen. Unentwegt höher und höher. Dreihundert, vierhundert, fünfhundert Meter. Mit jeden hundert Metern tauchten neue Städte und Dörfer auf, und vom Rand des Horizontes her schoben sich neue Wälder und Felder und Wiesen in das Bild ein. Ich sah Berlin, riesengroß an Fläche und Ausdehnung, jetzt nur noch wie eine Spielzeugstadt unter mir liegen, in der die Autos wie kleine unruhige Mücken jagten. Zuerst entschwanden die Menschen meinen Blicken.

Wie seltsam!

Das Auge ist noch an die Erde gefesselt. Es sucht noch zu erkennen. Dann sind nicht mehr Einzelheiten, sondern nur ungezählte Karos, Äcker, Wiesen und Wälder, lauter bunte Farbflecke, zu sehen. Das Auge sucht, sucht lange und klammert sich wie in leisem Trennungsschmerz an der Erde fest. Doch in stetigem Steigen wird alles winzig und unbedeutend, und allmählich wendet sich der Blick von der Erde in eine grenzenlose, einsame Weite.

Allein, zum erstenmal ganz allein!

Wie ich etwa tausend Meter hoch bin, verwandelt sich auch diese Welt. Wolken, ungezählte kleine runde Wolken schweben an mir vorbei. Sie scheinen körperhaft, daß ich fast Angst bekomme, sie zu berühren, weil ich fürchte, daran zu zerschellen. Sie sind in ständiger Bewegung, wachsen, quellen und vergehen. Der ganze Himmel scheint davon bevölkert. Und doch ist der Raum, der zwischen jeder Wolke und jeder Wolkenstraße liegt, so groß, daß ich leicht und mühelos wie durch Täler zwischen ihnen steigen kann. Jetzt schweben schon einige unter mir, die ich eben noch wie im Spiel umkreise.

Ich steige und steige und übersteige sie alle. Und ich bin noch nicht fünfzehnhundert Meter hoch, da liegen sie bereits unter mir. Jetzt muß ich mich von ihnen trennen, und wie zum Abschiedsgruß tauche ich meine Motorhaube in ihre flockigen Wipfel. Dabei beobachte ich voll Spannung und nicht ganz ohne Besorgnis, ob auch die Wolkenlöcher groß genug bleiben, daß ich die Erde unter mir noch erkennen kann und weiß, wo ich mich befinde.

Jetzt habe ich die vorgeschriebene Höhe erreicht. Die Uhr zeigt, daß ich noch eine gute Stunde Flugzeit vor mir habe. Die Erde scheint aus dieser für mich noch nie erlebten Höhe, als wäre sie ein anderer Stern, und unter mir das Meer von leuchtend weißen Wolkenballen konnte nichts anderes sein als die Brandung an der Küste dieser Erdinsel.

Was ist der Mensch, wenn ihn ein Hauch des Ewigen berührt? Und was bedeutet die kurze Spanne des eigenen Lebens im Vergleich zu den Zeiten hier im All?

Es schien alles von mir abzufallen, was auf der Erde so bedeutungsvoll war. Man ist als Flieger in großer Höhe Gott so nah, wie es der Mensch auf Erden ist, wenn er vom Leben abberufen wird und mit Bewußtsein vor dem Sterben steht. Da gibt's nichts Kleines mehr und Kleinliches: keinen Namen, keine Stellung, keinen Beruf. Der Stolz wird hier zur Demut – die Freude und das Glück zur Dankbarkeit. Hier gibt es keine Grenzen, keine Völker, keine Sprachen – alles bildet eine Einheit. Hier fühlt man nur, man ist aus Gott, hier wird man fromm und weiß es selber nicht, daß man's geworden.

Als meine Flugzeit zu Ende war, landete ich auf dem Flugplatz Staaken. Ich war noch ganz von dem Erlebnis erfüllt, doch ließ ich davon nichts merken, so daß unter denen, die mir gratulierten und mich fragten, keiner ahnte, was in mir vorging. Noch etliche Tage lang spürte ich, daß sich alles in mir der Ordnung wie einem unnötigen Zwang widersetzen wollte. Denn alles schien mir, hier unten auf dem Boden, unendlich nichtig und belanglos.

Ich erkannte jedoch früh genug die innere Gefahr, in der ich stand. In jedem Fliegerleben gibt es einen Wendepunkt, der den einen voll Ehrfurcht dessen würdig werden läßt, was er

dort oben erleben darf. Den anderen macht er überheblich und zum Prahler, der keine Grenzen und Schranken kennt, ja sich ehrfurchtslos selbst zum Gott macht. „Ich will und muß mich zwingen", schrieb ich damals an meine Mutter, „ganz ohne Fluggedanken durch Berlin zu gehen. Ich werde es sonst nie wieder lernen, mit beiden Füßen auf der Erde zu stehen."
Auf dem Flugplatz ging nun der Schulbetrieb in aller Form weiter. Ich hatte inzwischen ein recht gutes Verhältnis zu den Kameraden gewonnen.
An unserem Fliegerlehrgang nahmen auch mehrere Chinesen teil, freundliche und gefällige Menschen, die wir alle gut leiden mochten. Mich ärgerte jedoch an ihnen, daß sie untereinander immer nur chinesisch sprachen, wovon wir anderen nichts verstanden. Um sie in Verlegenheit zu bringen, erzählte ich ihnen eines Tages, daß ich ihre Sprache verstünde. Zum Beweis erbot ich mich, ihnen ein chinesisches Lied zu singen, welches mein Vater uns gelehrt hatte. Ich tat es. Ich sang und sang unbekümmert weiter und merkte nicht, daß ich sie wirklich in Verlegenheit setzte, so offensichtlich, daß es den Deutschen, die um uns herumstanden, gar nicht verborgen bleiben konnte. Natürlich wurden nun die Chinesen bestürmt, den Grund zu sagen, denn daß es mit dem Lied zusammenhing, merkte jeder. Das Gelächter, das dann einsetzte, war unbeschreiblich und keine Schmeichelei für mich; denn der Text des Liedes war – wie ich erfuhr – ganz einfach die Zusammenstellung aller nur erdenklichen Schimpfworte, die mein Vater auf den Straßen von Peking gehört hatte. Später hatte er sie uns Kindern zusammengestellt, um uns mit den fremdartigen Lauten eine Freude zu machen. Er glaubte, daß wir diese Worte nie verstehen würden. Damit wir sie aber leichter erlernten, hatte er die Melodie eines bekannten chinesischen Liedes unterlegt. Er war nicht sehr erfreut, als er dann von meinem Vortrag

erfuhr, und sicherlich hat er bei seinen Enkeln dieses Sprach-experiment niemals wiederholt.

In diesem Semester hatte ich für mein Studium nichts getan. Ich hatte kaum eine Vorlesung besucht. Am Morgen, wenn ich nach Staaken fuhr, schnallte ich zwar meine Bücher auf das Rad, aber dabei blieb es in der Regel. Der Flugbetrieb ließ zum Lernen kaum Zeit.

In den Semesterferien fuhr ich wieder nach Hause. Diesen Sommer wollte ich noch möglichst zum Fliegen ausnutzen.

Ich brauchte nun nicht mehr an einem Lehrgang teilzunehmen, aber zu lernen blieb mir noch unendlich viel. Dabei nahm mich zu meinem großen Glück wieder Wolf Hirth in seine väterliche Obhut. Er und seine Frau hatten inzwischen meine Eltern kennengelernt und waren sich mit ihnen darin einig, daß ich zwar mein fliegerisches Können vervollkommnen, im übrigen aber das Medizinstudium fortsetzen und Ärztin werden sollte. Fliegen war kein Beruf.

Wolf Hirth führte mich in die „Hohe Schule des Segelfluges" ein, und ich gestehe voll Dank, daß die Unterweisung, die ich in diesen Monaten durch ihn erhielt, die Grundlage für mein Fliegen geworden ist. Keiner wäre besser geeignet gewesen als er, einem jungen Menschen, der sich so mit glühender Hingabe und mit Ernst der Fliegerei verschrieben hatte, Erfahrungen zu vermitteln. Mit Recht wird er heute der Altmeister des Segelfluges genannt und ist ein idealer Lehrer und Vermittler seiner Erfahrungen. Er hat für die jungen Segelflieger auch die kleinsten beobachteten Details des Segelfluges schriftlich niedergelegt und dadurch zugänglich gemacht. Auch als Flieger ist er ein großer Könner, der, trotz Prothese und Kurzsichtig-keit, mit ungeheurer Willenskraft große Leistungen im Segel-flug vollbracht hat. Er war der erste, der 1931 im Segelflug über New York flog und dort viel Aufsehen erregte.

Die Unterweisung in der Theorie des Segelfluges, die ich nun durch ihn erhielt, geschah auf recht praktische Weise. Wolf Hirth hatte gerade in diesen Wochen die Korrekturabzüge seines Buches über die Hohe Schule des Leistungssegelfluges durchzusehen. Ich durfte ihm dabei helfen und alles fragen, was ich nicht verstand. Ich lernte dabei, er aber erfuhr auf einfache Weise, ob seine Darlegungen einem Schüler verständlich waren.

Doch beschränkte er sich nicht auf die Schulung. Er hatte nicht vergessen, wie sehr es meinen Eltern am Herzen lag, daß ich mein medizinisches Studium gründlich betrieb. Als er nun merkte, daß mich zwar die Theorie des Segelfluges interessierte, ich aber natürlich viel lieber in Grunau in eine der geliebten Segelkisten gestiegen wäre, gab er mir eine Aufgabe. Er hatte sich durch den Verlust seines Beines viel mit den Funktionen des Oberschenkels und des Kniegelenks beschäftigt und sich darüber eingehende medizinische Kenntnisse angeeignet. Über dieses Gebiet sollte ich ihm einen Vortrag halten, vorher durfte ich nicht fliegen.

Wie unruhig jedoch schlug mein Herz, als die Wettervoraussage für den nächsten Tag starken Westwind meldete! Ich glaubte, meine Sehnsucht nach dem Fliegen gar nicht mehr bezwingen zu können. Doch ich wußte auch, daß Wolf Hirths Wort sehr ernst zu nehmen war. Es gab deshalb nur eine Möglichkeit, zu meinem Ziel zu kommen: ich mußte noch heute nacht lernen.

Früher als sonst schloß ich mich am Abend in mein Zimmer ein, nahm meine Bücher vor, las und lernte, las wieder, bis ich glaubte, meinen Stoff zu beherrschen. Früh am Morgen, als ich aufstand, sah ich, wie die Bäume sich im Winde bogen, zerzauste Wolken am Himmel fegten, – ein herrliches Segelwetter für den Hang in Grunau.

Ich mußte unbedingt Wolf Hirth erreichen, bevor er mit dem Wagen hinausfuhr, damit ich ihm das aufgegebene Thema vortragen konnte.

So schnell war ich noch nie aus den Federn herausgekommen. Kurz vor sieben Uhr stand ich schon vor seiner Tür und sprudelte seiner erstaunten Frau mein Anliegen heraus. Ich war noch nicht fertig damit, als auch Wolf Hirth – noch im Morgenrock – in der Tür erschien und nun hörte, was ich wollte. Lachend schob er mich in sein Arbeitszimmer, in dem ich warten sollte, bis er zur Abfahrt bereit sein würde.

Welch ein Zimmer! Ich stand wie gebannt. Alles, ja alles gab es hier, was sich nur ein Fliegerherz erträumen konnte. Lauter Segelflugmodelle, an denen man die Entwicklung der Flugzeugtypen ersehen konnte. Dazu Bilder vom Segelflug, immer wieder Bilder, wohin das Auge schaute, daß man schier glaubte, selbst im Flug unter den Wolken zu kreisen, die sich hier im Bild fast greifbar türmten. Es gab noch vieles andere hier im Zimmer: Pokale, die Wolf Hirth beim Fliegen oder früher beim Motorradrennen gewonnen hatte, Andenken aus fremden Ländern und Schränke, vollgepackt mit Flugliteratur. Eine Fundgrube für mich und jeden Flugschüler, der hier hätte sein dürfen. Ich wußte kaum, wo ich mit dem Lesen beginnen sollte. Alles interessierte mich. Ich hatte auch nicht viel Zeit, denn bald kam Wolf Hirth, und wir fuhren gemeinsam nach Grunau.

Während der Fahrt im Wagen wollte er mich über das medizinische Thema prüfen. Aber ich fragte schnell, was ich von dem eben Gelesenen nicht verstanden hatte. Und so kam es, daß wir beide sehr bald so tief in unsere Flugprobleme eingesponnen waren, daß Wolf Hirth mein medizinisches Pensum völlig vergaß.

In Grunau durfte ich dann den ganzen Vormittag fliegen!

Gewiß war das Motorfliegen ein unvergeßliches Erlebnis gewesen. Der Segelflug aber ist unvergleichbar.

Das Motorfliegen ist ein herrlicher Triumph über die Natur, ein Rausch an Geschwindigkeit in einem unendlichen Raum. Segelfliegen ist ein Sieg des Geistes, ein langsames Einswerden mit der Natur, von der ich mir mit meinem Segelflugzeug Meter um Meter erkämpfen muß.

Ich schien die Nacht umsonst gelernt zu haben. Oberschenkel und Kniegelenk waren bei Wolf Hirth gänzlich in Vergessenheit geraten. Statt dessen stellte er mich in seiner Werkstatt an. Ich mußte bauen helfen und Brüche reparieren, welche die Flugschüler gemacht hatten. Ab und zu durfte ich zur Belohnung bei gutem Wetter fliegen.

Abend für Abend war ich aber bei Hirths. Wir saßen dann zusammen in dem Arbeitszimmer, Frau Hirth mit einer Näharbeit beschäftigt, Wolf Hirth schreibend oder malend, während mein Platz auf dem Teppich war. Um mich herum lagen die Fahnenabzüge, Flugzeitschriften und Bücher, die auf keinem Tisch Platz gefunden hätten.

Unermüdlich gab mir Wolf Hirth Antwort auf meine vielen Fragen und erklärte, was ich nicht verstand. Für mich bedeutete diese Art des Lernens gerade zu diesem Zeitpunkt ein großes Glück, dessen Tragweite ich damals gar nicht richtig einschätzen konnte. Ein Glück, das mir unmerklich manches Jahr mühsamer Erfahrung ersparte.

Beschränkten sich meine Erfahrungen im Segelflug doch damals ausschließlich auf die Ausnutzung des Hangaufwindes, der immer da entsteht, wo der Wind auf ein Hindernis trifft, auf einen Bergrücken zum Beispiel, und dadurch nach oben abgelenkt wird. So groß die Freude und das Erleben bei dem Hangsegelfliegen sein kann, man bleibt örtlich gebunden, auch wenn man durch ein günstiges Gelände von einem Hügel zum anderen fliegen kann. Das Fliegen für den Leistungssegelflieger beginnt jedoch erst, wenn man weite Strecken und große Höhen erreichen kann. Mit dem Hangaufwind ist das nicht möglich.

Bis zum Jahre 1926 war in der ganzen Welt, wo Segelfliegerei betrieben wurde, nur diese Aufwindart bekannt. Seitdem sind viele weitere Aufwindarten erschlossen worden, die den Segelflug zu nie geahnten Leistungen gebracht haben.

Das Buch von Wolf Hirth war eine Zusammenfassung von Erfahrungen, die man auf dem Gebiet des sogenannten thermischen Segelfluges, das heißt des Segelfliegens mit Hilfe von thermischem Aufwind, gemacht hatte. Dem Laien sei hier kurz erklärt, daß thermischer Aufwind durch ungleiche Erwärmung der Erdoberfläche bei Sonneneinstrahlung entsteht. Jeder von uns hat schon erfahren, wie stark sich an Tagen, an denen die warme Sommersonne scheint, der Boden erwärmt, und zwar die trockenen Flächen, Sand, Getreidefelder, Städte rascher als Seen, Wälder oder Sümpfe. Die stark erwärmten, trockenen Flächen übertragen nun ihre Wärme auf die darüberliegende Luft, die – wärmer und dadurch leichter geworden als die sie umgebenden Luftschichten – nach oben steigt. Es bildet sich – wie es in der Sprache der Segelflieger heißt – ein Aufwindschlauch, der meistens einen Durchmesser von einhundert bis zweihundert Meter erreicht. Oft wird eine solche Aufwindstelle dadurch sichtbar, daß darüber fest umrissene, runde Wolkenballen schweben, die sogenannten Haufenwolken oder Cumuli.

Sie entstehen dadurch, daß sich die in der Luft enthaltene Feuchtigkeit, der unsichtbare Wasserdampf durch Abkühlung beim Aufsteigen der Luft verflüssigt, wobei sich Millionen kleinster Wassertröpfchen bilden, die durch ihre Kleinheit schweben, durch die Brechung des Lichtes aber für unser Auge

weiß und leuchtend sichtbar werden. Sie sind für den Segelflieger der Wegweiser zu den Aufwindstellen. Da diese, wie
schon erwähnt, in der Ausdehnung begrenzt sind, kann man
nur darin bleiben, wenn man kreist, etwa so, als hätte man in
einem unsichtbaren riesengroßen Kamin zu fliegen. Hier sind
die Bussarde und Falken wieder unsere Lehrmeister, die ohne
Flügelschlag, ständig kreisend, sich von der Warmluft, die sich
vom Boden löst und nach oben steigt, in große Höhen tragen
lassen. Sobald der Segelflieger sie entdeckt, fliegt er ihnen nach
und hält sich dicht in ihrer Nähe. Diese Vögel sind weit
empfindlicher für Druckveränderungen ausgestattet als wir
Menschen, die wir am Druck des Trommelfells nur größere
Höhenunterschiede spüren. Da jedoch nicht immer Bussard
oder Falke als Hilfe zur Verfügung stehen, braucht der Segelflieger ein Instrument als Ersatz, welches ihm auch schon das
geringste Steigen oder Fallen anzeigt. Dieses Instrument ist das
Variometer, für den Segelflieger unentbehrlich.

Das ganze Gebiet des thermischen Fliegens lernte ich bei der
Durchsicht der Korrekturfahnen kennen, und es ergab sich
ganz natürlich, daß ich im abendlichen Wechselgespräch mit
Wolf Hirth den Stoff fast spielend erfaßte. Ich wartete sehn-
süchtig schon jetzt auf den Tag, an dem ich einmal auf diesem
Gebiet selbst fliegerische Erfahrung sammeln würde. Mit
Hirths aber verbindet mich seit diesen Wochen eine feste
Freundschaft. Ich wurde ihr Fliegerkind.

Abends, zu einer verabredeten Stunde, holten mich meine
Eltern bei Hirths ab. Zuerst mag es ihnen unverständlich
gewesen sein zu sehen, mit welch seltsamer Gewalt mich das
Fliegen immer stärker in seinen Bann zog. Aber sie waren
liebend und weise genug, sich innerlich nicht dagegen zu
sperren, sondern versuchten, mir auf meinem Wege zu folgen.
In langen Gesprächen, die wir oft bis in die Nacht hinein

führten, lernten sie meine neue Welt kennen. Alles, was mich auf dem Gebiet des Fliegens innerlich beschäftigte, teilte ich mit ihnen; wobei es vor allem wieder meine Mutter war, deren Interesse und Verständnis niemals erlahmte.

Mein zweites Semester in Kiel

Auf Wunsch meines Vaters meldete ich mich zu meinem zweiten Semester in Kiel an. Da er selbst zeitweise in Kiel studiert hatte, war ihm der Gedanke, mich dort zu wissen, besonders lieb, zudem auch mein Bruder als Fähnrich der Marine dort stationiert war.

Die Wahl schien in jeder Hinsicht günstig. Die medizinische Fakultät hatte einen hervorragenden Ruf, außerdem waren in Kiel im Winter kaum sportliche Möglichkeiten gegeben, die mich ernsthaft hätten ablenken können: Ich würde mich meinem Studium deshalb ungeteilt widmen können.

Als mein Vater mich anmeldete, wußte ich noch nicht, daß gerade in Kiel die medizinische Fakultät so sehr überlaufen war, daß Studenten des zweiten Semesters nur dann zum Sezieren zugelassen wurden, wenn sie vorher durch eine Prüfung genügend Kenntnisse in der Lehre der Anatomie nachgewiesen hatten.

Die Nachricht erhielt ich erst zum Schluß meiner Ferien, als schon alles für meine Abreise bereit stand. Sie traf mich wie ein Schlag, denn es war keine Zeit mehr, das Versäumte nachzuholen.

Für mich gab es deshalb nur einen Ausweg: ich mußte an eine andere, weniger überfüllte Universität. Ich sagte es meinen Eltern, sagte ihnen auch die Gründe. Aber sie glaubten es einfach nicht. Ein solches Maß an Unwissenheit, wie ich es zu haben behauptete, war nach ihrer Vorstellung nicht denkbar. Sie nahmen an, daß ich nur Examensangst hatte.

Alles Beteuern half nichts. Ich sprach mit jedem von ihnen allein. Das Resultat war immer dasselbe: ich würde es schaffen, wenn ich nur Vertrauen in meine Kenntnisse hätte.

Die Situation schien ausweglos. Wie eine Zentnerlast fiel mir jetzt mein Unterlassen im ersten Semester auf die Seele, in dem ich nichts, auch rein gar nichts für das Studium getan hatte. Das Versäumte ließ sich zwar nachholen und alles wäre gut gewesen, wenn meine Eltern meinen Vorstellungen zugänglich gewesen wären. Daß sie es aber nicht waren, zeigte mir, wie ich ihr elterliches Vertrauen mißbraucht hatte, auch ihre Güte, die mir das Fliegen ermöglicht hatte.

Ich wußte, daß die Reise nach Kiel vollkommen sinnlos war – für mich, nicht aber für meine Eltern, die auf jeden Fall wünschten, daß ich mich der Prüfung stellte.

Zerknirscht und niedergeschmettert saß ich im Zug, der mich nach Kiel bringen sollte. Alles war grau in grau. Der Regen klatschte an die Fensterscheiben, die Wolken hingen fast auf den Boden, kein Hoffnungsschimmer, der sich irgendwo auftun wollte. Während der langen Fahrt hatte ich Zeit genug, nachzudenken. Ich sah mich im Geiste schon im Hörsaal, der voll besetzt war mit Studenten, hörte meinen Namen rufen, fühlte den ständig fragenden, mißbilligenden Blick des Dozenten, der von mir nie eine Antwort erhielt. Selbst wenn er ein gütiger Mensch wäre, der zuerst versuchen würde, mir auf die richtige Spur zu helfen, müßte er mich entweder für geisteskrank halten oder er würde mich voll Zorn unter dem Gelächter der Studenten aus dem Saal verweisen.

Bei dieser Vorstellung überlief es mich heiß und kalt. Ich beschloß deshalb, nicht hinzugehen. Aber dann verwarf ich den Gedanken wieder. Meine Eltern würden in diesem Fall nicht nur das Vertrauen zu mir verlieren, sondern mich obendrein auch für feige halten müssen.

Ich mußte mich also der Prüfung stellen, mußte auf mich nehmen, was mein eigenes Verschulden war. Die Strafe hatte ich verdient, nun mußte ich sie durchstehen. Vielleicht war mir vom Himmel diese Lage sinnvoll zugedacht, weil mir bisher zuviel im Leben geglückt war. Ich suchte an allem Unvermeidlichen jetzt positive Seiten und machte es zu meiner Aufgabe, an der ich wachsen müsse. Die Schande anständig zu tragen, schien mir jetzt wichtiger als diese Prüfung zu bestehen. Daß alles Wachsen mit Schmerzen verbunden ist, wußte ich längst.

Als ich in Kiel ausstieg, war ich in diesem Gedanken ruhig geworden, und es konnte mich nicht erschrecken, als mir eine Freundin schon bei der Ankunft mitteilte, daß ich bereits am nächsten Morgen an der Reihe wäre. Selbstverständlich erzählte ich auch ihr von meiner wenig schönen Lage. Aber ich fand bei ihr ebenso wenig Glauben wie bei meinen Eltern. Sie lachte mich einfach aus, weil ich so ruhig und beinahe unbeschwert erschien.

Nachdem ich mich nun mit dem Unabänderlichen abgefunden hatte, schlief ich in der Nacht – unbelastet von jedem Wissen – völlig ruhig, wahrscheinlich ruhiger als jeder andere, der mit mir in die Prüfung mußte.

Doch als ich dann am andern Morgen in der Halle vor dem Hörsaal stand, in der es von Studenten wimmelte, von denen ich mir vorstellte, daß sie alle bei der Prüfung dabei sein würden, drohte mich plötzlich die Angst von neuem zu überfallen. Wo ich hinhörte, hörte ich Examensgespräche, Themen klangen auf, Begriffe schwirrten durch die Luft, von denen ich noch nie etwas gehört hatte, deren Sinn ich nicht einmal verstand. Die Feigheit drohte mich jetzt gänzlich zu überwinden. Sollte ich nicht doch davonlaufen?

Ich schlich still vor die Tür, wo ich den weiten Himmel sehen konnte, atmete tief und dachte an meinen Höhenflug in Staaken, bei dem die Erde unter mir entschwunden war mit ihren Sorgen und Nöten. Da wurde alles wieder ruhig in mir, als wäre ich hoch dort oben. Schmach und Schande vor den Menschen wogen dort oben nichts. Sollte ich nicht daran denken? Vor wem blamierte ich mich denn? Doch nicht vor Gott. Und das allein war wesentlich.

Ich gewann wieder neuen Mut und ging in den Prüfungssaal. Der Mut hielt zunächst an, bis die Prüfung begann und der erste Prüfling vortreten mußte. Manches sagte er richtig, manches sagte er falsch, und was falsch war an seinen Antworten wurde von Professor B. mit Spott aufgegriffen, und immer hatte er natürlich auch die Lacher auf seiner Seite. Die Atmosphäre schien mir unerträglich. Der erste Prüfling fiel glatt durch, der zweite wurde rasch unsicher, und ich fühlte seine Verwirrung fast körperlich mit.

So ging es hin und her, bis ich plötzlich meinen Namen hörte. In diesem Augenblick trat ich ruhig und sicher vor. Ich würde hier zwar Schande erleben, aber doch über mich selbst siegen. Und das hatte größeren Wert.

Meine Ruhe und Gelassenheit wurde jedoch von meinem Prüfer ganz anders ausgelegt. Sie schienen nach seiner Ansicht ein Beweis für vorhandenes Wissen zu sein.

Auf einem Tisch, der seitlich stand, lagen die Knochen eines Menschen. Die erste Aufgabe für jeden Prüfling war, aus der Fülle der Knochen diejenigen herauszusuchen, die zu dem Gebiet gehörten, über das er nun befragt werden sollte. Am Beispiel hatte er das Gefragte zu beantworten und zu erklären. Das würde die erste Katastrophe geben!

Prof. B. schaute mich freundlich an. Mit Ihnen wird es wohl besser gehen, wollte sein Blick sagen. Wenn er wüßte!

Er stellte die erste Frage. Ich hörte und traute meinen Ohren nicht.

„Sie übernehmen den Oberschenkel".

Der Oberschenkel? Das brachte mich fast aus dem Gleichgewicht. War es doch das Gebiet, welches ich in der einen Nacht für Wolf Hirth gelernt hatte. Vielleicht war davon etwas in meinem Gedächtnis haften geblieben.

Würde ich aber den Knochen finden? Es mußte eigentlich der größte sein. Doch wenn er nun als Kinderknochen zwischen all den anderen läge?

Prof. B. hielt es für ausgeschlossen, daß man davon keine Ahnung haben könnte. So ging er an den Tisch, suchte zwischen den Knochen und reichte mir einen:

„Den Knochen zu finden, dürfte ja nicht schwierig sein."

Ich nickte strahlend und bat mir dann einige Minuten Bedenkzeit aus. Dann fing ich an zu erzählen, was ich wußte. Ich sprach betont langsam und deutlich, um Zeit zu gewinnen, ließ auch, nebenbei noch, von meinen Kenntnissen über das Kniegelenk einiges einfließen. Wollte mich Prof. B. unterbrechen, so sprach ich ruhig weiter, als ob ich ihn nicht gehört hätte. Ich hatte damit die Lacher schnell auf meiner Seite. Doch ließ ich mich auch davon nicht verwirren.

Einmal jedoch mußte das Unheil kommen. Mein Pensum bei Wolf Hirth hatte nur ein Teilgebiet umfaßt, nicht die Lehre von den Bändern. Ich kannte nur ein einziges Band, das ligamentum iliofemorale. Darum hörte ich an der Stelle auf, wo dieses Band ansetzte, denn die Frage danach lag natürlich nahe. Die Frage kam auch, und meine schnelle Antwort erschien sehr sicher und ein weiterer Beweis meines gründlichen Wissens. Ich dagegen wußte nur, daß ich jetzt nichts mehr wußte. Nun würde ich also mit Anstand den wohlverdienten Mißerfolg durchzustehen haben.

Ich schwieg.

Dann hörte ich Professor B. sagen:

„Sie haben recht, es ist das ligamentum iliofemorale. Ich sehe, Sie kennen sich genügend aus. Ich danke. Es war gut."

Einen Augenblick stand ich fast gelähmt und mußte mit meiner Fassung ringen. Dann ging ich auf meinen Platz zurück. Fast wagte ich nicht aufzusehen, als ich an meinen Platz zurückging. Dann telegraphierte ich das Ergebnis meinen Eltern. Sie drahteten zurück: „Wir haben es gewußt." Sie ahnten nicht, wie sehr mich diese Worte bedrückten, denn ich hatte, als sie mir das Fliegen erlaubten, ihre Großzügigkeit und Güte in Anspruch genommen, ihr Vertrauen aber gedankenlos mißbraucht.

Mein erster Flug in einer Gewitterwolke

1933. Es war Mai geworden. Ich hatte Semesterferien und war wieder in Hirschberg. Noch lag das schlesische Land im Frühjahrsglanz verschlossen, und der Kamm des Riesengebirges war noch schneebedeckt. Doch an den Bäumen und Büschen begannen bereits die Knospen aufzuspringen, und die Luft war schon weich und wundersam mild.

Flugsehnsucht im Herzen, lief ich durch die sonnenüberfluteten Straßen. Meine Augen suchten nur den Himmel, der klar blau war und nur hier und da den zarten Schleier einer weißen, glücklichen Wolke zeigte.

Wer jetzt fliegen dürfte!

Ein Auto hält plötzlich am Straßenrand mit quietschender Bremse, so dicht neben mir und so schreiend, daß ich erschrokken zusammenfahre. Eine Stimme reißt mich aus meinen Träumen …

Nein, es war kein Traum, es ist alles Wirklichkeit geworden! Ich durfte einsteigen und mit Wolf Hirth und seiner Frau nach Hartau fahren. Dort würde er in seine Klemm D-2121, eine Motorsportmaschine, steigen und einen kurzen Flug über Hirschberg machen, um zu filmen. Ich aber durfte mich im „Grunau-Baby", einem damals neuen Typ von Übungsflugzeug, am Schleppseil mit hinaufnehmen lassen.

Ich durfte fliegen!

So wie ich war, in meinem leichten Sommerkleid, mit kurzen Strümpfen und Sandalen. Doch was tat's? Der Himmel war fast wolkenlos. Es würde auch kaum böig sein. Vielleicht aber würde ich irgendwo einen kleinen Aufwind finden.

Nach einer Stunde saß ich, den Fallschirmgurt über das Kleid geschnallt, ohne Brille, ohne Haube in der Kabine meiner Segelkiste.

Wolf Hirth gab mir die Aufgabe, nach Instrumenten zu fliegen. Ich bekam Anweisung, während des Fluges möglichst nicht aus der Kabine zu schauen, sondern mich lediglich nach den Zeigern auf dem Instrumentenbrett zu richten. Das hieß also Blindflugübung.

In den Abendstunden bei Wolf Hirth hatte ich gelernt, daß ein Flieger nicht nur bei Nacht keine Sicht hat, sondern auch beim Wolkenflug jede eigene Orientierungsmöglichkeit verliert.

Ich habe schon berichtet, daß man unter einer Kumuluswolke meist Aufwind findet, aber nicht nur unter der Wolke, sondern auch in der Wolke selbst und dort oft sogar viel stärkeren Aufwind, vor allem in sogenannten Gewittertürmen. Sie können vertikale Strömungen von vierzig bis fünfzig Metern je Sekunde erreichen und dann das Flugzeug mit ungeheurer

Wucht emporreißen. Eine so starke Böigkeit kann für jedes Flugzeug eine Gefahr werden, insbesondere, wenn sich Gewitter, Hagel oder Vereisung dazu einstellen. Hinzu kommt, daß ein Flieger, der in eine Wolke gerät, nicht mehr feststellen kann, wie er zum Horizont liegt. Er verliert jedes Gefühl für die Flugzeuglage, denn unsere menschlichen Gleichgewichtsorgane sind nicht ausreichend genug, um uns die „absolute Lage im Raum" mitzuteilen.

Ich hatte gelernt, daß in der Wolke die Instrumente für den Flieger das wichtigste Hilfsmittel sind. Damals war es der Wendezeiger, der dem Flieger anzeigt, ob er mit seinem Flugzeug hängt oder dreht.

Theoretisch hatte ich das Blindfliegen nach Instrumenten schon unzählige Male geübt. Ich benutzte dazu ein bei den Fliegern bekanntes Hilfsmittel. In der Art eines Kartenspiels zeichnete ich alle Möglichkeiten auf, die der Wendezeiger in Verbindung mit der Stahlkugel einnehmen kann. Insgesamt gibt es deren neun verschiedene.

Diese Karten trug ich immer bei mir. Nicht nur jetzt in den Ferien, sondern schon in meinem Kieler Semester, in welchem ich zwar nicht fliegen durfte, aber der gedanklichen Beschäftigung mit dem Fliegen keine Grenze gesetzt war. Wo ich ging und stand und was ich auch tat, – plötzlich griff ich in meine Tasche, holte die Karten, mischte sie und zog eine davon.

Zeiger rechts – Stahlkugel in der Mitte:

Aha! – Ich flog genau eine normale Rechtskurve. Oder:

Zeiger rechts – Stahlkugel links:

Ich schiebe. Ich liege in einer Rechtskurve, habe aber zu viel Schräglage.

Zunächst mußte ich noch dabei denken. Und solange ich noch denken mußte – das war meine Schlußfolgerung – beherrschte ich die Materie nicht genügend, um auch noch in der Gefahr, wenn das Denken sich von selbst ausschaltet, Herr der Situation, durch die richtige, aber rein mechanische Reaktion der Bewegungen, zu sein.

Ich setzte deshalb dieses Spiel fort, unermüdlich. Tag für Tag holte ich meine Karten, mischte sie, zog eine und stellte die Lage fest. Bis sich dann endlich, beim Anblick des Bildes, in mir, ganz automatisch, die Reaktion in der Steuerung vollzog. Ich wußte nun, daß, mit der gleichen Genauigkeit, diese Reaktion sich auch dann ergeben würde, wenn ein ähnlicher Fall in der Praxis eintrat. Bereits früher hatte ich das mit meinen geistigen Vorbereitungen zum Fliegen, wie ich sie im Bett geübt hatte, erproben können.

Jetzt sollte ich also in der Praxis den ersten Blindflug durchführen.

Noch würde es zwar nicht sehr viel über das Spiel mit den Karten hinausgehen, denn der Himmel war sonnenklar und die Luft ganz ohne Böigkeit. Vielleicht würde es sogar schwer sein, Aufwind zu finden.

Etwa vierhundert Meter schleppte mich Wolf Hirth mit seiner Klemm-Sportmaschine hoch, dann erhielt ich das Zeichen zum Ausklinken. Ich flog allein, endlich allein! Aber ich verlor an Höhe, unaufhaltsam. Nirgends auch nur die geringste Böigkeit oder der geringste Aufwind. Schon dicht über den Boden war ich mit meiner Maschine, nicht viel mehr als achtzig Meter mochten es noch sein. Meine Augen suchten schon die Stelle, wo ich auf dem Flugplatz landen wollte.

Plötzlich spürte ich, daß die Maschine ganz leicht zu zittern anfing.

Hier war etwas los!

Es konnte Aufwind sein, aber auch Abwind. Doch an dem Variometer sah ich, daß der Zeiger ein wenig über Null auf Steigen stand. Das bedeutete Aufwind.

Ich fing nun an zu kreisen und merkte, daß ich die Höhe halten konnte und nun sogar etwas stieg. Dann wieder Höhe verlor und wieder stieg. Doch mit einem Mal sank ich sehr stark. Ich wußte, daß ich das Aufwindfeld verloren hatte. Suchend tastete ich mit meiner Maschine herum und fand auch ein neues und viel stärkeres Aufwindfeld. Nun stieg ich wieder. Und wie stieg ich! Einen halben Meter zeigte das Variometer zuerst an, dann einen Meter, zwei Meter, drei Meter in der Sekunde. Immer stärker und immer schneller. Das hatte ich im Segelflugzeug noch nie erlebt. Ich kreiste und kreiste und war inzwischen schon wieder auf meine Ausklinkhöhe gelangt und, ehe ich mich versah, schon auf neunhundert Meter gestiegen, während ich inzwischen mit drei bis vier Meter je Sekunde hinaufgezogen wurde.

Fast zufällig löste ich jetzt meinen Blick von den Instrumenten und sah gegen den Himmel. Gerade über mir stand eine riesenhafte, schwarz drohende Wolke, die sich inzwischen gebildet haben mußte. Ein geübtes Auge hätte sie natürlich schon längst entdeckt. Aber ich hatte streng nach der Weisung von Wolf Hirth meine Augen während der ganzen Zeit nicht von den Instrumenten gelöst, um nicht in Versuchung zu kommen, meine Flugzeuglage am Horizont zu kontrollieren.

Wolf Hirth war inzwischen längst gelandet und hatte zunächst voller Stolz sein kleines „Bröckele", wie er mich scherzhaft nannte, beobachtet. Doch als er dann über mir die Riesenwolke sah, die sich schon zu einem Gewitterwolkenturm zusammenbraute, hatte er nur Sorge, daß ich den Flug rechtzeitig abbräche. Für ihn stand fest, daß ich als Anfänger im Segelfliegen einer solchen Wolke nie gewachsen sein würde.

Ich aber sah die Wolke und war selig. Endlich konnte ich erleben, was ich mir längst gewünscht hatte. Ich fühlte mich, nicht ahnend, in welcher Gefahr ich mich befand, absolut sicher, denn ich wußte, daß ich die Instrumente fast im Schlaf beherrschte. Dann aber – so hatte Wolf Hirth mich gelehrt – konnte einem Flieger nichts passieren. Und Wolf Hirths Wort war fast ein Evangelium für jeden Flugschüler.

Tausend Meter zeigt jetzt der Höhenmesser, elfhundert Meter, zwölfhundert Meter. – – – Die dunkle Basis der Wolke kommt immer näher. Jetzt fangen mich die ersten Fetzen der Wolke ein. Ich schaue noch schnell, was ich vom Erdboden sehen kann, wie es immer weniger wird und dann ganz verschwindet. Ein weißer Schleier hüllt mich jetzt ganz dicht ein. Dann bin ich von der Erde getrennt! Wie gebannt konzentriere ich mich auf die Instrumente. Ich habe keinerlei Angst, nein, ich bin so sicher, wie ich es später nie mehr in meinem Leben in einer Wolke sein sollte.

Fünf Meter, sechs Meter, sieben Meter steige ich jetzt in der Sekunde. Der Gedanke, daß die Wolke sich vielleicht langsam dem Kamm des Riesengebirges nähern könnte, ist mir unangenehm. Aber jetzt habe ich sechzehnhundert Meter überstiegen. Sechzehnhundert Meter ist die Schneekoppe hoch. Jetzt kann mir nichts mehr passieren. Ich atme befreit auf und ahne nicht, was noch kommen soll.

Wie gebannt haftet mein Blick am Instrumentenbrett.

Plötzlich setzt ein Schlagen wie von tausend Steinen auf den Flügelflächen ein, zuerst leicht, dann immer stärker werdend, ein teuflisches MG-Geknatter, das mir sinnlose Angst bis in das Innerste jagt. Durch schon fast vereiste Fenster sehe ich, daß die Wolke jetzt Regen und Hagelkörner speit. Ich brauche einige Zeit, um die Angst zu überwinden, aber dann, als ich mir genügend zugeredet habe, daß das ja ein ganz natürlicher Vorgang ist, und noch dazu sehe, wie die Instrumente anzeigen, daß ich richtig liege, beruhige ich mich.

Natürlich läßt die Böigkeit die Maschine nicht in ein und derselben Lage, denn wenn ich in ein Grenzgebiet komme und eine Fläche im Aufwind liegt, die andere aber im Abwind, dann haut es mich plötzlich herum. Aber zäh kämpfe ich, um an den tanzenden Instrumenten die richtige Lage zu finden, die meine Segelkiste haben muß. Dabei steige ich immer höher. Achtzehnhundert Meter, neunzehnhundert Meter, zweitausend Meter. Zweitausend Meter sind jetzt überschritten. Zweitausendfünfhundert, zweitausendsechshundert, zweitausendachthundert Meter steigt der Höhenmesser.

Jetzt bin ich fast dreitausend Meter hoch. Doch was ich jetzt sehe, will ich einfach nicht glauben. Die Instrumente fangen an, immer langsamer, immer träger zu werden. Jetzt reagieren sie nicht mehr auf meine Ausschläge. Sie bleiben stehen, weil sie vereist sind.

Ich versuche, das Steuer in Normallage zu stellen. Es ist ein gänzlich aussichtsloser Versuch, denn ich habe ja keinen Anhaltspunkt. Jetzt liegt nichts mehr in meiner Hand.

Ein pfeifendes Geräusch hat eingesetzt. Es nimmt zu. Es nimmt ab. Ich weiß, sobald es aufhört, muß ich nachdrücken, denn dann ist der Augenblick gekommen, da ich die Maschine überzogen habe. Aber ich merke es erst, als ich abschmierend nach vorn in die Gurte falle und mir das Blut schmerzhaft in den Kopf schießt.

Die Maschine muß senkrecht gestürzt und fast in Rückenlage ausgependelt sein.

Dann schwingt sie zurück und saust mit ungeheurer Geschwindigkeit im Sturzflug nach unten. Die Maschine ächzt und heult. Ich ziehe den Knüppel und ziehe und weiß nicht, wie lange ich ziehen muß. Ich weiß auch nicht, daß ich jetzt lauter ungewollte Loopings fliege.

Und wieder hänge ich in den Gurten und sause mit meiner Maschine nach unten; wieder setzt das Heulen und Sausen ein und das Anwachsen der Geschwindigkeit.

Auch die Cellonfenster meiner Kabine sind längst vereist. Ich schlage sie einfach durch. Wenigstens etwas will ich sehen können, und sei es auch die Hölle, die draußen tobt. Ich will nicht mehr so hoffnungslos einsam eingeschlossen sein in diesem engen Raum.

Dabei schlottere ich an allen Gliedern. Ist es Angst oder ist es, weil ich hier oben, dreitausend Meter über der Erde, zwischen Regen, Hagel und Schnee in meinem Sommerkleid in der offenen Kabine sitze mit bloßen, blaugefrorenen Händen? Der Sturm zerrt mein Haar nach allen Seiten. Aber ich merke es nicht. Ich fühle nur, wie die Angst immer tiefer in mich hineinkriecht. Längst weiß ich, daß die Maschine nicht mehr auf meine Steuerung reagiert, ich lasse deshalb das Steuer einfach los, denn ich kann es doch nur falsch machen. So aber bleibt noch eine schwache Hoffnung, daß sich die Stabilität der Maschine selbst hilft.

Das Inferno wächst immerzu. Jetzt bringe ich meine Füße schon nicht mehr an die Pedale. Mein Kiefer ist gänzlich auseinandergezogen, und wie sehr ich mich auch anstrenge, ich bekomme die Zähne einfach nicht mehr zusammen. Dabei werde ich immer von einer Ecke meines schmalen Sitzes in die andere geworfen. Der Höhenmesser aber steigt. Ich fühle, wie die Augen aus dem Kopf herausquellen. Bald muß der Augenblick kommen, da mir das Blut aus meinen Schläfen springen wird. Mein Gott, niemals habe ich geahnt, in welche Not ein Mensch kommen kann!

Mein Denken ist ausgedörrt, ausgesogen von dieser Riesenspinne Angst. Aber dann und wann stammelt es Gedankenfetzen wie Laub, das ein Sturm herumwirbelt.

Wann endlich, wann wird es krachen, daß ich mit dem Fallschirm aussteigen kann? Denn aus freiem Entschluß läßt kein Segelflieger seine Kiste im Stich.

Wolf Hirth hat zu mir gesagt: „Jeder Mensch hat irgendwann im Leben einmal Angst. Wenn er dann allein ist, muß er laut mit sich selbst reden, ganz laut."

Das ist auch ein Gedankenfetzen, der aus der brodelnden Tiefe des Inferno aufsteigt. Und ich fasse ihn, fasse ihn wie einen Rettungsanker und beginne mich selbst anzuschreien.

„Hanna", schrie ich, „du sollst dich schämen, so feige zu sein. Hast du nicht immer gewünscht, einmal in einer Wolke zu fliegen? Und jetzt willst du einfach nicht durchstehen?"

Ein Mensch hört sich. Um ihn herum toben die Wetter, heult die Maschine. Aber er hört eine Stimme. Eine kleine Menschenstimme. Es ist ein großes Wunder. Denn jetzt werde ich ganz ruhig. Jetzt habe ich Zutrauen. Das dauert einige Minuten. Ich glaube wenigstens, daß es einige Minuten sind. Das Gefühl für Zeit habe ich auch verloren.

Aber dann geht es von neuem los. Rast die Hölle, rast in mir die Angst. Und wieder schreie ich mich an, und die Angst weicht zurück wie ein scheu gewordener Hund. Und kommt noch einmal und krallt sich jetzt ganz fest, so wie der Schmerz sich in meinem Kopf und in den Schultern festgekrallt hat. Wenn es doch krachen würde!

Aber dann merke ich auf einmal, daß es um mich herum hell geworden ist und nun noch heller wird.

Aber es sind keine lichten Höhen, die ich sehe, es ist die braune, dunkle Erde – über mir! Ich sehe sie, wie ich hoch schaue. Und wie ich nach unten schaue, sehe ich Wolken, weiße, langsam segelnde Wolkenfetzen. Ich weiß jetzt, daß ich auf dem Rücken fliege.

Mechanisch greife ich ins Steuer, und nun ist es umgekehrt:

unter mir ist die Erde mit dem weißen, schneebedeckten Kamm des Riesengebirges, den ich auch aus dieser Höhe erkennen kann. Und über mir sind die weißen Wolkenfetzen, die sich langsam auflösen. Doch darüber noch der riesengroße Wolkenturm, der mich auf dem Rücken fliegend eben ausgespuckt hat. Er zieht seitlich von mir langsam ab, während sich ständig neue Wolkenfetzen von ihm lösen.

Ich spüre auch keinen Schmerz mehr, sondern schwebe ganz leicht und sanft.

Ich segle langsam, lautlos mit den ausgebreiteten Flügeln meines großen, silbergrauen Vogels. Gar kein Gedanke ist in mir. Nur ein großes Dankgefühl. Immer noch segelt mein Vogel, fast ohne Höhe zu verlieren, segelt, und zwischen Himmel und Erde scheinen nur wir zwei zu sein.

Doch dann gleiten wir langsam aber ständig. Immer näher kommt der weiße Kamm des Riesengebirges, glitzernd im Schnee wie Millionen Diamanten. Jetzt erkenne ich schon deutlich einzelne Bauden und wimmelnde kleine Punkte im Schnee.

Das sind die Skiläufer, die zur Vesperzeit heimkehren. Mein Entschluß steht fest: Ich werde hier landen. Menschen sind da, die helfen können, und dann ist in der Wiesenbaude Eugen Bönsch, der ein begeisterter Segelflieger ist und die Hilfe sachgemäß in die Hand nehmen kann.

Es war schon Spätnachmittag, als ich mit dem „Grunau-Baby" neben der Wiesenbaude landete. Von den Skiläufern war niemand mehr draußen. Mir war es gerade recht so, denn nun konnte ich in Ruhe meinen Vogel sichern, indem ich ein Flügelende mit Schnee beschwerte, damit ihn der Wind nicht wieder davontrüge. Jetzt erst sah ich, wie zerlöchert vom Hagel seine Flächen waren. Lieber, guter, treuer Gefährte! Ich strich leise über die Flügel. Wie hatte er allem Unbill standgehalten und mich so sicher getragen. Aber wir zwei mußten ja heute noch nach Hirschberg zurück und deshalb mußte ich in die Baude, um Wolf Hirth anzurufen. Er sollte uns mit seiner „Klemm" das Startseil bringen.

Zersaust und durchnäßt wie ich war, ging ich in die Baude, um zu telephonieren. Mancher erstaunte und mißbilligende Blick traf mich. Ich sah und merkte nichts davon, auch dann nicht, als ich auf die Verbindung warten mußte und deshalb zu den Gästen zurückkehrte. Hier empfing mich jener fröhliche und zünftige Betrieb, wie er bei solchen Gelegenheiten immer ist, mit dem Rauch von Zigarren und Zigaretten und dem Duft von frisch aufgegossenem Kaffee, mit dem Stimmengewirr von lachenden und schwatzenden Menschen, das manchmal zu einem Brausen anschwillt und dann wieder in sich zusammenfällt und dem unvermeidlichen Zitherspiel, das hier in der Baude erst die richtige Stimmung schafft. Ich war dazwischen und gehörte noch nicht dazu. Wenn doch die Verbindung mit Wolf Hirth käme! Einen anderen Gedanken hatte ich nicht. Aber dann sah einer das „Grunau-Baby". Eine wilde Aufregung entstand unter den Gästen. Alles drängte sich ans Fenster, um das völlig Unbegreifliche mit eigenen Augen zu sehen. Ich ging mit ihnen als jemand, den es nicht mehr anzugehen schien als alle. Dabei kam ich neben einen älteren dicken Mann zu stehen, der vor Aufregung fast zu schwitzen anfing.

„Fräulein", stammelte er, „ich sag' Ihnen, das ist ja wie der Leibhaftige heruntergekommen. Bestimmt hat es vor fünf Minuten noch nicht da gestanden."

Weiter kam er nicht, denn in diesem Augenblick zupfte ihn seine Ehefrau am Anzug und zog ihn fort.

Mit so einer Zerzausten solle er doch nicht reden, – hörte ich sie noch böse sagen. Das andere ging im allgemeinen Stimmengewirr unter. Ich hatte auch keine Zeit mehr, darauf zu achten, denn nun rannte alles nach draußen, um sich das Segelflugzeug genauer anzusehen. Ich mußte natürlich mit, denn ich mußte ja auf jeden Fall meine geliebte Kiste vor dem Unverstand der Unkundigen schützen. Ich lief geradewegs in die Arme von Eugen Bönsch, der eben von einem Spaziergang zurückkam und mich erfreut begrüßte. Mit meiner Tarnung war es jetzt vorbei, denn noch war der Rekord, den ich so unfreiwillig geflogen hatte, in aller Erinnerung. Ich konnte mich der Fragen und Begeisterung kaum erwehren, doch dann kam zu meinem Glück die Telephonverbindung. Danach aber war ich für keinen Menschen zu sprechen, keinem Zuspruch, keinem Trost zugänglich.

„Hanna", hatte Wolf Hirth vom anderen Ende der Leitung in den Apparat hineingerufen, „wo, um Gottes willen, bist du?" Ich konnte kaum abwarten, ihm Antwort zu geben. Aber kaum hatte ich die ersten Worte gesagt, als ich jäh von einem Brüllen unterbrochen wurde, das durch den Apparat kam, und das war wieder Wolf Hirth. Zuerst begriff ich nichts von dem, was er schrie. Ich hatte lediglich das Gefühl, in ein neues Gewitter geraten zu sein, bis mir Sekunden später klar wurde, daß es etwas Furchtbares war, was ich eben gehört hatte. Mir sollte der Flugzeugführerschein entzogen werden, weil ich nahe der tschechischen Grenze in der Sperrzone ohne Erlaubnis gelandet war. Das hatte ich von allem, was durch das Telephon kam, verstanden und dazu, daß Wolf Hirth nicht kommen würde, um mir das Seil zu bringen. Gänzlich verzweifelt rannte ich vom Telephon fort, und kein noch so wohlgemeinter Trost half. Ich hatte nur Mühe, unter all den Menschen, die mich hier umringten und mit Fragen überschütteten, nicht meinen Tränen freien Lauf zu lassen. Nicht fliegen dürfen würde für mich einfach gleichbedeutend sein mit langsamem Sterben. Ich war ein Vogelmensch, ja nie hatte ich es besser gewußt als in diesem Augenblick. Ich wußte dies, wie es jeder echte Flieger weiß, wie Udet zum Beispiel.

Er hat es mir einmal gestanden – es war viele Jahre später und schon im Krieg – als ihm das Fliegen verboten wurde, um ihn keiner unnötigen Gefahr auszusetzen.

„Hanna", sagte er damals, als ich ihn zufällig auf der Straße traf, „Ihnen muß ich es sagen, und Sie werden es verstehen. Andere würden mich ganz einfach für hysterisch halten. Ich komme so um. Lieber lege ich alles ab: die Uniform, den Titel. Ich muß wieder fliegen. Ich kann nicht mehr." Als er auf sein Ersuchen hin wieder fliegen durfte, war er wieder gesund.

An diesem Spätnachmittag wußte ich noch wenig von Udet, und ich kannte auch noch nicht das schöne Buch von Peter Supf, in dem er ausspricht, daß Flugsehnsucht die tiefste Form menschlichen Heimwehs ist. Ich wußte nur, daß in mir dieses Heimweh saß und nur durch Fliegen gestillt werden konnte. Man ließ in der Baude nichts unversucht, um mich aufzuheitern, sogar einen Film führte man mir vor. Ich saß dabei, starrte auf die Leinwand und sah doch nichts. Bis plötzlich ein Junge angestürzt kam und mir zurief, daß mich Wolf Hirth am Telephon verlangte. Dieses Mal war er kurz und knapp. Er gab mir Anweisung, alles zum Start vorzubereiten, möglichst viele Menschen in großem Umkreis auf den Schneefeld aufzustellen und zu warten, bis er in etwa einer halben Stunde über den Kamm fliegen und dabei das Startseil abwerfen würde. Er hatte – was ich nicht wußte – eine Wettermeldung erhalten, die Schneefall für den nächsten Tag ansagte. Auch hatte inzwischen die Freude über den geglückten Flug über seinen aus Sorge und Angst kommenden Ärger längst gesiegt. Ich aber hätte am liebsten bei seinen Worten einen Jubelruf getan und dazu einen Sprung gemacht. Einmal durfte ich nun ganz sicher noch einen Flug machen! Es mochte dann das letztemal sein, aber einmal würde sich der Vogel noch mit mir erheben und sein Herz und mein Herz würden eins sein.

Mir war jetzt ähnlich zumute wie wenige Stunden vorher, als mich die Wolke zu unvermutet ausgespuckt hatte. Aller Kummer war mit einem Schlag vergessen. Nur Freude hatte jetzt Raum in mir, und obwohl es inzwischen fast Abend geworden war, war ich ganz zuversichtlich, daß der Flug gelingen würde. Er mußte ja gelingen; denn das Flugzeug mußte ich unter allen Umständen heil nach Hause bringen.

Menschen, die in der Baude waren, bat ich hinaus und verteilte sie im Umkreis um das Segelflugzeug über das große, weite Schneefeld. Keiner merkte die Kälte, die mit der sinkenden Dämmerung spürbar zunahm; denn alles starrte wie gebannt ins Tal, wo sich ein Licht nach dem anderen entzündete und alles wartete darauf, ein fernes Motorgeräusch zu hören. Das würde dann Wolf Hirth mit seiner kleinen „Klemm" sein, um uns das Seil zu bringen.

Und jetzt war das Geräusch wirklich da. Man hörte es. Zuerst ganz fern, dann immer näherkommend und schließlich direkt über uns den harten Gesang des Motors. In der ganzen Welt konnte es für uns in diesem Augenblick keine schönere Musik geben. Ein Paket flog vom Himmel herunter in den Schnee, und daran war eine Fahne mit einer Nachricht geheftet. Wie ich starten sollte und vor allem, wie ich landen mußte. Unten am Fuße des Kammes sollten viele Autos aufgestellt werden, die mit ihren Lichtern einen Platz beleuchten würden, der mir zum Landen bestimmt war.

Das Seil wurde nun ausgelegt, vorerst jedoch noch nicht am Flugzeug befestigt. Auf Eugen Bönschs Geheiß mußten sich etwa zehn Mann an jedes der beiden Seilenden stellen. Dann übte er mit ihnen die Kommandos für den Start. Dabei kam es besonders darauf an, die Leute daran zu gewöhnen, gegen den Abgrund zu laufen ohne zu zögern, da sonst die Gefahr bestand, daß das Segelflugzeug nicht genügend Startschwung haben und dann im Abgrund zerschellen würde. Nun stellte sich die Startmannschaft bereit, ich stieg ein und schnallte mich fest.

Während der ganzen Zeit aber kreiste Wolf Hirth, der von Edmund Schneider, dem Konstrukteur des „Grunau-Baby", begleitet war, mit seiner „Klemm" über uns, wie eine besorgte Glucke, die ihr Kind bei dem ersten Ausflug – diesesmal in die Nacht hinein – hüten wollte.

Niemals habe ich im Segelflug einen schöneren Start erlebt – auch in allen späteren Jahren nicht. Er erfolgte mit so viel überschüssiger Energie, daß das Flugzeug wie ein Geschoß katapultierte, um im nächsten Augenblick über jäher Tiefe zu schweben.

Wieder hast du mich aufgenommen, Raum zwischen Erde und Himmel!

Blau sinkt der Abend. Ein Stern nach dem anderen entzündet sich. Dämmerung hüllt Dorf und Stadt und Feld und Wald ein, und auch ich bin mit meinem Silbervogel darin eingefangen. Doch ganz nahe ist auch die ruhende Erde, die sich mit tausend abendlichen Lichtern wie mit einer Krone geschmückt hat. Über mir fliegt Wolf Hirth. Schwarz zeichnet sich der kleine Rumpf seiner Maschine gegen den Himmel ab. Er hat schon nach internationaler Vorschrift seine Lichter angezündet, grün am rechten, rot am linken Flügel und je ein weißes vorn und hinten. Meine Augen haben sich längst an die Dunkelheit gewöhnt. Ich sah ganz deutlich die Konturen des Gebirges und die des Hirschberger Tals, über mir brummte die „Klemm". Nirgends fand ich auch nur eine Spur von Böigkeit. Trotzdem mußte noch Aufwind sein, der mich trug, denn ich verlor die Höhe nur langsam. Unter diesen Umständen wäre es falsch gewesen, nach den Lichtern der Autos zu suchen, die am Fuße des Kammes den vorgesehenen Landeplatz umstellen sollten. Ich hätte sie auch kaum zwischen den Lichtern der Dörfer unterscheiden können.

Ich flog deshalb in Richtung Hirschberg weiter. Ständig umkreiste mich Wolf Hirths Maschine.

Jede Minute des Fluges genoß ich und war dabei ganz zuversichtlich und ruhig. Zugleich jedoch befand ich mich in einer Spannung, die schwer zu beschreiben ist. Ich mußte unter allen Umständen in der Dunkelheit einen geeigneten Landeplatz finden und die Segelkiste heil aufsetzen!

Ich spürte jetzt, wie ich stärker an Höhe verlor. Die Entfernung bis Hirschberg war zwar nicht mehr groß, aber ich wußte, daß vorher noch ein Hügel zu überfliegen war, auf dem das Schloß Paulinum lag. Ob ich das jetzt noch schaffen würde, war ungewiß. Meine Maschine aber wollte ich keiner Gefahr aussetzen. Deshalb ließ ich den Gedanken fallen, auf dem Hirschberger Flugplatz zu landen. Statt dessen sah ich nach einer Landefläche aus und entdeckte auch bald dunkles Land.

Hier wollte ich es wagen. Häuser und Bäume waren keine da; soviel konnten meine Augen erkennen. Ob sonst ein Hindernis da war, das ich nicht sehen konnte, mußte sich zeigen. Aber es ging alles glatt. Ich setzte ganz am Anfang eines Ackers auf und jetzt, ja jetzt stand mein Vogel wirklich unversehrt auf dem braunen Grund. Von einer ungeheuren Spannung erlöst, blieb ich noch eine Weile still auf meinem Platz sitzen. Dankbar, glückerfüllt. Und glückerfüllt war auch Wolf Hirth, der mir bis hierhin gefolgt war. Ich hörte es förmlich, wie jetzt der Motor vor Freude seinen Takt verdoppelte und sah es an der Art der Kurven und Bewegungen, welche die kleine lebendige Maschine machte, als sie jetzt davonflog, um zum Abtransport des

Segelflugzeuges das Nötige zu veranlassen. Ich hörte das Geräusch fern und ferner werden, bis es gänzlich verschwand.

Vor mir lag nun eine lange Zeit, in der ich mit meinem Vogel allein sein würde, denn mit ein bis zwei Stunden mußte ich rechnen, bis Wolf Hirth die Autos vom Landeplatz unterhalb des Kammes nach hier umgeleitet haben würde. Stille war um mich herum, Erdenstille.

Vielleicht war es nun das letztemal, daß ich geflogen war? Der Gedanke, der mich vor wenigen Stunden noch mit soviel Schmerz erfüllt hatte, beunruhigte mich jetzt nicht mehr. Ich hatte die Schönheit der Nacht erleben dürfen, eine Schönheit ohnegleichen, die nicht mehr des Menschen und der Erde war.

Ich hatte meinen Sitz längst verlassen und stand an meinen geliebten Vogel gelehnt.

Weißt du noch, fragte ich ihn, die Wolke, das Wetter, die Angst?

Weißt du noch – die Schmerzen?

Weißt du noch?

Das Licht und die Bläue – den weiten Himmel?

Den Abend und die Sterne?

Zuerst war es ein Stern. Da standen wir beide noch auf dem Kamm. Dann kamen die anderen, dann wurden es viele.

Man klinkte mir das Gummiseil ein, ich schnallte mich fest. Dann glitten wir über den Schnee.

Weißt du noch!

Wie deine Flügel uns trugen? Über den Abhang hinweg.

Plötzlich hörte ich meinen Namen rufen.

Wolf Hirth war mit seinem Wagen da. Jetzt würde er seinen Zorn auf mich niedergehen lassen. Doch als ich vor ihm stand, merkte ich, daß er gar nicht böse war, nur froh, daß ich die Kiste hatte heil zu Boden bringen können.

Bis tief in die Nacht hinein saßen wir zusammen. Natürlich mußte ich erzählen und auf viele Fragen Antwort geben. Dabei stellte es sich heraus, daß ich auch an diesem Tag ungewollt einen neuen Höhenweltrekord geflogen war. Diese Tatsache mochte für die Öffentlichkeit von Bedeutung sein, mir aber schien sie unwesentlich.

Als Fluglehrerin der Segelflugschule auf dem Hornberg bei Schwäbisch Gmünd

Wenige Wochen später bekam Wolf Hirth eine Berufung als Leiter der neuen Segelflugschule auf dem Hornberg bei Schwäb. Gmünd. Er würde nun Grunau verlassen. Für mich mußte das das Ende der Fliegerei bedeuten, denn Fliegen kostet normalerweise Geld, und das gerade hatte ich nicht. Bisher hatte ich in der Werkstatt in Grunau mitgearbeitet, hatte gebaut und Brüche repariert, um dann als Belohnung fliegen zu dürfen. Unter dem Nachfolger von Wolf Hirth, der mich nicht kannte und deshalb auch an meiner fliegerischen Entwicklung kein Interesse haben konnte, würde diese Möglichkeit ziemlich sicher fortfallen.

Aber auch dieses Mal kam mir das Glück zur Hilfe. Wolf Hirth wollte mich als Fluglehrer mitnehmen und erwirkte auch bei meinen Eltern die Erlaubnis, daß ich ein Semester mit dem Studium aussetzen durfte. Für mich gab es selbstverständlich kein Überlegen.

Ich hatte nun eine ganze Schar ausgewachsener Männer im Segelflug zu unterrichten und zur C-Prüfung zu bringen.

Die Schwierigkeit wurde mir erst voll bewußt, als ich auf dem Hornberg war und vor der Aufgabe stand, in den nächsten Tagen mit dem Unterricht beginnen zu müssen. Schon während meiner eigenen Schülerzeit in Grunau hatte ich ja erlebt, daß die männlichen Segelflieger den Wunsch eines Mädchens, fliegen zu lernen, nicht mit der gleichen Selbstverständlichkeit hinnehmen wie ihr eigenes Verlangen danach; daß sie jederzeit geneigt sind, darin nur eine Laune zu sehen. Mein Ernst in dieser Sache und meine Eignung hatten sie vielleicht eines anderen belehrt. Doch es läßt sich nun einmal ein Mann nicht gern von einem Mädchen belehren. So ahnte ich, daß daraus Schwierigkeiten erwachsen könnten, zumal Fliegen als besonders männlich galt.

Um das zu umgehen, schulte ich nicht als Ausbilder, der seinen Schülern mit dem Gewicht und dem Abstand seiner Autorität gegenübertritt, sondern ließ die Schulung zu einer Gemeinschaftsarbeit werden, an der alle gleichermaßen beteiligt waren.

Beim praktischen Unterricht ließ sich das verhältnismäßig leicht an.

War – um ein Beispiel zu nennen – aus der Werkstatt ein repariertes Segelflugzeug gekommen, so gab ich vor, von Wolf Hirth für diese Segelkiste besonders verantwortlich gemacht zu sein. Ich mußte sie deshalb zuerst einmal überprüfen und machte nun einen kleinen Flug, der meinen Schülern zeigen sollte, wie sie es machen müßten.

Oder ich ließ einen Schüler in die Maschine steigen und erklärte nun den anderen, während er flog, was falsch und richtig war. Wenn er dann landete, lief ich mit ihnen den Hang hinunter, um die Maschine heraufzuholen, während sonst der Ausbilder oben wartet und die Schüler allein nach unten schickt.

Schwieriger zu lösen war die Frage des theoretischen Unterrichtes, der abends stattfand. Es schien, als ob ich hier die Rolle des Lehrers mit dem Zeigestock nicht umgehen könnte. Mir war diese Rolle recht unsympathisch. Ich fand einen Ausweg.

Wenn wir uns zum Unterricht versammelt hatten, ließ ich mir von den Flugschülern ein Thema nennen, über das sie von mir hören wollten. Meist wünschten sie, daß ich ihnen etwas von meinen eigenen Erlebnissen erzählte. Ich verband dann mit meiner Erzählung das Theoretische, zum Beispiel, als ich ihnen von meinem ersten Wolkenflug berichtete, erklärte ich ihnen dabei die Instrumente. An der Tafel machte ich dazu die notwendigen Zeichnungen. Wolf Hirth, der uns dabei eines Tages überraschte, war mit dieser Art von Unterricht zunächst nicht ganz einverstanden. Doch konnte ich ihm beweisen, daß alle meine Schüler neben dem praktischen, fliegerischen Können auch ein gründliches theoretisches Wissen besaßen, das dem Ziel des Lehrgangs voll genügte.

Auf diese Weise kamen keinerlei Schwierigkeiten im Unterricht auf. Es herrschte sogar ein ausgesprochen fröhlicher und kameradschaftlicher Ton in diesem Lehrgang. Jeder war mit echter Begeisterung bei der Sache. Allerdings war diese Art von Unterricht – so anschaulich sie für die Flugschüler sein mochte – für mich sehr anstrengend und auf die Dauer physisch kaum durchzuhalten.

Die Tage auf dem Hornberg fanden jedoch durch den Absturz eines Flugschülers einen traurigen Ausklang.

Einer der Schüler sollte am letzten Tag des Lehrgangs zur C-Prüfung starten. Die anderen hatten sie bereits bestanden und waren am Morgen zu ihrem ersten Schleppflug nach Stuttgart-Böblingen gefahren.

Ich blieb mit meinem Nachzügler allein auf dem Hornberg zurück.

Vor dem Start ging ich mit ihm sorgsam Punkt für Punkt durch. Er war dabei vollkommen ruhig und schien auch absolut sicher, so daß für mich kein Grund zu irgendwelcher Besorgnis bestand. Auch hatte er nach anfänglichen Schwierigkeiten eine recht ordentliche A- und B-Prüfung gemacht. Ich war überzeugt, daß der Flug gelingen würde.

Der Start verlief normal, und mein Schüler flog genau, wie ich es ihm vorgeschrieben hatte. Jetzt schon zweieinhalb Minuten! Nur noch eine Kurve sollte er fliegen und dann in weitem Bogen auf dem Flugfeld landen. Auch diese letzte Kurve war gut, nur schien mir, daß er sie etwas steil nahm.

Dann sah ich nur noch, wie die Maschine fast senkrecht vor mir in die Tiefe sauste!

Ich hörte den Aufschlag – den ersten in meinem Leben.

Nach Sekunden vollkommener Lähmung sauste ich den steilen Abhang hinunter und wußte doch, daß all mein Laufen und alle meine heißen Gebete hier nicht mehr helfen konnten. Er war tot.

Aber noch Schwereres blieb mir vorbehalten. Mir fiel die Aufgabe zu, der Mutter, die in einem Dorf in der Nähe wohnte, die Nachricht zu überbringen.

Ich werde nie vergessen, wie ich allein durch die Felder ging und nun zu der armen, alten Bauernfrau kam. Wie sie mich von weitem sah und mir – ehe ich noch etwas sagen konnte – zurief:

„Ach, Fräuleinchen, – ich weiß schon. Mein Sohn! Mein Sohn ist nicht mehr."

Ich begriff es nicht. Woher konnte sie es wissen?

Doch als sie mich weinend in ihre Arme nahm, erfuhr ich, daß er bereits, ehe er zu dem Lehrgang gegangen war, von seinem Absturz gesprochen hatte. Sie hatte ihn zurückhalten wollen. Doch dann hatte er sie getröstet:

„Laß nur, Mutter. Es wird schon gehen. Ich gehe doch."

Das waren seine letzten Worte gewesen, die sie aus seinem Mund gehört hatte.

Ich versuchte, den Dingen nachzugehen und erfuhr, daß er

den Arbeitsdienstmännern, die beim Start geholfen hatten, einen Traum erzählt hatte:

„Ich komme dann plötzlich in eine steile Kurve, werde mich mit den Füßen richtig ins Seitenruder stemmen, gebe Tiefenruder und dann ..."

Mir war es nun klar, daß es sich bei ihm nicht um eine ausgesprochene Vorahnung seines Schicksals gehandelt hatte, sondern um eine tief im Unterbewußtsein verankerte Unsicherheit, die ihn von vornherein vom Fliegen ausschloß, weil sie ihn immer in Gefahr bringen mußte. Der Traum, der vielleicht nichts anderes als ein Ausdruck dieses Gefühls des Zweifels an sich selbst gewesen war, wurde ihm zum Verhängnis, als er die Kurve sicherlich etwas steil geflogen hatte, er sich wahrscheinlich gerade in diesem Augenblick seines Traumes erinnerte und nun genau, wie er es erzählt hatte, eine falsche Steuerung machte und damit seinen Absturz herbeiführte. –

Für mich bedeutete dieses Erlebnis eine Erschütterung und seelische Belastung, die ich nur schwer überwand.

Mein Versagen beim ersten Rhönwettbewerb

Die Geschichte der Rhönwettbewerbe ist eng verbunden mit der Geschichte der Nachkriegsjahre.

Im Versailler Vertrag war Deutschland das Motorfliegen verboten worden.

Was man jedoch niemals verbieten kann, ist die Flugsehnsucht, die Menschen in ihrem Herzen tragen, eine Sehnsucht, die ein unstillbares Heimweh ist und an der man wie an Heimweh krank sein kann.

Oskar Ursinus war einer von den vielen, die davon ergriffen waren. Er fuhr in die Rhön, legte sich an den Hang, sah über sich den blauen Himmel und die segelnden Wolken, immer mit dem brennenden Gefühl im Herzen, das sein Ziel kannte und doch durch willkürliches Menschenwort davon getrennt war. Fliegen können!

Er sah über sich die Falken und die Bussarde fliegen, grübelte und dachte angestrengt nach.

Fliegen!

Wie diese Vögel. Mit Hilfe der Natur. Ohne Motor, wie Otto Lilienthal, aber mit Hang und Wind. Und Wind gab es hier genug, denn vierhundert Meter erhebt sich die Wasserkuppe über die Landschaft, und an ihren Berghängen stauen sich die Winde und werden nach oben abgelenkt.

Ohne Motor fliegen!

Die Wasserkuppe schien ein ideales Gelände zu sein, und Oskar Ursinus rief nun die anderen. Sie kamen im Sommer 1920, die Flieger aus dem ersten Weltkrieg, Wissenschaftler, Techniker und die Jugend! Sie bastelten und bauten, reparierten alte Flugzeuge, jetzt ohne Motor und versuchten mit Modellen, die heute vorsintflutlich scheinen, zu fliegen. Es gab die ersten Gleitflüge, die nur Sekunden dauerten und etwa unserer A-Prüfung entsprechen. Aber der Beste flog in jenem Sommer schon mit einer Zeit von zwei Minuten zweiundzwanzig Sekunden eintausendachthundertdreiundsiebzig Meter weit. Das war ein Sieg.

Einer jedoch stürzte damals über dem Westhang ab.

Von diesem ersten Jahr an ging es weiter. Der Rhöngeist, den Oskar Ursinus wachgerufen hatte, lebte und wirkte.

Sommer für Sommer kamen nun die jungen Segelflieger auf der Wasserkuppe zusammen und erprobten ihre Maschinen und ihr fliegerisches Können. Sie lernten von ihrem Versagen und ihren Erfolgen gleichermaßen. Sie lernten die Natur kennen und mit ihren Kräften rechnen. Sie brachten Opfer an

Zeit und Geld und manche von ihnen auch an Karriere, und sie hatten Verluste an Menschenleben. Aber aus dies allem wuchs langsam der Erfolg, ein Erfolg, der das Segelfliegen aus dem Bereich des Gedachten und Erträumten heraushob und zu einer Wirklichkeit machte, die nun nicht mehr – weder in der Heimat noch in der Welt – übersehen werden konnte.

Als ich im Sommer 1933 zum erstenmal zur Wasserkuppe kam, war der Rhönwettbewerb bereits ein fester Begriff. Hier traf sich alles, was im deutschen Segelflug Namen hatte und wieder viel begeisterte Jugend, zu der ich auch gehörte.

Ich kam unmittelbar vom Begräbnis meines Schülers und stand – obwohl mir niemand etwas anmerkte – noch völlig unter dem Eindruck dieses schweren Erlebnisses. Als Segelflugzeug hatte ich ein „Grunau-Baby", eine Übungsmaschine, die mit den Leistungsmaschinen der anderen nicht konkurrieren konnte.

Das Gelände war mir unbekannt, und hinzu kam noch, daß die Wetterlage für Übungsmaschinen ungünstig war.

So stand für mich von Anfang an der Wettbewerb unter einem ungünstigen Stern. Nicht nur, daß ich verkrampft und unfrei war, ich wurde unglücklicherweise auch von den Teilnehmern, insbesondere von meiner Startmannschaft, die ich aus meinen Hornberger Schülern zusammengestellt hatte, wegen meiner verschiedenen Rekorde als eine Art fliegendes Wunder betrachtet. Man erwartete deshalb Besonderes von mir.

Schon beim ersten Start merkte ich, daß ich schnell an Höhe verlor. Ich fand keinen Aufwind und mußte irgendwo im Tal landen.

Nun saß ich hier unten mit meiner Kiste und mußte zusehen, wie sich da oben die anderen mit ihren besseren Maschinen und größeren Erfahrungen in der Luft halten konnten. Es war niederdrückend.

Meine Mannschaft kam nun den Hang heruntergelaufen. Für sie war es ebenso enttäuschend wie für mich. Wie stolz war sie doch auf ihren kleinen Piloten gewesen.

„Das macht nichts, gar nichts", beruhigte ich sie, als sie bei mir waren. „Wir montierten die Kiste schnell ab und sind gleich wieder oben. Ich muß mich erst einfliegen."

Ich startete von neuem und „soff" wieder ab, ganz wie beim erstenmal. Und so ging es den ganzen Tag.

Die Kiste wurde den Hang hinaufgezogen: neuer Start.

Wieder „abgesoffen".

Wieder im Tal.

Und mit jedem Mal, da meine Mannschaft zu mir heruntergelaufen kam, wurde ich mutloser.

Mit jedem Mal war meine Mannschaft enttäuschter, denn schließlich empfand sie es als Schande, daß ausgerechnet ihr Pilot immer unten saß!

Wer im Unglück steckt, braucht für den Spott nicht zu sorgen. Alles was da oben zuschaute, lachte. Wenn ich an ihrer Stelle gewesen wäre, hätte ich es auch wohl getan. Doch in meiner Lage war es nicht schön und trieb mir die Tränen in die Augen. Meiner Mannschaft gegenüber tat ich jedoch immer fidel und unbekümmert.

So startete ich Tag für Tag, und jeder war gleich erfolglos. Aber ich ließ nicht nach und gab nicht auf. Bis der Wettbewerb zu Ende war.

Danach kam die Abschiedsfeier und die Preisverteilung. Natürlich war ich mit am Schwanz. Welches Gelächter aber brach aus, als mir die Preiskommission eine Küchenwaage und einen Fleischwolf überreichte!

Sie waren im Rahmen der üblichen Stiftungen von einer Firma für Haushaltsgeräte geschenkt worden, und da man nichts

Besseres mit ihnen anzufangen wußte, schenkte man sie nun mir.

Es war gleichsam ein Symbol für vorwitzige Mädchen, die unbedingt fliegen wollten!

Doch es gab noch eine Überraschung für mich.

Professor Georgii, damals schon als „Segelflugprofessor" bekannt, stellte nach der Preisverteilung und den Feierlichkeiten an mich die Frage, ob ich gewillt sei, an einer Expedition nach Südamerika teilzunehmen. Man wollte dort die Aufwindverhältnisse erforschen.

Wieso ich gerade dazu kam, nach den vielen Fehlschlägen dieser Tage?

So erstaunlich es klingen mag, aber gerade die Fehlschläge, die ich erlebt hatte, waren die Veranlassung zu dieser Frage geworden.

Schon in ihren Reden an die Preisträger hatten Professor Georgii und Rhönvater Ursinus darauf hingewiesen, wie ich, obwohl ich ständig „abgesoffen", immer wieder von neuem gestartet war: Nicht der Sieg, sondern der Geist entscheidet beim Segelfliegen.

Diese Forderung hatte ich nach ihrer Auffassung in diesen Tagen erfüllt. Das aber war entscheidend für den Entschluß von Professor Georgii, mich neben weit besseren und erfahreneren Segelfliegern mit nach Südamerika zu nehmen. Ich sagte, die Einwilligung meiner Eltern vorausgesetzt, ohne Zögern zu, obwohl ich zu der Reise dreitausend Mark beisteuern mußte. Woher ich das Geld nehmen sollte, wußte ich noch nicht. Doch darüber machte ich mir, jung wie ich war, keine Sorgen.

Unter den vielen Briefen, die ich nach dem Gewitterflug erhalten hatte, war auch ein Schreiben der Ufa, die anfragte, ob ich als Double bei einem Segelfliegerfilm mitwirken wolle. Damals hatte ich den Brief achtlos beiseite gelegt. Jetzt aber entsann ich mich des Angebotes. Vielleicht war hier eine Möglichkeit gegeben, zu dem nötigen Geld zu kommen, das ich für die Südamerika-Expedition brauchte.

Ich schrieb und erhielt eine Zusage. Nachdem wir grundsätzlich einig geworden waren, nannte ich meine Honorarforderung in Höhe des zur Expedition verlangten Zuschusses.

Das Wort war heraus. Mir stockte fast der Atem. Wahrscheinlich hielt man mich für wahnsinnig. Wahrscheinlich würde man mich jetzt schallend auslachen. Doch mir blieb keine Wahl. Eben diese Summe, die ich genannte hatte, mußte ich haben. Mit weniger konnte ich nichts anfangen.

Zu meiner grenzenlosen Verwunderung wurde ohne Einschränkung das geforderte Honorar bewilligt. Es war wie im Film!

Der Film, der auf der Rhön und in Rossitten auf der Kurischen Nehrung gedreht wurde, hieß „Rivalen der Luft". Zu den Darstellern zählten unter anderem Wolfgang Liebeneiner, Claus Clausen, Volker von Collande, Hilde Gebühr, Sibylle Schmitz.

Bei dem Film handelte es sich darum, daß ein vom Segelfliegen begeisterter junger Mann ein befreundetes junges Mädchen veranlaßt, mit ihm an einem Lehrgang für Segelflug teilzunehmen.

Als bester Flugschüler seines Lehrgangs durfte er dann zur Belohnung an dem Wettbewerb auf der Wasserkuppe teilnehmen. Nicht jedoch das junge Mädchen, das zum Fliegen völlig ungeeignet war. Doch da es sich um eine kleine energische Person handelte, kam es auf seine eigenen Gedanken. Der Wettbewerb begann. Der junge Mann startete neben dem Fluglehrer mit vielen anderen. Das junge Mädchen stand unten, sah in großer Höhe die schönen, silbernen Vögel segeln und faßte einen Entschluß. Es holte sich aus einer Halle eine Übungsmaschine, die dort unbenutzt stand und startete mit Hilfe der umherstehenden Zuschauer. Bald hatte es die Höhe der anderen erreicht.

Niemand außer dem Fluglehrer hatte diesen Vorgang bemerkt. Er bemerkte auch, daß sich vom Westen her eine Gewitterwolkenwand immer näher schob, der das Mädchen niemals gewachsen sein würde. Da er es aber heimlich liebte, brachte er das für einen Segelflieger große Opfer: Er verzichtete auf den Erfolg im Wettbewerb, um dem Mädchen den Weg in den Abwind und zu einer guten Landemöglichkeit zu zeigen. Dabei gab es natürlich eine Panne. Das Mädchen landete ungewollt in einem kleinen See. Triefend mußte sie ans Ufer waten, wo ihr der Fluglehrer schimpfend entgegenkam, sie dann aber, um das Happy-end herbeizuführen, in seine Arme nahm und küßte.

Meine Rolle als Double betraf nur das rein Fliegerische. Sobald es um den Menschen im Film ging, wurde abgeblendet. Dann traten die Schauspieler in Aktion.

Ich fand meine Rolle wunderbar, durfte ich doch die Brüche machen, die im Film dem jungen Mädchen zugeschrieben wurden. Wann hätte ich das sonst je gedurft!

Auch die Landung in den See mußte ich machen. Das aber war nicht einfach, denn es handelte sich, bei dem sogenannten Mövenbruch, mehr um einen Tümpel als um einen See. Ich mußte darum eine regelrechte Ziellandung machen.

Ich hatte jedoch Glück und es gelang. Ich kam mitten in den

Tümpel hinein. Das Wasser spritzte hoch auf und klatschte über mir zusammen, ganz wie es das Drehbuch vorsah. In meiner Freude über die geglückte Landung dachte ich jedoch nicht daran, daß auch die Tonaufnahme eingestellt war und tat einen lauten Juchzer. Das aber war ganz unprogrammgemäß, denn die Darstellerin mußte – so wie es der Situation entsprach – einen verzweifelten Aufschrei tun.

Aber noch etwas war unprogrammgemäß, was sich bei der Vorführung des Filmstreifens zeigte. Die Landung war so wohl gelungen, daß jeder, der etwas vom Segelfliegen verstand, sehen mußte, daß das kein Anfänger gemacht haben konnte. Es mußte eine neue Landung und eine neue Aufnahme gemacht werden. Sie wurde von einem Flieger von Rossitten ausgeführt. Der Grund lag in Kompetenzstreitigkeiten, die hier nicht interessieren können.

Im übrigen benutzte ich meine Freizeit zum Fliegen. Rossitten hatte günstige Windverhältnisse und zum Starten ein ideales Gelände. Für einen Segelflieger kann es kaum etwas Schöneres geben, als über dieser stillen, verzauberten Landschaft mit Düne, Strand und Meer zu fliegen. Ich startete und blieb in der Luft, solange der Wind mich trug – über mir der August- oder Septemberhimmel, unter mir das blaue Meer und der gelbe Sand.

War es ein Wunder, daß ich die Zeit vergaß?

Einmal blieb ich neun Stunden, einen Tag später elf Stunden und zwanzig Minuten in der Luft. Damit hatte ich zwei neue Frauendauerweltrekorde geflogen. Sie wurden nicht international registriert, da ich nicht zu diesem Zweck und deshalb nicht unter den international festgelegten Vorbereitungen aufgestiegen war.

Mich beschäftigte diese Frage nicht, denn ich wollte fliegen wie der Vogel fliegt, so ungebunden und frei.

Auf Segelflug-Forschungsexpedition nach Brasilien und Argentinien

Am 3. Januar 1934 stach die „Monte Pascoal" von Hamburg nach Südamerika in See. Es gab größere Schiffe und vornehmere, solche, die schneller fuhren und sich rühmen konnten, auf jeder Fahrt viele Prominente an Bord zu haben. Aber mir erschien das Schiff prächtig und großartig und alles, was damit zusammenhing, auch. Wie eine Seefahrt ist, hatte ich in Reisebeschreibungen und Romanen gelesen. Dies aber war Wirklichkeit, und nun, als die Schiffskapelle „Muß' i denn, muß' i denn zum Städtele hinaus" spielte, das Schiff sich langsam in Bewegung setzte, stand ich zwischen vielen anderen an der Reling und winkte meiner Mutter und den Freunden zu. Voller Glück und Dank wollte ich jede Stunde, die ich nun in fremden Ländern sein würde, genießen.

Ich war einundzwanzig Jahre alt, und vielleicht hat sich deshalb alles bis in kleinste Einzelheiten meinem Gedächtnis so fest eingeprägt: das Einleben an Bord mit den Mahlzeiten, die so üppig waren, daß die Speisekarte schier kein Ende nahm; die Begegnung mit Menschen aus allen Ländern und Erdteilen, deren Herkunft und Schicksal von unserem eigenen so verschieden war, und das Schiff mit seinen Geheimnissen. Es lockte mich am meisten, und hier stellte sich als Vorteil heraus, was ich sonst leicht hätte als Nachteil empfinden können: daß ich in einer Gruppe, die aus lauter Männern bestand, das einzige Mädchen war, und daß ich so klein war. Das sicherte mir auch das Wohlwollen des Kapitäns, der mich zu seinem kleinsten Matrosen machte, dem sogenannten „Moses", wie dieser auf dem Schiff heißt. Er erlaubte mir, überall herumzuklettern, bis hinauf auf die Schornstein-Masten.

Sonst war ich an Bord meist mit den Kameraden der Expedition zusammen. Geführt wurde sie von Professor Georgii, der nicht nur als Flugmeteorologe und als Präsident der „Istus"*, sondern als „Vater der Segelflieger" ein Begriff geworden ist. Es hätte für diese Expedition keinen besseren Leiter geben können, da Professor Georgii eine herzliche und verbindliche Art besaß, die ihn besonders befähigte, seine Heimat geschickt und würdig in der Welt zu vertreten. Mit ihm zusammen machten wir jeden Tag Messungen an Bord: Strahlungsmessungen, Messungen der Windgeschwindigkeit, der Wolkenhöhe und anderes, und lernten dabei vieles, was ein Segelflieger zwar nicht unbedingt zu wissen braucht, was ihm aber hilft, den weiten Raum der Luft nicht nur praktisch, sondern auch theoretisch zu beherrschen. Diplomingenieur Harth war bei der Durchführung und Auswertung der Messungen seine besondere Hilfe.

Die anderen Teilnehmer waren bekannte Segelflieger: Wolf Hirth, der sein „Moatzagotl", eine einmalige Konstruktion mitnahm, Peter Riedel mit „Fafnir", Heini Dittmar mit seinem „Condor", unser treuer Monteur und Flugzeugschreinermeister Miehm, und ich mit meinem „Grunau-Baby".

An Bord waren wir bald als Gruppe bekannt. Da jedoch anfangs die Gäste über uns nichts Genaues wußten, sondern nur Vermutungen aufstellen konnten, griff die Fama nach uns. Wechselnd waren wir in den Augen der Passagiere eine Zirkusgruppe, dann ein Segelverein, obskure Flieger und fliegende Wunder. Und endlich auch, was wir wirklich waren: normale Menschen, mit denen man sprechen, lachen und abends tanzen konnte. Das alles aber erhöhte nur den Reiz des Neuen, dem ich hier auf Schritt und Tritt begegnete.

Am stärksten beeindruckte mich die Fahrt selbst. Als wir von

*) Anmerkung: „Istus" = Intern. Studienkommission für Segelflug.

Hamburg Abschied nahmen: Die Nacht, die Lichter, das Wasser und die treibenden Eisschollen, die am Bug des Schiffes mit hellem Geklirr zerschellten, so daß es wie ein Toast von tausend Gläsern klang. Über der Nordsee die schwere Dünung und dichter, undurchsichtiger Nebel, so daß man keine Hand vor den Augen sah und nur das heisere Heulen der Schiffssirenen hörte. Man spürte dabei etwas von dem Erschrecken eines Tieres, das Gefahr wittert. Dann aber war man wieder besänftigt und eingebettet von dem Gefühl der Geborgenheit, von dem Bewußtsein, hier auf dem Schiff zu sein, dessen Rumpf sich in den Wellenbergen hob und senkte und dessen Motore vor Anstrengung keuchten.

Wir wußten, es würde uns sicher hindurchführen.

Neue Tage kamen und neue Nächte. Als der Golf von Biscaya hinter uns lag, ließ die Dünung nach, und der Himmel wurde wolkenlos blau, das Wetter warm und die Nächte wunderbar mild. Wir gewöhnten uns langsam an das Nichtstun. In einer Entfernung von etwa zwanzig Kilometer ging es an Spaniens Küste vorbei, an hohen einsamen Steilfelsen, auf denen hoch oben vereinzelt weiße Häuser standen. Dann sah ich die ersten Delphine. Ich hielt sie für fliegende Fische und erntete Spott und Gelächter. Vorbei an Lissabon und Casablanca und nach sieben Tagen Fahrt legten wir endlich an... Südlich klare Nacht, nur die rotgoldene Mondsichel stand am Himmel, während Las Palmas seinen funkelnden Lichterschein zu uns herüber sandte. Fast ohne Übergang wurde es hell. Ich sah kahle, gelbe Felsen, die sich als Segelhänge prachtvoll eignen mußten und unten an ihrem Fuß, schneeweiß, mit flachen Dächern und vereinzelten Kuppeln, die Stadt.

Dann aber rollte ein Schauspiel ab, wie es alle Südamerikafahrer kennen, das mir aber wie eine verzauberte Szene aus einem Märchenbuch erschien.

Kaum hatte ein Schiff angelegt, da waren sie schon da: ungezählte Ruderboote, die wie kleine flinke Wasserflöhe versuchten an uns heranzukommen, gefüllt mit dem buntesten
Volk, welches ich jemals gesehen hatte: Neger und Mischlinge
und dazwischen auch wohl edle, rassige Gestalten, denen man
die reine spanische Abkunft ansah, königlich selbst noch in
den Lumpen, die sie trugen. Und ehe wir uns versahen, wimmelte es auf dem ganzen Schiff davon und manche obskure
Gestalt war dabei, vor der man sich wohl hätte fürchten können. Auf großen Decken ausgebreitet boten sie uns ihre Waren
an und es funkelte und leuchtete nun von Schmucksachen und
Kimonos, von Decken und Obst und allem nur Erdenklichen,
was Farbe hatte. Nichtigkeiten, die für mich noch den Glanz
des Wunderbaren hatten.

Die Passagiere konnten an Land gehen, doch unsere Gruppe
besuchte zuvor ein deutsches Flugzeugmutterschiff, das im
Hafen lag. Danach blieb wenig Zeit für die Stadt selbst. Und
auch hier wieder für mich tiefster, fremdester Süden! Auf den
Straßen von Sand, die tiefe Löcher zeigten, hoppelten die Esel-
wagen vorbei, saßen die Männer im Kreis um einen Händler,
schritten Frauen tiefschwarz gekleidet mit schwarzem Kopf-
tuch, das fast ihr Gesicht verdeckte, spielten Kinder – wie sie
überall auf der Welt spielen.

Trostlose Sandfläche, Gemäuer und vereinzelte Palmen. Es war
das Hafenviertel von Las Palmas. Zeit um mehr und Schöneres
von der Stadt zu sehen, blieb uns leider nicht.

Bei der Abfahrt übertönte das Brüllen der Händler alles. Halb-
nackte schwarze Burschen, gewandt wie die Fische, tauchten
nach Geldstücken, die wir ihnen vom Schiff zuwarfen.

Dann sind wir wieder auf hoher See. Gleißend scheint die
Sonne auf Deck. Schwärme von fliegenden Fischen sausen, auf-
gescheucht von der „Monte Pascoal", durch die Luft, sonst nur

Auf der Rückfahrt von Südamerika als „kleiner Seemann",
mit Professor Georgii und Kapitän Schenk

Bei Wassersegelflug-Versuchen auf dem Chiemsee

Im Segelflugzeug „Reiher" kurz nach dem Gummiseilstart auf der Wasserkuppe

Mit meinem „Sperber Junior" vor dem Start zur Alpenüberquerung

Mit Heini Dittmar bei Streckenflug-Vorbereitung in Brasilien

Der finnische Staatspräsident Svinhufvud beobachtet in Jämijärvi (Finnland)
unsere Segelflug-Vorführungen

der Wechsel von Tag und Nacht und das Leben an Bord. Beim Überschreiten des Äquators erwartet uns die Schiffstaufe, die gar nicht angenehm ist. Dann nähern wir uns Rio de Janeiro und alle unsere Gedanken sind darauf gerichtet.

Rio de Janeiro trägt den Ruhm, die schönste Hafenstadt der Welt zu sein, sicherlich mit Recht. Für den, der aus dem Norden kommt, ist die Hafeneinfahrt wie der Eintritt in ein Paradies.

Unser Hotel lag hoch auf einem Berg, der steil in das Meer abfällt. Vor dem Haus erstreckte sich ein schöner alter Klostergarten mit Bäumen, deren Namen mir niemand sagen konnte, mit Palmen und Hecken voller Blüten, feuerroten und solchen mit zarten, hellen Farben.

Die erste Überraschung erlebte ich, als ich meine Koffer aufschloß. Es wimmelte darin schwarz von Ameisen, die mich entsetzlich bissen. Sie kamen in solchen Mengen, daß ich die halbe Nacht zu tun hatte, um jedes Kleidungsstück einzeln zu säubern. Weiteres Ungeziefer konnte mich nun nicht mehr in Schrecken setzen, denn was ich hier gleich zu Anfang erlebt hatte, langte reichlich, um mich damit vertraut zu machen.

Die Stadt war, wie es ihr Ruf voraussagte, schön und elegant. Störend für meine Kameraden war nur, daß sich kein Weißer erlaubte, auch bei größter Hitze ohne Jacke zu gehen. Gänzlich umstellen aber mußten wir uns alle in Zeit und Tempo. Die Generalprobe hatten wir zwar schon bei der Landung hinter uns gebracht, als es um die Erledigung der notwendigen Formalitäten ging. Es war keine Abfertigung gewesen, die unseren deutschen Vorstellungen entsprochen hätte, obwohl auch der deutsche Bürokratismus seine Bürger oft auf eine harte Nervenprobe stellt. Doch dieses hier war mehr, war südlich, wo „mañana", „morgen" eines der wichtigsten, häufigsten Wörter im gesamten Sprachschatz ist.

Bei der Landung hatten wir es noch hingenommen, ungeduldig zwar, aber irgendwie zugehörig zu diesem Neuen, das uns im Grunde tief bezauberte. Empfindlich davon berührt wurden wir aber, als es um unsere geliebten Segelkisten ging, die immer noch unter Zollverschluß waren, weil sich ein paar Ministerien nicht über die Zuständigkeit einigen konnten. Mit jedem Tag, an dem man uns wieder auf den kommenden vertröstete, wurden wir innerlich unruhiger. Fast war es wie ein Heimweh, das uns nach unseren geliebten Vögeln überfiel, und richtig wohl fühlten wir uns erst, als wir wußten, daß die Transportwagen unserer Segelflugzeuge durch die Straßen Rios dem Flugplatz zurollten.

Dazu aber hatte es fast drei Wochen gebraucht. Trotzdem aber galt es, die Zeit bis dahin auszunutzen, und dabei lernten wir in schönster Weise die Gastfreundschaft dieses Landes kennen, die Höflichkeit und Hilfsbereitschaft seiner Menschen. Eine besondere Hilfe war uns Major Fontanelle vom Flugplatz Campos dos Affonsos. Er tat alles, was in seinen Kräften stand, um uns zu helfen. Das Condor-Syndicat, eine Luftfahrtgesellschaft, die eng mit der deutschen Lufthansa zusammenarbeitete und neben den brasilianischen Teilhabern auch einen Deutschen, P. Moosmayer, als Teilhaber hatte, stellte uns ein Wasserflugzeug mit seinem Piloten Wachsmuth zur Verfügung, um in der Umgebung von Rio Notlandeplätze zu erkunden. Untätig waren wir nie, denn Empfänge wechselten mit Pressekonferenzen ab. Es gab große Essen mit feierlichen Reden und prächtigen Blumenarrangements. Besonders heftig war der Ansturm der Journalisten; denn unsere Expedition war schnell bekannt geworden. Jeder wartete darauf, die Segelflieger endlich am Himmel zu sehen. Damals war das Segelfliegen in Brasilien noch ganz in den Anfängen. Um so stärker war darum das Interesse, das man uns entgegenbrachte. Daß aber ein

Mädchen dabei war, erhöhte die Anteilnahme und Neugier natürlich in diesem südlichen Land ganz besonders.

Endlich waren sie da, unsere silbernen Vögel, der prächtige „Fafnir", mit dem Grönhoff seine großen Erfolge erflogen hatte; der stolze „Condor", das „Moatzagotl" und mein bescheidenes „Grunau-Baby". Das „Moatzagotl" hatte gleich zu Anfang Pech, indem es von einer landenden Motormaschine an einem Flügelende beschädigt wurde. So mußten Wolf Hirth und ich uns zuerst zu zweit mit dem „Baby" begnügen. Doch auch dieser Schaden wurde behoben, und nun stieg jeder von uns in die Lüfte. Das Ziel unserer Expedition war die Erforschung der Aufwindverhältnisse in Südamerika. Aber wir merkten bald, daß uns ungewollt, neben der Forschung, noch eine andere Aufgabe zugefallen war: Die Herzen der Menschen dieses Landes zu erfliegen. Und sie wurden uns geschenkt. In so spontaner und überwältigender Weise, wie wir es nie für möglich gehalten hatten.

Die Anteilnahme der Bevölkerung war beispiellos.

Hunderte und Tausende pilgerten zu dem Flugplatz hinaus, um uns fliegen zu sehen. Natürlich interessierte sich das Publikum am meisten für den Kunstflug. Während meine Kameraden nur gelegentlich Kunstflüge vorzuführen hatten, fiel mir zu meinem Bedauern diese Aufgabe fast täglich zu. Viel lieber wäre ich mit den anderen über Land geflogen, wie es ein richtiger Segelflieger will. Doch Disziplin ist bei einer Expedition alles, und so flog ich meine Loopings und Turns ohne zu murren und erntete dafür das Entzücken und die Begeisterung der Männer und Frauen, der Offiziere und der vielen, vielen Schulkinder, die täglich zusahen.

Natürlich reichte die Zeit auch für mich zu Forschungsflügen. Wenn ich über die Weite der Landschaft flog, dichter Urwald

unter mir, dann erst schien die Erfüllung der Wünsche vollkommen.

Nach etwa vier Wochen wechselten wir von Rio nach São Paulo
über, und hier wiederholte sich, was wir von Rio her schon
kannten: Empfänge, Presseinterviews und die Begeisterung
der Bevölkerung. Mir brachte der Aufenthalt ein aufregendes
fliegerisches Erlebnis, das zeigt, wie man in allem erst lernen
muß:

Ich hatte bisher nur selten Thermikflüge gemacht, das heißt
Flüge im Aufwind, welcher durch Sonnenerwärmung der Erdoberfläche entsteht. So hatte ich auch keine Erfahrung darin,
daß sich unter Umständen eine Art „Thermikblase" vom
Boden abheben kann, um im nächsten Augenblick, gerade
wenn sie der Segelflieger ausnutzen will, über ihn hinwegzu-
steigen.

Das erlebte ich in São Paulo:

Der Flugplatz lag ziemlich nah an der Peripherie dieser auf-
blühenden Weltstadt. Meist pflegten wir zu losen, in welcher
Reihenfolge uns die Motormaschine hochschleppen sollte. An
diesem Tag war ich die letzte. Es war ein herrlicher Sonnentag
mit wunderbarer Wolkenbildung. Die Wolkenbasis lag fast
zweitausend Meter hoch. Bis ich endlich mit meinem Schlepp
an die Reihe kam, sah ich meine Kameraden Peter Riedel und
Heini Dittmar schon als winzige Punkte unter der Wolkenbasis.
Natürlich brannte und fieberte ich danach, auch dort hinauf zu
kommen.

Der Wind stand so, daß ich im Schlepp hinter der Maschine
direkt auf die Stadt zu starten mußte. Noch in ganz niedriger
Höhe überflogen wir die Stadt, über uns die große Wolke, unter
der die anderen kreisten. Ich spürte, wie die Maschine anfing zu
zittern und mich leise lupfte. Wenn ich jetzt ausklinkte, würde
ich sicherlich viel schneller als die Motormaschine es konnte,

vielleicht mit drei, vier oder fünf Meter in der Sekunde aufsteigen.

Ich löste mich vom Seil. Doch kaum hatte ich einen Kreis geflogen, als schon das Variometer fiel. In der Hoffnung, das Aufwindfeld wiederzufinden, tastete ich zunächst herum, ohne zu wissen, daß der Aufwind wie eine Blase über mir hinweggezogen und um mich herum nichts als Abwind war.

Und dies mitten über der riesengroßen Stadt!

Unter mir nur Dächer und Türme, Kirchen und Schornsteine und lange Straßenzüge, in denen es von Menschen und Autos wimmelte. Ich suchte vergebens nach einem Dach, auf dem ich hätte landen können, aber die Dächer waren entweder bepflanzt oder mit Schornsteinen versehen. Dabei fiel und fiel ich mit jedem Augenblick mehr, die Türme wuchsen höher und drohender zu mir herauf. Im Geiste sah ich schon unzählige Menschen durch meine Maschine getötet und war verzweifelt. Ständig sank ich tiefer, die Dächer kamen näher, als ich plötzlich in der Ferne einen Platz sah. Ob ich ihn noch erreichen würde? Auf jeden Fall durfte ich nichts unversucht lassen. Ohne nach rechts oder links zu schauen, steuerte ich auf den Platz zu. Doch als ich mich nun meinem Ziele näherte, sah ich, daß eine schwarze, dichte Menschenmenge den Platz umsäumte, auf dem ein Fußballspiel in vollem Gang war. Der Schrecken, der mich jetzt durchfuhr, nahm mir fast den Atem; denn es war in gar keiner Weise vorauszusehen, ob ich noch über ihre Köpfe hinwegkommen würde.

Ja, es würde vielleicht noch bis zum Platz langen! Aber schon durchfuhr mich ein neuer Schrecken, denn ich sah nun auch, daß auf der Seite, an der ich am ehesten landen konnte, eine Starkstromleitung verlief. Es langte auf gar keinen Fall mehr, sie zu überfliegen. Also mußte ich unter der Leitung durch, direkt über die Köpfe der Menschen hinweg.

Doch damit war die Gefahr noch nicht gebannt. Das Spiel war auf seinem Höhepunkt und da die Aufmerksamkeit aller sich nur darauf konzentrierte, würde man wahrscheinlich das lautlos gleitende Segelflugzeug gar nicht bemerken. Wer es aber sah, würde denken, daß es sich hier um eine Motormaschine handelte, die den Motor abgestellt hatte, um dann, wenn sie dicht über den Köpfen der Menschen war, neu Gas zu geben und wieder davonzufliegen.

So war es auch! Keiner dachte daran, das Spiel zu stoppen. Ich riß deshalb das Fenster auf und brüllte aus Leibeskräften „cuidado, cuidado", „Vorsicht! Vorsicht!" Es war eines der wenigen spanischen Worte, die ich zu diesem Zeitpunkt konnte. Tatsächlich wurde das Spiel sekundenlang gestoppt, alles sah zu mir hinauf, aber jeder nahm an, daß ich wieder Gas geben und davonfliegen würde und keiner von den Tausenden, die hier zusammenstanden, hatte wohl eine Vorstellung davon, daß höchste Gefahr war. Daß ich ja landen mußte! Endlich, im letzten Augenblick schmissen sich die Spieler auf die Erde. Ich kam zwischen die beiden Fußballtore und hatte das Glück, keinen Menschen zu streifen und keinen zu verletzen.

Ich stand nun, stand wirklich mit meiner Maschine heil auf ebener Erde. Ein Seufzer, aus Angst aber mehr noch aus Dank entrang sich meiner Brust. Ich begann meine Fallschirmgurte zu lösen und drehte mich dabei um, und was ich jetzt sah – – – das war das Allerschlimmste!

Tausende von Menschen versuchten die Absperrung zu durchbrechen und wälzten sich wie eine riesige Flut auf die Segelkiste zu.

Ich hörte schon im Geist das Krachen der Flächen und sah schon das Letzte, was dann vom Flugzeug übrig bleiben würde, unter den vielen Füßen zertrampelt. Ich war verzweifelt; denn ich wußte, daß niemand einer solchen Masse standhalten konnte. Ich kletterte auf die Fläche, damit jeder mich sehen konnte und winkte, daß sie zurückweichen sollten. Aber ich hatte damit nur ihre Neugier noch stärker geweckt. Sie alle fanden das geradezu herrlich, sie fanden es wunderbar und charmant, warfen mir begeistert Kußhände zu und dankten. Aber die Flut schob sich rascher und rascher nach vorn, denn jeder wollte der erste sein und jeder drückte mit allen Kräften gegen seinen Vordermann. Alle wollten nur einmal die Kiste berühren.

Endlich, endlich, nach einer Zeitspanne, die mir wie eine Ewigkeit erschien, kam Militär. Ich schöpfte Hoffnung, aber auch das Militär war viel zu schwach, um etwas ausrichten zu können. Doch da, im letzten Augenblick, kam mir ein Deutscher zur Hilfe. Er holte berittene Polizei. Sie kam und bahnte sich rücksichtslos einen Weg durch die Menge. Wer nicht aufpaßte, kam unter die Hufe ihrer Pferde. Es wurde nach Sanitätern geschrien, Krankenautos mußten geholt werden, Verletzte wurden fortgetragen, aber ich war mit meiner Segelkiste geborgen und geschützt. Denn die Polizei ritt mit ihren sehr temperamentvollen Pferden ununterbrochen in einem Kreis um mich herum, so daß kein Mensch wagte, noch weiter vorzugehen. Ich mußte schließlich selbst die Augen schließen, da mir der Anblick der eng im Kreis galoppierenden Pferde das Gefühl gab, in einem Karussell zu sein. Es war in jeder Hinsicht eine Tortur, die jedoch bewirkte, daß ich diesen Flug und meinen Fehler niemals vergessen sollte.

Währenddessen hatte auch mein Schlepp-Pilot tausend Ängste ausgestanden, denn er hatte bemerkt, daß ich mich mit meiner Segelkiste in so niedriger Höhe über der Stadt ausgeklinkt hatte. Natürlich nahm er nicht an, daß es mit meinem Willen geschehen sei, vielmehr, daß das Seil gerissen sei. Atemlos hatte er dann beobachtet, was sich nun ereignen würde. Als jedoch wider Erwarten alles gut ging, war er zum Flugplatz zurückgeflogen, um die anderen zu benachrichtigen und zu veranlassen, daß man mich mit einem Auto und einem Transportwagen für das Flugzeug abholte. Aber auch die anderen, Professor Georgii an der Spitze, hatten mein Experiment voll Sorge beobachtet. Der Erfolg der Expedition wäre natürlich gefährdet gewesen, wenn auch nur einem etwas zugestoßen wäre. So aber – nach geglückter Landung – wurde es, völlig unverhofft, der erfolgreichste Auftakt unseres Aufenthaltes in São Paulo. Die Zeitungen waren voll von Berichten. Die Menschen waren begeistert; denn mit dem Segelfliegen noch nicht vertraut, ahnten sie nicht, in welcher Gefahr die Zuschauer des Fußballspiels geschwebt hatten. So sahen sie nur das Wunderbare an diesem Erlebnis: die Tatsache, daß ein Mädchen – und man bedenke, welche Rolle die Frau in diesem Land spielt – vom Himmel gefallen war!

Von São Paulo aus, das etwa vierhundertfünfzig Kilometer von Rio entfernt landeinwärts liegt, hatten wir gute Möglichkeiten, Streckenflüge zu machen. Zuerst tasteten wir uns nur langsam vor, denn das Gebiet – uns noch unbekannt – bietet mit seinen menschenleeren Weiten und seinen Urwäldern große Gefahren.

Bald aber wagten wir mehr, und daß wir es konnten, verdankten wir in erster Linie den „Urubus“. Sie sind Aasgeier und in Südamerika so etwas wie eine Gesundheitspolizei. Sobald sie von oben einen in Fäulnis übergehenden Kadaver sehen, stürzen sie sich in schwarzen Schwärmen darauf, um ihn in unglaublicher Schnelligkeit zu verzehren. Sie sind abschreckend häßlich, von grauem Gefieder, mit kahlem Hals und fast so groß wie eine Gans, doch sie sind wunderbare Thermiksegler. Wir stellten schnell fest, daß wir überall, wo sich diese Tiere ohne

Flügelschlag hielten, ebenfalls segeln konnten. Wenn wir aufstiegen, suchten wir deshalb den Himmel nach ihnen ab. Sie waren leicht zu finden, da sie fast immer in großen Schwärmen zu Hunderten auftraten. Niemals wichen sie uns aus oder ließen sich durch uns vertreiben, vielmehr kamen sie oft bis dicht an unsere Kabinen, so daß man unwillkürlich den Kopf einzog. So kreisten wir, umgeben von den Urubus, hinauf in möglichst große Höhen, flogen dann im Gleitflug in der vorgesehenen Richtung und schauten nach einem nächsten Urubuhaufen, um uns wieder hinaufzuschrauben. Auf diese Weise war es uns möglich, über die einsamen, weiten Strecken und die Urwälder zu fliegen, was ohne die Hilfe unserer zuverlässigen Aufwindlotsen nicht gelungen wäre.

Damals kam uns der Gedanke, einige Urubus mit nach Deutschland zu nehmen, um sie dort in gleicher Weise zu verwenden. Welche Leistungen mußten wir beim Rhönwettbewerb erzielen können, wenn wir unseren eigenen Urubu hätten!

Auf der Rückreise nahmen wir in Bahia einige Tiere an Bord, die auf dem obersten Deck in einen großen freistehenden Käfig untergebracht und von uns täglich mit Fleisch und Fisch gefüttert wurden.

In Deutschland brachten wir sie zum Eingewöhnen nach Darmstadt, das durch sein mildes Klima bekannt ist. Hier war auch die Segelflugforschungsanstalt, deren Leiter Professor Georgii war. Die Tiere erhielten einen schönen großen Käfig, und wir fütterten sie mit Liebe und Eifer weiter. Ich wagte heute nicht mehr zu behaupten, daß unsere Fütterungsmethode immer zweckmäßig war, denn der Erfolg war genau gleich Null. Als wir nämlich nach einigen Wochen das Tor öffneten, um einen von ihnen versuchsweise in Freiheit zu lassen, wobei wir kühn hofften, daß er freiwillig zu seiner Fütterungsstelle zurückkehren würde, rührte sich keiner von ihnen vom Platz. Vergebens waren alle unsere Anstrengungen, unsere Lockungen und Freundlichkeiten. Sie blieben sitzen, wo sie waren und dachten kaum daran, einige Schritte, geschweige einen Flugversuch zu machen. Uns blieb schließlich nichts anderes übrig, als große Stecken zu nehmen und sie förmlich hinauszuprügeln. Aber auch dann flogen sie nicht. Sie kletterten wie die Affen – allerdings wesentlich ungeschickter – den Stamm entlang auf die Bäume und blieben da sitzen. Wir waren machtlos. Wir überlegten, ob wir sie mit unseren Motormaschinen hinaufnehmen sollten. Doch es wäre zwecklos gewesen, weil sie dann wahrscheinlich abgestürzt wären. Sie hackten zudem so heftig um sich, daß man in den kleinen Sportmaschinen, die uns zur Verfügung standen, sich selbst in Gefahr gebracht hätte. Einer von ihnen machte sich jedoch selbständig und ging nachweislich zu Fuß nach Heidelberg, wo er in den Straßen gesehen wurde. Böse Zungen behaupten sogar, er habe sich mit der Fähre über den Rhein setzen lassen. Ich kann nicht sagen, ob es stimmt.

Die anderen drei Urubus wurden dem Frankfurter Zoo geschenkt. Ihr weiteres Schicksal ist mir nicht bekannt.

Wie ich schon berichtete, war der eigentliche Zweck unserer Expedition die Erforschung der Aufwindverhältnisse in Südamerika. Was wir zunächst feststellten, war eine außerordentlich starke Aufwindbildung durch die intensive Sonneneinstrahlung. Sie setzte – bedingt durch die frühe Hitze – schon zeitig am Morgen ein und wies meist eine stärkere Aufwindgeschwindigkeit auf als bei uns. Bei den an der Küste gelegenen Städten, wie Rio de Janeiro in Brasilien und Buenos Aires in Argentinien, stellte sich jedoch als Nachteil heraus, daß mit dem Einsetzen des Seewindes am Vormittag nur noch Abwind zu finden war, der uns dann zum Landen zwang. Deshalb

flogen wir nachmittags meist Schauflüge, die jeden Tag ungezählte Menschen zum Flugplatz lockten und die nicht zuletzt
unsere Expedition so außerordentlich populär machten. Wir
erhielten daraufhin unzählige Einladungen aus allen Teilen
Brasiliens. Überall bildeten sich Segelfliegerklubs. Natürlich
konnten wir schon allein aus Mangel an Zeit den Einladungen
nicht Folge leisten. Diesem Umstand verdanke ich jedoch
einen Abstecher nach Curitiba im Staate Parana, wo ich allein
als Vertreter unserer Gruppe die dortige ziemlich große
deutsche Kolonie besuchte. Curitiba liegt etwa fünfhundert
Kilometer von São Paulo entfernt. Die Begeisterung meiner
Landsleute war unbeschreiblich. Sie ließen es an nichts fehlen.
Blumen, Empfänge, Reden, Geschenke, – und das alles auf
einen einzigen Tag konzentriert, da unsere Gruppe vor der
Abreise nach Argentinien stand, und ich eigentlich schon am
gleichen Tag zurückfliegen sollte, was sich dann jedoch durch
Motorendefekt der dafür bereitgestellten „Klemm" auf den
nächsten Tag verschob. Mit der Segelfliegergruppe, die sich
dort gebildet hatte, stiefelte ich am Nachmittag durch das
Gelände, um die Gebiete zu besichtigen, die sie für ihr zu-
künftiges Segelfliegen ausgesucht hatten.

Am anderen Tag durfte ich die kleine Verkehrsmaschine selbst
nach São Paulo zurücksteuern, um einige Tage später mit unserer Gruppe nach Argentinien abzureisen. In Santos bestiegen
wir das Schiff „General Artigas". Am vierzehnten März trafen
wir in Buenos Aires ein.

Auch die argentinische Regierung war bemüht, uns jede nur
erdenkliche Hilfe zukommen zu lassen. Wie in Brasilien fanden wir auch hier eine begeisterte Aufnahme. Wir durften
den Militärflugplatz El Palomar benutzen und genossen hier
vor allem die Unterstützung des Leiters der Militärluftfahrt,
Oberst Zuloaga. Natürlich gab es wieder Schauflüge und ins-

besondere auch Kunstflüge, wobei Wolf Hirth mit sechsundsiebzig Loopings einen neuen Rekord aufstellte. Wieder fanden Tausende von Frauen, Männern und Schulkindern den Weg zum Flugplatz, um die Segelflieger zu sehen, und wieder mußten wir ihnen, nachdem wir geflogen waren, stundenlang auf ihre vielen Fragen Rede und Antwort stehen. Jeder wollte einmal in die Segelkiste hineinschauen, ob wirklich nicht irgendwo im Rumpf versteckt ein Motor wäre, denn ohne Motor fliegen –!

„Allemana!" sagten sie bewundernd und begeistert, wenn sie festgestellt hatten, daß wir tatsächlich ohne Motor flogen, „die Deutschen können alles!"

Argentinien ist mit seinen Pampas, den schier endlosen Ebenen, die sich ungezählte Kilometer nach allen Richtungen hin erstrecken, ein ideales Land für Streckenflüge.

Hier führte ich zum erstenmal einen Streckenflug durch, wobei ich als erste Frau das Silberne Leistungsabzeichen erflog. Es war ein besonders schönes Erlebnis, dessen ich mich gern erinnere: Es war an einem Tag, an dem wir alle vier zum Streckenflug gestartet waren. Heini Dittmar und ich waren die letzten, die von der Motormaschine hochgeschleppt wurden, während die anderen zwei uns schon weit voraus waren. Wir flogen beide in Sichtweite voneinander, Buenos Aires war unseren Blicken bald entschwunden, und nun sahen wir unter uns die typisch argentinische Landschaft, Camp, Camp und nochmals Camp. Kein Haus, keine Straße, keine Menschen, aber viele Herden, nirgends eine Bahnstation. Der Wolkenaufwind war an diesem Tag gering. Wir mußten deshalb oft mehrere Wolken überspringen, wobei ich mit meinem „Baby" rasch an Höhe verlor. Ich war schon bis auf hundert Meter über dem Boden gesunken und suchte nach einem Landeplatz möglichst in der Nähe irgendeiner Siedlung, als ich Heini Dittmar plötzlich in einem Thermikschlauch kreisen sah. Sofort flog ich zu ihm hin und konnte mich wieder bis fast tausend Meter hocharbeiten. Etwa zweieinhalb bis drei Stunden waren wir – uns immer gegenseitig auf diese Weise helfend – geflogen, als die ersten Häuser in Sicht kamen. Als ich mich im Aufwind nicht mehr halten konnte, landete ich dicht neben dem Dorf, das in der brütenden Hitze zu schlafen schien. Nirgends war ein Mensch zu sehen.

Als ich aus der Maschine stieg, tobten statt dessen sechs Pferde mit großem Temperament auf mich zu. Schon sah ich im Geist mein „Grunau-Baby" unter ihren Hufen zertrampelt. Wider Erwarten blieben sie jedoch plötzlich in respektabler Entfernung stehen, und nun guckten wir uns gegenseitig an, ohne daß sich eines von uns von der Stelle gerührt hätte, ich mit dem dumpfen Gefühl, daß die Psyche dieser Tiere hierzulande anders war als bei uns. Kuhherden, das hatte man mir zum Beispiel gesagt, konnten unvermutet Menschen angreifen, weil ihnen ihr Anblick fremd war.
Ich wartete deshalb einfach ab. Irgendwie würde ja einmal etwas geschehen beziehungsweise sich in der Situation etwas ändern. Und tatsächlich kam nach einer gewissen Zeit, deren Dauer ich heute nicht mehr abschätzen kann, ein alter Ford des Weges gekeucht, aus dem zwei freundliche Argentinier stiegen. Ich verständigte mich mit ihnen, so gut es ging auf spanisch, und sie brachten mir auch Hilfe, indem der eine mich mit ins Dorf nahm, während der andere meine Segelkiste hütete. Die Begeisterung im Dorf, das so arm an Ereignissen war, war natürlich groß. Die „Gloria Allemana", wie sie mich bewundernd nannten, konnte sich vor Einladungen nicht retten. Jeder wollte mich zum Essen bei sich sehen und seine Gastfreundschaft beweisen.

Kurz danach mußte auch Heini Dittmar mit seiner Maschine landen, Gott sei Dank, ganz in unserer Nähe.

Und noch ein weiterer Gast stellte sich ein. Etwa fünfzehn Kilometer vom Dorf entfernt war auch Wolf Hirth mit seinem „Moatzagotl" gelandet. Er allerdings fand sich allein auf weiter Flur, umgeben von großen Herden, von Pferden und Kühen, bis drei recht wild aussehende Männer auf ihn zukamen und ihm Hilfe anboten. Nach ihrer Vorstellung war das am einfachsten damit geschehen, daß sie ihm ein Pferd einfingen und für einen Ritt ins Dorf zur Verfügung stellten. Sie konnten nicht wissen, daß Wolf Hirth mit seiner Beinprothese von dem freundlichen Angebot keinen Gebrauch machen konnte. So wurde dann ein Karren besorgt, der irgendwo herumstand, und nun ging es mühsam stolpernd über Stock und Stein, durch Lehm und Schlamm, bis er uns erreicht hatte.

Mit einem Auto, das man von Buenos Aires schickte, fuhren wir zwei noch in derselben Nacht zurück, während Heini Dittmar bei den Maschinen blieb, die anderntags auf Transportwagen zurückgeschafft werden sollten.

Peter Riedel hatte es an diesem Tag glücklicher getroffen als wir. Er war im Streckenflug einhundertfünfzig Kilometer weit geflogen, was damals eine Leistung war.

Als wir am dreizehnten April mit dem „General San Martin" den südamerikanischen Boden verließen, nahmen wir eine reiche Ernte mit. Nicht nur forschungsmäßig, sondern auch fliegerisch!

Dazu gehörten einige neue Rekorde, die wir erflogen hatten: Peter Riedel im Streckenflug, Heini Dittmar mit einem Höhen-Weltrekord von viertausenddreihundert Meter. Ich hatte in der Zeit meines Aufenthaltes das Leistungsabzeichen für Segelflieger erworben als erste Frau der Welt und als Nummer fünfundzwanzig der Segelflieger.

Über den Erfolg der Forschung und der Fliegerei hinaus hatten wir jedoch noch Wertvolleres gewonnen: das waren die Herzen der Menschen. Wir hatten eine Brücke der Freundschaft, der gegenseitigen Achtung und des Verstehens geschlagen. Das war das reichste Ergebnis dieser Expedition.

Professor Georgii beruft mich als Versuchspilotin an die
„Deutsche Forschungsanstalt für Segelflug" in Darmstadt

An Bord des „General San Martin". Wir waren auf der Rückreise von Südamerika nach Europa und erst vor wenigen Tagen von Buenos Aires ausgelaufen. Und wie es vor drei Monaten in Hamburg geschehen war, so spielt es sich auch jetzt bei der Abreise ab.

An der Reling winkten wir abschiednehmend unseren Freunden, während die Schiffsschrauben sich noch ein wenig kurzatmig durch das Wasser schaufelten, um uns dann, Meter um Meter, von allem zu entfernen. – Von den Menschen, die an Land zurückgeblieben waren, zuerst noch deutlich erkennbar und nun schon für unser Auge eins geworden mit dem dunklen Strich der Mole und mehr und mehr auch von der Enge und dem Lärm des Hafens, dem wir jetzt entglitten, während unser Blick und unser Herz zum letztenmal das Bild der Stadt suchten, zugleich mit dem Erdteil, der uns Fremde als Freunde aufgenommen und mit seiner Gastfreundschaft beschenkt hatte.

Und jetzt waren wir schon auf dem offenen südlichen Meer. Die Weite der See lag vor uns für viele Tage und Nächte, die ich jetzt gar nicht zählen mochte. Denn noch war ich erfüllt von dem, was ich erlebt hatte. Es war jetzt verklungen. Doch wenn wir zusammensaßen, so war jeder Tag wieder da, jeder Flug, jede Wolke, jede Höhe.

Mit Professor Georgii stand ich plaudernd und philosophierend an der Reling. Bild auf Bild entstieg unserer Erinnerung. Soweit es überhaupt möglich sein konnte, hatte diese Reise in mir den Wunsch zum Fliegen noch verstärkt, und er würde immer in mir brennen, das wußte ich.

„Hanna", hörte ich plötzlich in meine Gedanken hinein Professor Georgii sagen, „jetzt lassen wir Sie aber nicht mehr los. Sie gehören zu uns nach Darmstadt an die Forschungsanstalt." Heute weiß ich nicht mehr, was ich darauf geantwortet habe, doch wußte ich damals, daß mein Leben immer eindeutiger vom Fliegen bestimmt wurde.

Wie immer, wenn eine Entscheidung für mich am Horizont auftaucht, sah ich plötzlich lebendig die Mutter vor mir. Es gab für mich auf der ganzen Welt keinen besseren Bundesgenossen als sie. Wenn es sich um etwas handelt, was meiner innersten Natur entsprang, stand sie sofort an meiner Seite. Mit jugendlicher Intensität betrachtete sie – ihre eigenen Pläne vergessend – jegliches Handeln von mir, als wäre es ihr eigenes; und ihre Einstellung zu meinen eigenen Plänen hat mir auf diese Weise Flügel verliehen.

Die Forschungsanstalt für Segelflug war aus der Rhön-Rossiten-Gesellschaft hervorgegangen, in der sich 1925 Pioniere des Segelfluges zur Erforschung der Segelflugmöglichkeiten zusammengeschlossen hatten. Die Forschung wurde zuerst auf der Wasserkuppe durchgeführt, deren Gelände jedoch auf die Dauer nicht genügen konnte. Man benötigte, zum Beispiel für die Erforschung der Aufwindmöglichkeiten, Schleppflugzeuge und für diese einen ausreichenden Flugplatz, den die Wasserkuppe nicht hatte. Aus diesem Grund verlegte man im Jahre 1933 die Forschungsanstalt nach Darmstadt-Griesheim.

Dort erfuhr sie dann unter Leitung von Professor Georgii ihren entscheidenden Ausbau, und wurde dadurch für den deutschen Segelflug von großer Bedeutung. Es war das Verdienst von Professor Georgii, daß sie auch in den folgenden Jahren, in denen der Luftfahrtgedanke fast ein Allgemeingut des deutschen Volkes wurde, von ihrer einzigartigen Stellung nichts einbüßte, sondern weiterhin die einzige derartige Institution in Deutschland blieb und damit die Zentralstelle für die Segelflugforschung überhaupt.

Die Deutsche Forschungsanstalt für Segelflug (DFS) war in mehrere Institute aufgegliedert: Jedes hatte seine bestimmten Spezialaufgaben. So gab es ein meteorologisches Institut. Es gab ein Institut für Segelflug, dessen Einflieger ich später wurde. Es hatte sich mit der Entwicklung und Konstruktion von neuen Segelflugzeugtypen aller Art (Übungsflugzeugen, Leistungsflugzeugen, Flugzeugen für Sonderzwecke und so weiter) zu befassen. Es gab ein Institut für Entwicklung von schwanzlosen Flugzeugen, ein anderes, welches die Entwicklung aller in der Fliegerei benötigten Instrumente zur Aufgabe hatte. Wieder ein anderes hielt Lehrgänge für ingenieurmäßiges Fliegen ab. Daneben wurden in Instituten und Abteilungen noch andere flugtechnische Untersuchungen durchgeführt, wie Funk-, Fernlenkungs- und Windkanalversuche und andere.

Ich gehörte bis Mai 1945 dieser Forschungsanstalt an.

Als ich im Juni 1934 in die DFS eintrat, stand sie noch am Anfang ihrer Entwicklung. Die Aufgabenteilung war noch nicht so spezialisiert, wie ich sie eben beschrieben habe. Wir Piloten hatten deshalb noch keinen festumrissenen Aufgabenkreis, sondern übernahmen das, was gerade anfiel. Ich hatte neben Heini Dittmar meist meteorologische Flüge durchzuführen, Strecken- und Höhenflüge, bei denen Messungen gemacht wurden. Dabei war ich ganz in meinem Element und ich konnte mir kaum eine Steigerung meines Glücks denken.

An dieser Stelle hatten vor mir ein Robert Kronfeld, Günther Grönhoff und Peter Riedel gewirkt.

Neben den täglichen Aufgaben gelang es in den ersten Wochen meines Aufenthaltes in Darmstadt, im Streckenflug einen neuen Frauenweltrekord über einhundertsechzig Kilometer aufzustellen. Er führte mich von Griesheim nach Reutlingen.

Mit unseren Segelflugzeugen in Finnland

Nach knapp einem Vierteljahr wurde ich erneut zur Teilnahme an einer Expedition – dieses Mal nach Finnland – aufgefordert. Die finnische Regierung hatte an deutsche Segelflieger die Einladung ergehen lassen, sie sollten das finnische Volk durch Schauflüge und Schulung mit dem Gedanken und dem Geist des Segelfluges vertraut machen.

Diese Finnland-Expedition wurde geleitet von Graf Ysenburg. Es nahmen teil: Professor Rheindorf und als Segelflieger Dr. Küttner (Breslau), Philipp (Berlin), Utech (Darmstadt) und andere.

Es war September, als wir Finnlands Boden betraten. Wer an Finnland denkt, sieht vor sich eine unendliche Weite mit tiefen, schwarzen Wäldern, mit zahllosen Seen, mit dunklen, nicht endenwollenden Polarnächten im Winter und den langen, hellen Tagen im Sommer.

Als wir hinkamen, fanden wir alles tausendfach bestätigt: die Weite, die Freiheit und einen Raum, wie ihn der Mitteleuropäer in der Enge der Übervölkerung nicht mehr kennt. Es ist für alle Platz: Für Menschen, Tiere und Pflanzen. Für

Wald und Wasser und sechzigtausend Seen. Nichts was ich bisher gesehen und erlebt hatte, war vergleichbar mit der Intensität von herben, reinen Farben, der köstlichen Klarheit von Licht und Luft, wie ich sie hier erlebte. Östliche Unberührtheit traf mit westlicher Zivilisation zusammen und in diesem, mich seltsam berührenden Gegensatz, ruhte das Land in stummer Einsamkeit wie unter einem Geheimnis.

Stumm schienen mir auch die endlosen Landstraßen, die schmalen stillen Wege, welche einzelne, ganz entfernt voneinanderliegende Ortschaften in ihrer Verlorenheit miteinander verbinden. Ab und zu hört man im Winter das Geläut eines Schlittens. Dann ist es wieder still wie zuvor.

Wie die Landschaft, so begegneten mir auch die Menschen: schweigsam, stolz, wahrhaftig und gewissenhaft. Vor allem aber gesund. Das ist das Ergebnis ihres einfachen und natürlichen Lebens, man läßt Licht und Luft an sich heran und räumt dem Sport einen Ehrenplatz ein. Es gibt kein Dorf, keine Schule, keine Industrieanlage, die nicht großzügige und modernste Sportanlagen hätte. Mittelpunkt ist die Sauna. Ohne sie kann kein Finne leben. Auf dem Land besitzt jedes Haus sein eigenes Saunabad.

Es besteht aus einem kleinen Holzhaus mit zwei Räumen. In einem Raum steht übers Eck der für Finnlands Sauna typische Ofen aus bestimmten, präparierten Steinen, die erhitzt werden. Eine Treppe führt in diesem Raum zu einem Balkon, der unter der Decke verläuft. Dort hält man sich auf und nimmt ein Schwitzbad. Junge Birkenreiser, die mit ihren Blättern ein Jahr lang getrocknet worden sind, werden in kaltes Wasser getaucht und danach an den heißen Ofen gehalten, wodurch sich ein köstlicher und unglaublich erfrischender Duft im Raum verbreitet. Mit den gleichen Birkenruten, jetzt wieder in kaltes Wasser getaucht, schlägt man sich gegenseitig den Körper ab, der bald braust und prickelt, so daß man ein Gefühl wunderbaren Wohlseins empfindet.

Je nach Gewohnheit und Bekömmlichkeit bleibt man einige Minuten in der Hitze auf dem Balkon, geht dann nach unten, reibt sich mit einer harten Bürste kräftig ab, übergießt sich mit verschiedenen temperiertem Wasser, das in Eimern bereit steht und begibt sich wieder hinauf. Das wiederholt man zwei- oder dreimal, um dann durch den Nebenraum hinunter in den See zu springen (fast jedes finnische Saunabad ist an einem See gebaut). Man stürzt sich in das kalte Wasser, das man nach einigen Schwimmbewegungen wieder verläßt. Wenn das Wasser schon gefroren ist, wälzt man sich einige Male im Schnee. Wer ein richtiges finnisches Saunabad kennt, weiß warum das finnische Volk so gesund und widerstandsfähig ist.

Auf Schritt und Tritt merkten wir, daß die Menschen in diesem Land noch in enger Verbindung mit der Natur leben. Ihre Häuser sind vielfach aus Holz gebaut mit rot und weiß gestrichenen Fenstern. Selbst ein Arbeiterhaus schien uns noch ein kleiner Herrensitz, weil es über Raum verfügt und Platz und Weite um sich hat.

Aber auch in den Städten, mit ihren modernen Bauten, Häusern und Fabriken, wirkte niemals etwas bedrückend auf uns, weil sich immer unmittelbar dahinter die unberührte, wunderbar reine Natur angliederte. Der Reichtum des Landes sind seine Wälder und fischreichen Seen. Fischfang und Holzhandel und die daraus erwachsenden Industrien bringen Arbeit und Brot. Im Süden hat sich dazu eine reiche Landwirtschaft entwickelt.

Die Finnen machten uns die Durchführung unserer Aufgabe leicht. War es bei den Südamerikanern das Temperament der Begeisterung, das uns erfüllt und getragen hatte, so lernten wir hier eine Begeisterung kennen, die ganz aus dem Verstehen für das kam, was wir ihnen bringen wollten: Geist und Wesen des Segelflugs.

Hier half den Finnen ihr sportliches Denken und Tun, das sehr bald auch eine Verbindung zum Segelflug fand. Sie begriffen schnell, daß der Segelflug mehr ist als Sport: eine Bewegung, die aus dem Herzen und dem Geist des Menschen kommt; eine uralte Sehnsucht, die Gestalt und Form gewinnen will. Dieses Verstehen ging bei ihnen weit über den Kreis unserer jungen Flugschüler hinaus. Es ergriff die ganze Nation, die zwar nicht groß ist, aber um so mehr an sportlichem Ruhm gewinnt. Das kam in unzähligen Briefen zum Ausdruck, die wir schon während unseres Aufenthaltes und noch mehr nach unserer Abreise empfingen. Wir spürten es auch in offiziellen Reden, die man uns zu Ehren bei den verschiedenen Anlässen und besonders auch zum Abschied hielt. Volk und Regierung waren davon überzeugt, daß sich jedes Dorf dem Segelflug widmen sollte. Und so kamen, nachdem wir Finnland verlassen hatten, andere Deutsche dorthin, die den Finnen halfen, Werkstätten einzurichten. Sie gaben ihnen auch die nötigen Anleitungen zum Bau von Schulmaschinen. Bezeichnend für den Ernst, mit dem die Finnen diese Sache anfaßten, war die Bestimmung, daß jeder, der künftig an einer Segelflugschulung teilnehmen wollte, die Ableistung von hundertfünfzig Baustunden nachweisen mußte. Mädchen hatten die Hälfte der Baustunden abzuleisten; die übrigbleibende Stundenzahl mußten sie jedoch mit bestimmten hausfraulichen Arbeiten, wie sie sich bei jeder Werkgemeinschaft ergeben, ausfüllen.

Mit dem Erfolg, den wir in den Wochen unseres Aufenthaltes in Finnland hatten, konnten wir zufrieden sein. Er war nicht sensationell, aber er brachte eine echte Verbindung von Land zu Land. Hier fand sich Mensch zu Mensch in dem gleichen, aus Sehnsucht und Geist geborenen Ziel.

Daß wir das erreicht hatten, lag nicht nur an unserer eigenen echten Begeisterung für die Aufgabe, sondern nicht zuletzt auch daran, daß uns während der Zeit unseres Aufenthaltes alles, was wir unternahmen, glückte und nichts mißlang. Das vor allem erweckte Bewunderung.

Da hatten wir zum Beispiel etwa hundertfünfzig Kilometer von Helsinki entfernt einen Flugtag angesetzt. Hier gab es damals keinen glattgewalzten Platz, auf dem wir hätten starten oder landen können, hier war nur Heideboden. Auf solchem Heideboden sind wir gestartet und gelandet, dort wo der Wald abgeholzt und ein kleiner Hang war, den wir ausnutzen konnten.

Und wieder hatten wir irgendwo im Land einen Flugtag angesetzt. Wie immer strömten die Menschen herbei, um uns fliegen zu sehen. Unglücklicherweise aber hatte es vorher so stark geregnet, als ob sich ganze Schleusen aufgetan hätten, um ausgerechnet diese Gegend unter Wasser zu setzen. So war der Flugplatz, wie es uns schien, nur noch ein Meer von Schlamm. Wir blieben mit unseren hohen Schaftstiefeln einfach darin stecken. Unmöglich, daß eine Maschine hätte starten oder landen können. Sie hätte höchstens einen Kopfstand gemacht. Wir wußten uns aber zu helfen. Der Flugplatz war mit Lattenzäunen umgeben. Wir rissen die Zäune aus und legten sie nebeneinander über den ganzen Platz, um darauf zu starten und zu landen.

Im übrigen aber verliefen die Tage – abgesehen von Empfängen oder Vorträgen – einer wie der andere. Wir schulten von früh bis spät und machten Schauflüge.

Unsere Schüler waren Zivilisten und Soldaten, und hier konnte ich von neuem erproben, wieweit mein Geistestraining, so wie ich es selbst als Anfänger durchgeführt hatte, beim Erlernen des Segelfliegens von Nutzen ist. Ich hatte mich mit meinen

Kameraden in die Schulung von Fortgeschrittenen und Anfängern geteilt, wobei die Schulung der Anfänger ungleich mühsamer ist. Zum Training standen uns keine Schleppflugzeuge, sondern Schleppwinden zur Verfügung. Die Winde steht immer auf der einen Seite des Flugplatzes, während sich auf der anderen Seite das Segelflugzeug befindet. Zwischen beiden ist ein Seil ausgelegt.

Die Winde hat die Aufgabe, das ausgelegte Seil auf einer Trommel aufzurollen. Der Flugschüler hat dabei die Segelkiste in einem völlig überzogenen Flugzustand wie einen Drachen hochzuziehen, um sich auf ein Winkzeichen hin auszuklinken. Bei dieser Art von Schlepp muß der Schüler darauf achten, daß er beim Wahrnehmen des Winkzeichens nicht ausklinkt, ohne vorher nachgedrückt zu haben. Das erfordert Konzentration.

Ich bemühte mich deshalb, meinen Schülern das richtige Handeln so einzuprägen, daß es – gleich in welcher inneren Verfassung sie sich befanden – ablief wie ein mechanisches Uhrwerk. Jede Freizeit habe ich ihnen deshalb gewidmet. Vor jedem Start habe ich mich mit jedem einzelnen intensiv beschäftigt und nichts unversucht gelassen, sie von meiner Methode der geistigen Vorübung zu überzeugen. Am Erfolg glaubte ich auch erkennen zu können, daß diese Art des Trainings nicht nur einen subjektiven, sondern einen objektiven Wert besitzt. Er liegt vor allem darin, daß die durch das ständige geistige Training erzeugte mechanische Reaktion das Gefahrenmoment der eigenen Unsicherheit weitgehend ausschaltet.

Unsere Expedition war auch darin vom Schicksal begünstigt. Wir hatten während der ganzen Zeit weder einen Unfall noch Absturz. Alles ging glatt.

Noch vor unserer Abreise erging eine zweite Einladung an uns, der wir auch im Jahr darauf Folge geleistet haben. Es war der alte ehrwürdige Staatspräsident Svinhufvud, genannt Ukko Pekka (gleich alter Peter) selbst, der uns die Abschiedsrede hielt. In Erinnerung an ihn, der auch von uns Deutschen hoch geschätzt wurde, will ich eine kleine Geschichte erzählen, deren ich mich besonders gern erinnere: Svinhufvud interessierte sich auch persönlich sehr für den Segelflug und benutzte die Gelegenheit des Zusammenseins mit uns, um uns im Gespräch vieles zu fragen. Auch von mir wollte er manches wissen, und ich war gern bereit, ihm das Gewünschte zu erklären. Dabei machte ich ihm auch den Vorschlag, im folgenden Jahr bei der geplanten Einweihung des Zivilflughafens in Turku mit mir im doppelsitzigen Segelflugzeug zu fliegen. Begeistert malte ich ihm dabei die Schönheiten eines Segelflugs aus. „Ukko Pekka" hörte aufmerksam zu, bis ich erwartungsvoll schwieg, ob ich ihn für das Mitfliegen gewonnen hatte. „Da muß ich erst meine Frau fragen", meinte Svinhufvud und lächelte dazu.

Ausbildung auf der Verkehrsfliegerschule in Stettin

Nach dem glücklichen Verlauf der Finnlandexpedition sollten wir vom Reichsluftfahrtministerium ausgezeichnet werden. Da ich aber auf Auszeichnungen keinen Wert legte, bat ich um die Erlaubnis, die Verkehrsfliegerschule in Stettin besuchen zu dürfen, denn mein Wunsch war, auch große Maschinen fliegen zu können. Bisher hatte ich nur die Erlaubnis zum Fliegen kleiner Sportmaschinen.
Dieser Wunsch war damals ungewöhnlich, weil die deutsche Verkehrsfliegerschule ganz straff männlich, fast soldatisch geführt wurde. Ein Mädchen mußte hier deshalb nicht nur eine

Sensation, sondern eine unangenehme Sensation sein. Meine Bitte wurde aber trotzdem erfüllt.

So kam ich nach Stettin. Ich ahnte nicht, daß Stettin von Offizieren geleitet wurde, für die eine Frau auf dem Flugplatz ein rotes Tuch war. Der Kommandeur, Oberst Pasewald, versuchte jedoch gute Miene zum bösen Spiel zu machen und die ganze Sache möglichst rasch und mit Anstand zu überstehen. Auch für mich war die Situation nicht einfach.

Nach meinem Eintreffen mußte ich mich bei Oberst Pasewald melden.

Unsere Unterredung war kurz, von seiner Seite ein Gemisch von privater Belehrung und soldatischer Anweisung.

„Sie sind also hier eingereiht."

Ich nickte.

„Sie wissen hoffentlich, was das heißt?"

Ich schwieg.

„Halten Sie sich an die Dienstordnung. Morgen früh, da und da, um soundsoviel Uhr zum Lehrgang antreten."

Ich war entlassen und damit endgültig in einen Betrieb versetzt, dessen Ordnung so ausgesprochen dienstlich und soldatisch war, daß ich bei jedem Schritt, den ich tat, das Gefühl hatte, es falsch zu machen. Und ich machte es auch falsch.

Am Morgen war Appell. Es wurde der Größe nach angetreten. Mit meinen 1,55 Meter hätte ich keinen bevorzugten Platz in dieser Rangordnung beanspruchen können. Doch da die Gruppen je nach fliegerischem Können eingeteilt wurden, ich aber bereits den Lehrgang in Staaken absolviert hatte, gehörte ich nicht zur Anfängergruppe, und stand deshalb auch nicht ganz am Ende der Reihe, was mir im stillen wohltat. Natürlich konnte das nicht verhindern, daß ich Mittelpunkt des Interesses war. Wo ich hinsah, feixte ein Gesicht. Jeder erwartete eine amüsante und höchst unterhaltsame Zeit auf meine Kosten. Der Oberst erschien und mit ihm der Major, der den Lehrgang leitete, und ein ganzer Schwarm von Leuten. Er stellte sich vor die Front und erteilte Befehle.

Ich wüßte sie heute nicht mehr alle zu nennen. Aber ich weiß, daß es mich jedes Mal riß. Wie ich mich ganz schnell, und wie ich glaubte ungesehen, umschaute, was die anderen machten, wie sie sich nach rechts und links drehten, brüllte es mich auch schon von der Front her an:

„Brust herein!"

Ich störte die Linie. Natürlich platzten die Jungen mit Gelächter heraus. Sie wurden dafür sofort angepfiffen.

Von nun an schnürte ich mich wie ein Brett, damit ich nicht mehr hörte: „Brust heraus" oder „Bauch herein" oder irgendetwas, was die männliche Linie gestört hätte.

Vor den Anpfiffen hatte ich trotzdem noch keine Ruh; denn es dauerte natürlich eine Weile, bis ich wußte, was man durfte und nicht durfte. Hieß es: „Augen rechts" oder „Richt euch", wußte ich nicht, wohin mit Augen und Kopf. Wieder versuchte ich, es den anderen abzusehen. Aber hier konnte man einfach nichts tun oder denken, was unbemerkt geblieben wäre. Ich mußte zur Strafe nachexerzieren. Jeder kann sich vorstellen, was das vor diesem Forum hieß. Aber ich riß mich zusammen; ich ließ mich auf keinen Fall ins Bockshorn jagen; denn ich fühlte mehr, als ich es wußte, daß man einen Grund suchte, um mich nach Hause zu schicken.

Doch mit der Zeit gaben sich die Schwierigkeiten. Ich war zwar nie ganz sicher, daß man nicht irgendeine Sache gegen mich ausheckte, um mich hereinzulegen. Nicht aus Böswilligkeit, sondern aus Schalk. Er beseelte sie alle, die Offiziere wie die Mannschaften. Ich nahm nichts übel, und so kamen wir gut miteinander aus.

Entscheidend halfen mir dabei meine fliegerischen Erfahrungen, die ich manchem Lehrgangsteilnehmer voraus hatte. Daß ich auf diesem Gebiet nicht versagte, gab vielleicht den Ausschlag, daß sie mich letzten Endes doch uneingeschränkt kameradschaftlich in ihre Reihen aufgenommen haben. Rückblickend glaube ich sogar, daß die Gegenwart eines Mädchens, welches sich mit dem gleichen Ernst und der gleichen Hingabe wie sie alle dem Fliegen verschrieben hatte, in dieser spartanisch strengen Ordnung nicht störend, sondern auflockernd wirken mußte; vor allem, weil die allgemeine Disziplin niemals darunter zu leiden hatte. Ein Beweis dafür war mir nicht nur das Verhalten der Lehrgangsteilnehmer, sondern auch der Ausbilder, der Offiziere und vor allem auch des Kommandeurs, in dessen Familie ich bald in Freundschaft verkehrte.

So vergingen in Stettin die Wochen wie im Flug. Keiner dachte mehr daran, mich vorzeitig abzuschieben.

Dann kam der Tag, an dem ich mit einer zweimotorigen Maschine einen Überlandflug machen sollte, der zur Ausbildung gehörte. Oberst Pasewald bestimmte als Ziel Cottbus. Cottbus hatte einen Kommandeur, den schon allein der Gedanke an eine fliegende Frau außer Fassung bringen konnte. Ihn und mich wollte er nun in einer kleinen neckischen Teufelei zusammenbringen, um selbst mit seinem Stab den lachenden Dritten zu spielen.

Er rief mich darum zu sich.

„Sie fliegen nach Cottbus. Wissen Sie, wie Sie sich auf einem Überlandflugzeug zu benehmen haben?"

„Normal schon. Hier nicht."

Tatsächlich – unser gestrengter Oberst lachte. Aber dann wurde ich eingedrillt:

Bei Ankunft auf dem Flughafen hatte ich mich bei dem Platzkommandanten zu melden. Ich hatte stramm zu stehen und zu sagen: „Flugschüler Hanna Reitsch von der Deutschen Verkehrsfliegerschule Stettin meldet sich auf dem Überlandflug Stettin–Cottbus und zurück." Es war eine ganze Litanei, die ich, ohne mich zu versprechen und zu stocken, nicht zuwege brachte.

Auf dem Flug von Stettin bis Cottbus habe ich deshalb in der Luft ständig mein Sprüchlein wiederholt, so daß ich es in Cottbus tatsächlich wie am Schnürchen aufsagen konnte. Natürlich hatte ich jetzt den Ehrgeiz, meinen Auftritt ganz vorschriftsmäßig und damit möglichst wenig auffällig abzuwickeln.

Mein äußeres Erscheinungsbild machte mir keine Sorgen. Ich steckte in einer Pelzkombination, in der es unmöglich war, zu erkennen, ob ich ein Junge oder ein Mädchen sei. Aber es war alles an dieser Kombination für mich zu groß. Die Pelzmütze saß mir so tief im Gesicht, daß man kaum die Augen sehen konnte. Die Stiefel hatte ich mit Papier und allem möglichen Zeug ausgestopft, um sie überhaupt tragen zu können. Da ich aber bei meiner bescheidenen Größe in diesem Anzug ebenso breit wie lang war, mußte mein Anblick auf einen Dritten grotesk wirken. Ich versuchte dazu mit möglichst tiefer Stimme zu reden, um auch diesen kritischen Punkt ungefährdet zu überstehen.

Es war mein ehrliches Bemühen, meiner Schule keine Schande zu machen, und deshalb sollte nichts von meiner Seite versäumt werden. Nach meiner Meinung kam es dabei vor allem auf die Zackigkeit des Auftretens an.

Auch diese Rolle hoffte ich mit Erfolg zu spielen. Die entscheidende Gelegenheit dazu kam mit der vorgeschriebenen Meldung beim Kommandeur, eben jenem Offizier, dem fliegende Frauen ein Greuel waren. Ich wußte jedoch davon nichts. So hatte ich keine Bedenken bei meinem Eintritt in sein Zimmer, die Hacken mit echt soldatischem Schmiß zusammenzuschlagen und meinen Spruch herunterzusagen.

Danach war ich mit mir selbst vollauf zufrieden. Stutzig machte es mich nur, daß mich der Adjutant, der dabei stand, völlig entgeistert anschaute. Ich hatte auf einmal das Gefühl, das Feld möglichst schnell räumen zu müssen. Mir kam jedoch dabei gar nicht in den Sinn, daß ich auf jeden Fall zu warten hatte, bis mich der Kommandeur entlassen würde. Ich wollte ganz einfach kehrt machen und „abhauen", wie man in der Soldatensprache sagte.

Ich drehte mich deshalb auf meinem Absatz um, ohne zu merken, daß auf dem Boden ein Teppich lag, der sich um meine Füße wickelte, so daß ich lang hinschlug. Aus war es mit der Zackigkeit! Ich lag platt auf dem Boden, hörte über mir schallendes Gelächter aus Männerkehlen und kam mir ausgesprochen dumm vor.

Natürlich versuchte ich möglichst schnell wieder hochzukommen, aber es gelang nicht, weil meine Füße sich immer mehr in dem Teppich verfingen.

Gott sei Dank, daß keiner der Stettiner Jungen mich in dieser Situation gesehen hatte. Keine ruhige Stunde würde ich in Zukunft haben!

Als ich nach Stettin zurückkam, wußte schon jeder vom Obersten bis zum jüngsten Lehrgangsteilnehmer – was mir passiert war. Ich dagegen glaubte noch, daß niemand etwas erfahren hatte, und würde es natürlich auch nicht preisgeben.

Nach meiner Landung wurde ich zu Oberst Pasewald befohlen und sollte berichten. Er empfing mich in seinem Zimmer, umgeben vom Stab seiner Offiziere, wie immer in dienstlicher Haltung, aber doch auch unverkennbar jovial.

„Wie war es?"

„Danke. Schön."

Danach sagte ich meinen Bericht, verschwieg aber wohlweislich meine Schande.

„Sonst ist nichts passiert?"

„Na, heraus mit der Sprache. – Ist das alles? Sonst gar nichts zu melden?"

„Was meinen Sie, was sonst passiert sein sollte?"

„Beim Flug nichts passiert?"

„Nein."

Ich wußte nicht recht, worauf das Gespräch hinaus sollte. Wußte er am Ende doch etwas?

Langsam tastete ich mich vor, sehr behutsam, um ihn – soweit er nichts wußte – auf keinen Fall auf die Fährte zu bringen. Es war ein leichtes Geplänkel hin und her, ein harmloses Katz- und Mausspiel, bis plötzlich alles in ein donnerndes Gelächter ausbrach. Jetzt wußte ich, daß nichts mehr zu verbergen war. Dieses Erlebnis war natürlich im Lehrgang ein willkommener Gesprächsstoff. Es war erheiternd, gab Anlaß zu neckischem und auch zu derbem Spott und war deshalb für alle – nur nicht für mich – eine erfreuliche Abwechslung. Es brachte aber allen wieder in angenehme Erinnerung, daß ich ein Mädchen war, und war deshalb besonders geeignet zum Gegenstand ihrer Spottlust. Ich dagegen versuchte nach diesem Erlebnis doppelt sorgsam, keinen Anlaß zum Spott zu geben.

Dabei ereignete sich noch folgende Geschichte:

Eines Tages durfte ich zum Kunstflug starten. Jeder freute sich mit mir über die Erlaubnis. Der Fluglehrer stieg mit mir im Doppeldecker „Stieglitz" auf und lehrte mich Loopings, Turns und Rollen fliegen. Nach der Landung durfte ich wieder hinauf, um es allein zu versuchen. Glückselig flog ich ein Stück vom Flughafen fort und setzte zum ersten Looping an. Dann folgte der zweite, der dritte und immer neue in ununterbrochener Folge. Nach den Loopings folgten die Turns, und nach den

Turns die Rollen. Ich glühte vor Begeisterung; denn hier setzte mir niemand Schranken. Ich durfte fliegen nach Herzenslust. Die Rollen jedoch schaffte ich nicht vorschriftsmäßig. Ich purzelte aus der Flugfigur heraus. Mit irrsinnigem Getöse ging es abwärts und wieder hoch, wieder abwärts und wieder hoch und dieses Spiel trieb ich wohl eine halbe Stunde lang ohne Pause. Doch dann merkte ich plötzlich, daß es mir schlecht wurde. Und zwar so sehr, daß ich unweigerlich im nächsten Augenblick erbrechen mußte. In einer solchen Situation hilft nur frische Luft. Ich saß in einer offenen Maschine. Also hing ich den Kopf heraus, in der Hoffnung, daß es besser werden würde. Aber ich spürte, daß auch keine Zugluft mehr half. So oder so! Es würde geschehen. Doch hatte ich gerade noch Zeit genug zu überlegen, daß es auf keinen Fall über der Bordwand geschehen durfte; denn dann gab es Spritzer an der Rumpffläche. Um keinen Preis sollte man aber etwas davon feststellen können.

Blitzschnell riß ich einen Handschuh von den Fingern und im nächsten Augenblick war er auch schon gestopft voll.
Mit diesen Handschuhen aber hatte es eine besondere Bewandnis. Ich hatte sie auf einer Auslandsreise geschenkt bekommen, und man sah ihnen auch die fremde Herkunft an.
Niemand hatte ähnliche Handschuhe und jeder, der in Stettin etwas mit dem Fliegen zu tun hatte, wußte, daß diese Handschuhe mir gehörten. Ich konnte deshalb den einen Handschuh mit dem verräterischen Inhalt nicht einfach fortwerfen; denn ich mußte fürchten, daß er dann auf irgendeine Weise doch den Weg wieder zu mir zurückfinden würde. Dann aber hätten alle gewußt, was geschehen war. Ich ließ ihn deshalb vorsichtig in die Tasche meines Ledermantels gleiten. Da war er zunächst gut aufgehoben.

Doch dann spürte ich, daß es schon wieder so weit war. Mir blieb nichts anderes übrig, als nun auch den zweiten von der Hand zu reißen, dessen fünf Finger im nächsten Augenblick genau so steif und prall standen. Er versank in die andere Tasche meines Mantels.

Nun war mir entschieden leichter und besser, vor allem wenn ich daran dachte, daß die anderen nichts merken würden und ich so ihrem Spott entging. Unten kamen sie alle beflissen und freundlich auf mich zu, gratulierten mir und schauten dabei heimlich seitwärts den Rumpf entlang, ob nicht doch etwas von den bewußten Spuren zu entdecken sei.

Nichts war zu sehen, rein gar nichts. Sie schauten mir prüfend ins Gesicht und meinten leicht bedauernd, daß ich etwas blaß aussehe. Nein, mir war ganz gut. Es war nicht so schlimm.

Sie zwinkerten sich heimlich zu. Man würde mich schon fassen. Dann luden sie mich ein. Dieser erste Kunstflug mußte gefeiert werden!

Wir gingen ins Kasino. Meinen Ledermantel mit dem unappetitlichen Inhalt hing ich vorsichtig in den Vorflur, da mir keine Zeit blieb, ihn fortzuschaffen.

Berge von Torten häuften sich schnell auf meinem Teller. Der Anblick hätte allein genügt, um es zur Katastrophe kommen zu lassen, wenn noch ein Rest Übelkeit in mir gewesen wäre. Alle freuten sich auf diesen Spaß, der so lange hatte auf sich warten lassen; denn keiner wußte, daß es schon hinter mir lag und ich mich jetzt mit gesundem Magen und gesundem Hunger ungefährdet allen Herrlichkeiten widmen konnte. Sie waren alle entäuscht, doch keiner ließ sich etwas anmerken.

Während wir an der Tafel saßen, kam unverhofft der Kommandeur mit einigen Offizieren in den Raum. Vorschriftsmäßig spritzte alles in die Höhe.

Für uns aber gab es als Begrüßung nur einen gehörigen Anpfiff:

144

„Welch ein entsetzlicher Gestank im Flur! Nicht auszuhalten! Sofort für Beseitigung sorgen."

Stillschweigend machte ich mich bei der ersten Gelegenheit aus dem Staub, und ehe es noch jemand sah, hatte ich den Mantel vom Haken gerissen. Fort war ich damit!

Erst bei der Abschiedsfeier habe ich meinen Kameraden die Geschichte gebeichtet, die mit unbeschreiblichen Gelächter aufgenommen wurde!

Mein erster Nachtflug

Das Deutsche Forschungsinstitut für Segelflug in Darmstadt hatte sich inzwischen eine Motormaschine He 46 angeschafft, die für Wetteraufstiege benutzt werden sollte. Mit dieser Maschine habe ich – nachdem ich aus Stettin zurückgekehrt war – meinen ersten Nachtflug gemacht. Ich erhielt die Aufgabe, Meßflüge bei Nacht durchzuführen, das heißt, ich mußte mit einem Fünffach-Schreiber – einem Instrument, das gleichzeitig Staudruck, Luftdruck, Luftfeuchte, Temperatur und Zeit registrierte – alle zwei Stunden auf eine Höhe von zwei- bis dreitausend Meter steigen.

Für mich war diese Aufgabe neu, denn bisher war ich auf keiner Schule und in keinem Lehrgang zu einem Nachtflug gekommen, wenn ich von jenem absehe, den ich im Anschluß an den Gewitterflug machen mußte. Jeder Nachtflug ist ein Erlebnis ganz besonderer, wundersamer Art, das eigentlich nur erlebt und kaum beschrieben werden kann.

Den ersten Aufstieg machte ich, als die Dämmerung sank. Er war schön, weil jeder Flug im Grunde schön und einmalig ist. Doch erst beim zweiten Flug erlebte ich die Nacht. Der Flugplatz Darmstadt hatte jetzt seine roten Lichter angezündet, die allen ankommenden Flugzeugen den Weg zum Landeplatz weisen sollten. Wie ich mit meiner Maschine vom Boden abhebe, leuchten in einem weihnachtlichen Kranz auch die Lichter der Stadt Darmstadt auf.

Ich steige höher und das Lichtermeer von Frankfurt kommt hinzu, zwei festliche Kränze auf ruhendem Grund. Und in der Ferne irgendwo ein dritter, ein vierter, kleiner bescheidener Kranz.

Gedanken und Blicke schweifen zu den Sternen hinauf. Ich sehe sie über mir millionenfach funkeln, unter mir aber bleiben die Lichter der Städte, die wie in einem Spiegel das Bild der Sterne zurückzuwerfen scheinen.

Wundersame, schweigende Nacht!

Als ich zwei Stunden später von neuem auf dreitausend Meter hochsteige, ist die Stille noch tiefer und schweigsamer geworden! Die Städte haben ihre Lichter fast alle gelöscht. Hier brennen noch einige und dort – es mag ein Bahnhof sein oder ein öffentlicher Platz. Und wieder zwei Stunden später sind auch sie verlöscht. Um 4 Uhr, als ich zum drittenmal aufsteige, hat sich die Nacht endlich ganz in ihren Mantel gehüllt. Stumm und voller Ruhe liegt die Erde unter mir.

In großer Höhe ziehe ich nun einsam über den dunklen schlafenden Grund. Ruhig und gleichmäßig geht der Takt des Motores.

Die Erde schläft.

Und während meine Augen im Flug über die beiden metallisch blinkenden Flächen meiner Maschine gleiten, scheinen sie mir Fittiche, die sich schützend über die Erde breiten.

Über die Schweiz, Frankreich, Spanien nach Portugal
zum internationalen Fliegertreffen in Lissabon

In Lissabon fanden im Mai 1935 die „festivas Lisboa" statt, das
sind volkstümliche Festtage mit Ausstellungen, Belustigungen
und anderen Veranstaltungen.

Im Rahmen dieser Tage sollte auch ein internationaler Flugtag
stattfinden und zum ersten Male dabei der Segelflug vorgeführt
werden. Zusammen mit anderen Segelfliegern erhielt ich den
Auftrag, unser Land dort im Segelflug zu vertreten. Da wir in
Lissabon eine Motormaschine zum Schlepp benötigten, sollte
ich die kleine Sport-Klemm, die dazu ausersehen war, nach
Lissabon fliegen. Einer der Segelfliegerkameraden begleitete
mich als Passagier, während die anderen mit den Segelflugzeugen per Schiff fuhren. Mein Begleiter war ein hervorragender Segelflieger.

Unsere Flugroute führte über Genf, Lyon, Avignon, Perpignan,
Barcelona, Saragossa, Madrid, Caceres, nach Lissabon. Um den
Flug mit der kleinen „Klemm" beschaulich und in aller Ruhe
durchführen zu können, hatte ich dafür vier Tage vorgesehen.
Mir war von Anfang an bewußt, daß von dem reibungslosen
Ablauf dieses Fluges, auf dem wir drei fremde Länder berühren
würden, und von unseren fliegerischen Erfolgen in Lissabon
sehr viel abhängen würde, denn zu dieser Zeit war Europa
bereits ein Pulverfaß.

Die Nervosität war vor allem dadurch ausgelöst worden, daß
Deutschland die allgemeine Wehrpflicht wieder eingeführt
hatte. Jeder empfand, daß die Atmosphäre äußerst gespannt
war.

Unsere Aufgabe würde es deshalb sein, die allgemeine Unruhe im bescheidensten Rahmen zu befrieden, denn der Segelflug verbindet nun einmal die Menschen, die ihm dienen, in Kameradschaft miteinander.

Meinem Begleiter schärfte ich deshalb vor dem Flug nochmals eindringlich die Anweisungen ein, die man uns mit auf den Weg gegeben hatte, nichts Verbotenes, wie zum Beispiel Photoapparate mit uns zu führen. Er versprach hoch und heilig ihre strikte Befolgung.

In Genf machten wir unsere erste Landung auf fremdem Boden. Alles wickelte sich ordnungsgemäß ab. Inzwischen aber waren die Wetterverhältnisse so schlecht geworden, daß ich eigentlich einen Weiterflug nicht wagen durfte.

Doch ich hatte keine Wahl. Ich mußte unter allen Umständen zum Flugtag in Lissabon sein, und vorher – zu einem bestimmten Zeitpunkt – in Barcelona.

Meinem Fliegerkameraden stellte ich deshalb frei, ob er mich weiter begleiten wollte. Er hatte keine Bedenken.

Mit klopfendem Herzen startete ich. Um uns war alles grau in grau, während sich der Regen wie aus tausend Schleusen auf die Erde ergoß und die Alpen und der Jura in dichtestem Nebel unter uns lagen. Ganz vorsichtig „schlich" ich durch die Bergtäler, bis wir die Tiefebene und das Vorfeld von Lyon erreicht hatten. Hier verschlechterte sich jedoch das Wetter so sehr, daß ich Leben und Maschine riskieren würde, wenn ich in Lyon landen wollte. Ich hatte gar keine Sicht mehr, so daß ich mit meiner Maschine förmlich über den Boden, über Häuser und Hecken sprang. Ich mußte den nächsten besten Flughafen ansteuern.

Als ich ihn erreicht hatte, sah ich, daß es ein Militärflugplatz war, den ich nicht anfliegen durfte. Doch lagen hier nicht Umstände vor, die eine Landung trotzdem rechtfertigen würden? Ich setzte meine Maschine auf den Boden des Flugplatzes auf. Meinen Begleiter bat ich, mich die Verhandlungen führen zu lassen. Ich glaubte, die französische Sprache besser als er zu beherrschen, und wollte vermeiden, durch Sprachschwierigkeiten unliebsame Mißverständnisse heraufzubeschwören.

Französische Offiziere kamen aufgeregt herbei, da sie an unserem Hoheitszeichen unsere deutsche Herkunft festgestellt hatten. Ich bat sie, uns zum Kommandanten zu führen.

Man brachte uns in eine Baracke. Äußerst reserviert trat uns der Kommandant gegenüber.

Ich entschuldigte mich wegen unseres unerlaubten Landens und versuchte den Sachverhalt aufzuklären. Wir fanden für die Notlage, in der wir uns befunden hatten, volles Verständnis. Plötzlich war auch der Kommandant wie umgewandelt. Er zeigte sich nun von der liebenswürdigsten und höflichsten Seite, wie es der ritterlichen Art der Franzosen entspricht. Natürlich mußte er pflichtgemäß unser Gepäck durchsuchen lassen. Man fragte mich, ob wir irgendetwas Verbotenes mit uns führten.

Welche Gegenstände fielen unter Verbot?

„Photoapparate, zum Beispiel."

„Nein", sagte ich deshalb sehr bestimmt, „ich kann Ihnen versichern, daß wir Derartiges nicht bei uns haben."

Wir wurden nun in Begleitung von einigen Soldaten zum Flugplatz geschickt, um unser Gepäck zu holen. Auf dem Rückweg fiel mir ein, daß ich noch etwas vergessen hatte. Ich ging deshalb noch einmal zu unserer Maschine, um es zu holen.

Auf diese Weise kam ich später als die anderen in die Baracke zurück. Hier empfing mich zu meiner Verwunderung eisiges Schweigen, für das mir vorläufig jede Erklärung fehlte. Auch das Gesicht des Kommandanten verhieß wenig Gutes.

Mit kleinen, zornigen Schritten kam er auf mich zu und stellte sich vor mich hin.

„Sie führen keinen Apparat mit sich?"

„Nein", sagte ich ruhig und bestimmt.

Kaum war jedoch das Wort aus meinem Mund, als er blitzschnell hinter seinem Rücken eine Leica hervorholte und sie mir vor Augen hielt. Es war die Leica meines Begleiters, von der ich wußte, daß er sie auf dem Rhönwettbewerb gewonnen hatte!

Zorn erfaßte mich gegen meinen Kameraden, der mich in diese peinliche Situation gebracht hatte. Nicht nur, daß ich persönlich jetzt als Lügnerin dastand und vielleicht sogar als Spionin verdächtigt wurde, ich wußte auch, daß sich aus diesem Vorfall unter Umständen schwerwiegende Folgen und Verwicklungen ergeben konnten.

Aber auch in höchstem Zorn konnte ich mir keine Unbedachtsamkeiten gestatten, ebensowenig wie hier falsch verstandene, sentimentale Kameradschaft am Platz war. Ich beteuerte deshalb dem Kommandanten, von dem Apparat nichts gewußt zu haben, auch daß wir strenges Verbot hatten, derartiges mitzunehmen, mein Kamerad aber, weil er noch nicht im Ausland war, die Bedeutung nicht genügend eingeschätzt hatte. Nur so war seine unbedachte Handlungsweise zu verstehen.

Völlig zerknirscht saß indessen mein Begleiter in einer Ecke des Raumes und schwieg zu allem. Der Kommandant untersuchte nun unsere Aktenmappen.

Und was fand er? –– Flugzeugzeichnungen!

Bei ihrem Anblick wurde mir fast schwach. Ich wußte zwar, daß mein Passagier Student der Technischen Hochschule war und vor seinem Diplomexamen stand, aber ich wußte auch, daß das an diesem Ort keine ausreichende und glaubwürdige Erklärung sein würde.

Der Kommandant schnitt deshalb auch jeden weiteren Versuch einer Erklärung von meiner Seite ab. Dabei war unschwer zu erkennen, daß er nicht so sehr meinen Kameraden für den Schuldigen hielt, dessen Zerknirschung sogar einen günstigen Eindruck auf ihn machte, soweit ein solcher überhaupt noch zu erzielen war, sondern mich, die ich ihm nach seiner Meinung eine glänzende Komödie vorgespielt hatte. Sicherlich mußte ich ein ganz ausgekochtes und raffiniertes Geschöpf sein!

Dieser Eindruck verstärkte sich noch, als er danach in unseren Papieren feststellte, daß auch mein Begleiter Pilot war. Für ihn stand damit fest, daß ich eine Spionin war, die man lediglich zum Zweck der Täuschung als Pilotin deklariert hatte. Der Fall schien hoffnungslos. Ich war verzweifelt, bemühte mich aber, mir nichts anmerken zu lassen. Ich wußte jedoch nicht, wie wir jemals wieder aus dieser Situation herauskommen sollten. Nur das eine wußte ich, daß ich unter allen Umständen die vorgesehene Flugzeit einhalten mußte.

Inzwischen jedoch hatten sich auch die äußeren Umstände für uns erheblich verschlechtert, denn der Kommandant hatte angeordnet, daß die Türen abgeschlossen, und wir unter strenge Bewachung gestellt wurden. Wir waren somit jeder Handlungsmöglichkeit beraubt.

Offiziere nahmen uns nun ins Kreuzverhör. Es waren die ersten Kreuzverhöre in meinem Leben, die ich nun zu bestehen hatte, und sie schienen mir fürchterlich. Erst nach 1945 sollte ich erfahren, daß es weit schlimmere und raffiniertere Formen des Kreuzverhörs gibt.

Zuerst merkte ich nicht, wie geschickt und vorbedacht jede Frage war, die man mir stellte. Da ich völlig unerfahren und ungeschult in dieser Materie war, glaubte ich anfangs sogar, meinerseits die Unterhaltung lenken zu können. Bis mir die

Doppeldeutigkeit, die in jeder Frage lag, bewußt machte, daß ich es in Wirklichkeit war, die geführt wurde.

Da ich aber mit völlig reinem Gewissen vor meinen Richtern stand, konnte mich kein auch noch so geschickt angelegtes Manöver in die Enge treiben. Wohl aber konnten und würden sie mich samt meinem Begleiter und der Maschine hier festhalten.

Im Laufe der Unterhaltung erfuhr ich, daß die Maschine abmontiert werden sollte, um eine Untersuchung auf weitere Gegenstände durchzuführen. Wenn das geschah, würden Tage, ja Wochen vergehen, bis wir sie wieder frei bekamen! Inzwischen würden dann die Festlichkeiten in Lissabon ohne die Beteiligung von Deutschland stattfinden, denn abgesehen davon, daß auch mein Begleiter und ich mit zur Teilnahme am Segelfliegen gemeldet waren, wurde vor allem die Motormaschine zum Schlepp dringend benötigt.

Ich wurde gefragt, ob sich noch irgendein Gegenstand im Flugzeug befand.

„Flugkarten."

Der Gedanke daran war mir im Augenblick der Frage gekommen. Ich mußte hier aus den vier Wänden heraus. Draußen würde es vielleicht eine Möglichkeit geben, die ich nutzen konnte.

Der vernehmende Offizier befahl, daß ich die Karten holen solle. Unter Bewachung eines französischen Soldaten wurde ich zur Maschine geführt.

Auf dem Platz fanden wir bereits eine große Ansammlung von neugierigen und sensationshungrigen Menschen vor, denn es hatte sich herumgesprochen, daß deutsche Spione gelandet und festgenommen worden waren. Es waren vor allem Soldaten jeder Art, Marokkaner, Halbneger, Neger, Weiße. Ein so buntes Gemisch hatte ich noch niemals zusammen gesehen. Mir blieb jedoch zum Staunen keine Zeit, denn als ich mit meinem Begleiter in ihre Nähe kam, wurde ich als angebliche Spionin von ihnen bespuckt und mit Schimpfworten überhäuft. Man beließ es dabei auch nicht bei meiner Person, sondern griff in üblen, aufreizenden Worten die deutsche Regierung an.

Da ich mich nicht dagegen wehren konnte, blieb mir nichts anderes übrig, als mir ruhig, aber sehr bestimmt den Weg zu meiner Maschine zu bahnen, um die Karten zu holen.

Die Beschimpfung hielt immer noch an und verfolgte mich noch auf dem Rückweg. Ich war blaß vor Empörung, aber ich schwieg, um die Situation nicht noch schwieriger zu machen. Bis in den letzten Nerv hinein empfand ich das Unwürdige meiner Situation, doch spürte ich keine Scham, da ich dazu keinen Grund hatte.

Mein kleiner französischer Begleiter aber schämte sich für seine Landsleute. Verlegen entschuldigte er sich für das, was er hier miterlebte.

„Wir Jungen", sagte er, „verstehen euch, die ihr jung seid in Deutschland. Diese da sind alt und blind."

Das Wort tat gut. Und es war mehr als das: Es war eine menschliche Garantie, auf die ich bauen durfte.

„Sie müssen mir helfen", sagte ich. „Sie müssen es mir ermöglichen zu telefonieren."

Mehr sagte ich nicht, und er antwortete auch nicht darauf.

Wir kehrten nun in die Baracke zurück. Nach einiger Zeit wurden mein Begleiter und ich plötzlich gefragt, ob wir nicht etwas zu essen wünschten. Mein Begleiter hatte keinen Appetit. Ich um so mehr, denn ich hatte den ganzen Tag nichts zu mir genommen und jetzt war es bereits Nachmittag. Auch ahnte ich, daß mein kleiner Freund dahinter steckte.

In seiner Begleitung wurde ich nun in die zu dieser Stunde leere Kantine geschickt. Diese Gelegenheit benutzte ich, um ihn zu bitten, für mich eine telefonische Verbindung zum deutschen Konsul in Lyon herzustellen. Es war unwahrscheinlich, aber er erfüllte mir meine Bitte!

Der deutsche Konsul war eben vom Flugplatz Lyon zurückgekommen, wo er stundenlang vergeblich auf unsere Ankunft gewartet hatte. Da er aber erfahren hatte, daß wir trotz schlechten Wetters von Genf gestartet waren, ohne bisher irgendwo gemeldet zu sein, hatte er bereits die Rettungsstationen benachrichtigt, um uns suchen zu lassen. Nun hörte er zu seiner großen Erleichterung, daß wir sogar in der Nähe von Lyon gelandet waren.

Seine Freude verflog aber, als er von mir die näheren Umstände erfuhr. Außer sich vor Zorn und Entsetzen hörte ich ihn irgendetwas in den Apparat hinein rufen. Doch mit seiner Aufregung konnte ich mich jetzt nicht befassen. Ich bat ihn deshalb nur dringlich, sofort zu kommen. Dann hängte ich ein. Nach dem Essen ging das Kreuzverhör weiter. Man gab sich viel Mühe mit mir! Ich dachte es nicht ohne leise Verbitterung, obwohl ich den anderen gerechterweise zugestehen mußte, daß sie zwingende Gründe hatten, so vorzugehen. Ich war jetzt auch schon wesentlich ruhiger. Etwas würde ja geschehen!

Eine halbe Stunde war vergangen, als der Kommandant ans Telefon gerufen wurde. Es dauerte lange, bis er zurückkam. Doch welche Veränderung war mit ihm vorgegangen! Er war wieder der alte, charmante und zuvorkommende Offizier, der er anfangs gewesen war. Ja viel mehr noch. Er bat uns um Entschuldigung. Das französische Luftfahrtministerium selbst hatte sich eingeschaltet und unsere sofortige Freilassung befohlen.

Wie vorher ich, so war er jetzt unruhig und besorgt, daß sich aus dieser Geschichte politische Verwicklungen ergeben könnten, und er bemühte sich sehr, den Eindruck der letzten Stunden zu verwischen. Ich hatte nur den einen Wunsch, fortzukommen.

Die Maschine wurde klargemacht. Wir konnten starten. Natürlich begleitete uns der Kommandant mit seinem Gefolge zum Flugplatz. Irgendwo sah ich auch meinen kleinen französischen Soldaten stehen. Ihm wollte ich noch – bevor wir weiterflogen, eine Freude machen.

Ich bat den Kommandanten mit dem Soldaten eine Extrarunde fliegen zu dürfen, um ihm auf diese Weise seine kleinen Hilfeleistungen zu danken.

Das Glück des kleinen französischen Soldaten war groß. Als ich ihn anschnallte, bat ich ihn um sein Einverständnis, mit der Maschine alles machen zu dürfen, was sie fliegerisch hergab. Dann starteten wir und nun zeigte meine kleine Maschine, was sie alles konnte. Hinunter im Sturz bis ganz dicht über dem Boden, so dicht, daß die Räder die Erdoberfläche fast zu berühren schienen und nun im geraden Flug auf die Ansammlung von Menschen zu, die sich ängstlich zu Boden warfen, um dicht vor ihnen die Maschine wieder hochzuziehen – und zum Schluß noch einen anständigen Turn!

Mein Passagier, dem es nicht das geringste ausgemacht hatte, stieg mit strahlendem Gesicht aus. Ich drückte ihm zum letztenmal dankbar die Hand, dann stieg mein deutscher Begleiter ein. Wir verabschiedeten uns noch von den Offizieren, die ebenso wie ich erlöst waren, daß wir nach so erheblichen Komplikationen nun doch in aller Freundschaft auseinandergehen konnten.

Noch vor dem Dunkelwerden landeten wir in Lyon, wo ich zum deutschen Konsul fuhr. Es war nicht leicht, ihn zu beruhigen. Für mich gab es eine Nacht mit wenig Schlaf, dafür aber mit langen Gesprächen und Auseinandersetzungen.

Früh morgens flogen wir von Lyon fort. In Avignon mußte

ich zwischenlanden, um zu tanken. Als ich die Maschine auf dem Boden aufsetzte, sah ich am Horizont den deutschen Zeppelin auftauchen. Es war das erstemal, daß ich ihm im Ausland begegnete. Kein Deutscher, der sein ruhiges majestätisches Dahinziehen in fremdem Land erlebt hat, wird diesen Anblick vergessen können, auch nicht das Gefühl des Stolzes und Beglücktseins in der Verbundenheit des gemeinsamen Vaterlandes. Hier schien mir sein Anblick wie das Gesicht eines Freundes, der kommt, um Zuspruch und Aufrichtung zu bringen, denn mehr, als ich es gezeigt und eingestanden hatte, hatte mich der Vorgang vom Tage vorher mitgenommen.

Ich wollte auf jeden Fall dem Zeppelin entgegenfliegen.

Rasch warf ich dem Tankwart meinen Ledermantel hin. In spätestens einer halben Stunde würde ich zurück sein.

Ich stieg auf und flog dicht an den Zeppelin heran und nun mit ihm parallel. Als er mich am deutschen Hoheitszeichen erkannte, begann er langsam das Höhenruder zu bewegen und ich nun beide Flügelflächen. So grüßten wir uns in fremder Höhe, über fremdem Boden.

Ich flog dann zum Flugplatz zurück und tankte. Mein Begleiter mußte nun zahlen, denn er war verantwortlich für das finanzielle Ressort unserer Reise. Ich hatte dieses Amt um so lieber an ihn abgetreten, da ich in geldlichen Dingen unerfahren war. Überdies stand uns für diesen Flug auch nicht viel Geld zur Verfügung, denn unsere Reise nach Lissabon war ziemlich überraschend angesetzt worden, so daß keine Zeit blieb, genügend Devisen zu beschaffen. Jeder von uns hatte deshalb nur ein Handgeld zur Verfügung, das knapp reichte, um die Benzinversorgung während des Fluges sicherzustellen. Weitere Devisen sollten uns in Barcelona ausgehändigt werden. Mein Begleiter mußte also jetzt zahlen. Aufgeregt fing er an in seinen Taschen zu suchen, aber sooft er auch hineingriff – die Geldbörse kam nicht zum Vorschein! Ich wartete geduldig, dann schon etwas nervös werdend, bis er endlich gestehen mußte, daß er sie verloren hatte.

Nach der Spionin nun auch noch Zechprellerin!

Doch der Tankwart war einsichtig. Er stellte sich weder stur noch bockig, sondern stundete uns den Betrag, bis wir auf unserem Rückflug in vierzehn Tagen die Rechnung begleichen würden. Zur Sicherheit stellte ich ihm eine Art Schuldschein aus, den er notfalls bei dem deutschen Konsul in Lyon einlösen konnte.

Diese Klippe hatten wir glücklich überstanden, eine neue jedoch lag noch vor uns. Vor Barcelona mußten wir noch eine weitere Zwischenlandung in Perpignan vornehmen und dort abermals tanken.

Der Flugplatz in Perpignan liegt sehr einsam und hatte zu dieser Zeit wenig Flugverkehr. Die Landung einer Maschine bedeutete dort deshalb ein Ereignis. Diese Tatsache erleichterte mir die unangenehme Aufgabe, ohne Geld tanken zu müssen. Der Tankwart, der gleichzeitig Schäfer war, nahm die Sache mit philosophischer Gelassenheit auf. Ihm kam nicht einmal der Gedanke, daß ich ihn hätte um sein Geld betrügen können. Dank seiner Einsicht kamen wir pünktlich in Barcelona an.

Die Flugtage in Lissabon wurden für Veranstalter und Teilnehmer ein voller Erfolg. Hervorragende Flugleistungen wurden gezeigt. Die Begegnung mit den großen Fliegern anderer Nationen gab ein Gefühl gesteigerter Freude, auch für das eigene Fliegen. Uns alle führte das Schöne zusammen, das aus Sehnsucht geborene Erleben des Fliegens, das durch keine politische Spannung vergiftet werden konnte.

Lissabon sollte jedoch nicht nur dadurch für mich in angenehmer Erinnerung bleiben. Die Reihe der Erlebnisse, die diese Reise mit sich brachte, war noch nicht abgeschlossen.

Nach den ersten unangenehmen Zwischenfällen sollte ich jedoch eine nette und unterhaltsame Geschichte erleben, die hier zu erzählen ich nicht versäumen will.

Schon eingangs habe ich erwähnt, daß die „festivas Lisboa" eine Art portugiesisches Volksfest darstellen. Im Rahmen dieser Tage war eine Ausstellungsstadt erbaut worden, „Alt-Lissabon". Die Häuser waren dort in altportugiesischem Stil erbaut, und die Menschen bewegten sich in altportugiesischen Trachten. Es gab ein mittelalterliches Gefängnis, in dem auch mittelalterliche Gerichtsbarkeit geübt wurde.

Ich wollte mir diese Stadt in Begleitung eines befreundeten portugiesischen Ehepaares ansehen. Da ich direkt vom Flugplatz kam, war ich noch mit meinem Fliegerdreß – mit langer Hose und kurzer roter Jacke – bekleidet. Niemandem wäre das in Deutschland aufgefallen, aber ich hatte nicht mit der portugiesischen Sitte gerechnet, die der Frau in der Öffentlichkeit äußerste Zurückhaltung auferlegte. Eine Frau in Hosen war dort im Jahre 1935 eine Unmöglichkeit, besonders aber, wenn sie sich damit auf die Straße wagte!

Auf dem Ausstellungsgelände wurde ich bald erkannt und es dauerte nicht lange, daß uns ein Schwarm flugbegeisterter Menschen unter Zurufen und Applaus folgten. Unter ihnen befanden sich auch zwei Landsknechte in mittelalterlicher Tracht. Sie bahnten sich den Weg zu uns, um mich plötzlich zu ihrer Gefangenen zu erklären. Als Begründung gaben sie an, daß ich auf der Straße im Pyjama erschienen sei, damit aber so schwer gegen Sitte und Anstand verstoßen habe, daß nur noch das Gesetz eingreifen könne.

Die Situation schien mir ungemütlich und undurchsichtig. Was war Ernst und was war Spaß? Ich durchschaute es nicht und sah deshalb etwas hilfesuchend meine portugiesischen Begleiter an. Sie baten mich jedoch, kein Spaßverderber zu sein.

Man führte mich nun in ein Gefängnis und steckte mich dort in eine kleine enge Zelle mit Holzpritsche und einem Krug Wasser versehen. Ehe ich mich versah, schlug die Tür zu. Die Menge, die neugierig gefolgt war, verlief sich allmählich. Ich hatte nun Zeit über mich nachzudenken. Damit stellten sich aber auch wieder meine Zweifel und Bedenken ein. Schließlich war ich ja Mitglied der deutschen Delegation und hatte deshalb jede Situation zu vermeiden, die peinlich werden konnte.

Nach einer Weile hörte ich erneut viele Schritte, die sich der Zelle näherten. Wieder defilierte ein Strom von Menschen an mir vorbei, die neugierig durch das Gitter nach der fremden Gefangenen schauten. Ich bereute es jetzt bitter, auf den Spaß eingegangen zu sein.

Aber auch dieser Strom verlief sich.

Ich war wieder allein. Doch dieses Mal sollte es nicht lange dauern. Die zwei Landsknechte, die mich gebracht hatten, kamen zurück, um mich nun vor das Tribunal zu bringen. Ich wurde in ein großes Zelt geführt, das voll von Menschen war. Hinter einem Tisch am Ende des Raumes saß im schwarzen Talar mit schlohweißem Bart der Richter. Vor dem Tisch war die Strafbank für den Angeklagten aufgestellt. Zu beiden Seiten waren die Zeugenbänke.

Ich wurde zu der Strafbank geführt, auf der mich mein Verteidiger bereits erwartete. Eine Glocke läutete Ruhe. Mit einem Schlag verstummte das Summen und Schwirren im Raum. Es war so still, daß man eine Stecknadel hätte fallen hören.

Der Verteidiger erhielt zuerst das Wort. In eleganter Rede beteuerte er die Ehre, mich, eine Fliegerin, deren Namen bereits bekannt sei, verteidigen zu dürfen. Er sagte noch vieles mehr. Aber zum Schluß legte er sein Mandat nieder und begründete diesen Schritt mit der Schwere des von mir begangenen Unrechts, das durch nichts zu sühnen sei.

Damit übergab er die Sache dem Richter. Das Publikum klatschte donnernd Beifall.

Jetzt war die Reihe an dem Richter, das Wort zu ergreifen. Sehr würdig, sehr ritterlich erhob er sich, fixierte den Tatbestand und die Schwere des Vergehens, um dann zu meiner Person überzugehen. Dabei wußte er über mich mehr zu berichten, als ich es gekonnt hätte, und was er vorbrachte, war ein so geschicktes Nebeneinander von Dichtung und Wahrheit, daß es unverkennbar war, daß hier eine glänzende und liebenswürdige Komödie gespielt werden sollte. Mir fiel ein Stein vom Herzen und ich war froh, kein Spaßverderber gewesen zu sein.

Seine Rede galt jedoch nicht allein meiner Person. Sein Lob galt vor allem Deutschland, den deutschen Menschen, die nach einem verlorenen Krieg Tatkraft und Mut zu neuem Aufstieg gefunden hatten. War es ein Wunder, daß ich mich glücklich und stolz fühlte?

Vom Ernst leitete er nun wieder zum Scherz über und führte aus, daß diese eben gepriesenen Tugenden es ihm unmöglich machten, mich zu verurteilen. Nun mußte sich auf seine Aufforderung hin das Publikum erheben, um das deutsche Volk und mich als Fliegerin zu grüßen.

Als ich aus dem Zelt ging, war meine Hand von dem vielen Drücken und Schütteln fast lahm. Doch spürte ich es kaum, weil mich das Gefühl der Dankbarkeit gegen dieses liebenswürdige Volk ganz gefangen nahm.

Nach den Tagen in Lissabon flog ich die gleiche Strecke zurück, die ich mit meinem Begleiter gekommen war. Jetzt allerdings verzichtete ich darauf, ihn mitzunehmen.

In Madrid hatte ich Gelegenheit, einen Stierkampf zu sehen. Er hat auf mich einen tiefen Eindruck gemacht. Man muß ihn einmal erlebt haben, um wenigstens ahnen zu können, warum dieses Schauspiel für den Spanier so fesselnd ist.

Zum Wettbewerb auf der Wasserkuppe angetreten (Ende der dreißiger Jahre)

Auf der Wasserkuppe ▶

Ernst Udet läßt sich von mir über meinen Hubschrauberflug berichten

Zu einem Stierkampf gehört die lebhaft grelle Farbensymphonie der südlichen Landschaft, gehören heiße, gleißende Sonne und das feurige Temperament der Menschen. Gehört jahrhundertealte Vorstellung vom Kampfesmut und eleganter kämpferischer Gewandtheit. Nach dem farbenprächtigen bunten Einzug der Toreros, der Bandarilleros und Picadores und aller derer, die am Stierkampf teilnehmen, wird der Stier in die Arena gelassen. Vorher wurde er tagelang im Dunkel eingesperrt. Zunächst bleibt er geblendet stehen, bis ihm das Tuch vor Augen gehalten wird, dessen rote Farbe seine Urinstinkte anrührt. Für das Publikum, das in atemloser Spannung zusieht, ist er jetzt kein wehrloses Geschöpf mehr, sondern ein Kämpfer wie der Torero, der ihn besiegen soll. Zeigt der Stier zum Beispiel keine Angriffslust, so pfeift man ihn aus und überschüttet ihn mit bösen Schimpfworten. Zorn und Schande treffen auch den Torero, der unterliegt. Hier ist kein Platz für Mitleid und Empfindsamkeit; denn hier gilt nur die kämpferische Kraft und die kämpferische Gewandtheit. Der frenetische Jubel beim Sieg des Toreros entbehrt deshalb auch nicht des tieferen Sinnes. Es ist der Jubel über den Sieg, den der menschliche Geist über tierhafte Urkraft errungen hat.

Das war vor allem mein Eindruck, und ich konnte mich der suggestiven Wirkung dieses Schauspiels nicht erwehren, obwohl mir natürlich gefühlsmäßig vieles fremd bleiben mußte.

Auf der Rückreise verlebte ich noch einige schöne Tage in Barcelona, wo ich eine besonders herzliche Aufnahme fand. Zu meinem Abflug hatten sich wie überall nach diesen Tagen viele Menschen eingefunden, Freunde, Segelflieger und offizielle Vertreter von Behörden und Organisationen. Ich mußte mich ihnen widmen, obwohl ein Start grundsätzlich die ungeteilte Aufmerksamkeit des Piloten fordert.

Ich war deshalb auch nicht ganz bei der Sache, als mich der Zollbeamte nun aufforderte, ihm das „Carnet de Passage" zu geben, um das Sortie einzutragen, da die nächste Landung bereits auf französischem Boden sein würde. Erst danach durfte die Luftaufsicht den Start freigeben.

Ich nahm die Papiere aus meiner Tasche und reichte sie ihm, während ich noch in Gesprächen festgehalten wurde. Der Beamte füllte die Formalitäten aus und reichte mir danach das Carnet de Passage gefaltet zurück. Ich nahm es, ohne es noch einmal anzusehen.

Danach startete ich zu einem wunderschönen Flug über die Pyrenäen.

In Perpignan mußte ich zwischenlanden, um Benzin zu tanken und meine Schulden – wie versprochen – zu begleichen. Die Freude des Tankwartes, mich wieder zu sehen war groß, hatten doch inzwischen auch die Zeitungen von den Tagen in Lissabon berichtet, was ihm die Begegnung mit mir besonders interessant machte.

Da ich zum erstenmal wieder auf französischem Boden war, fiel es ihm zu, das notwendige Entrée in das Carnet de Passages einzutragen, eine Aufgabe, der er sich mit Eifer und Ernst hingab. Mehr zufällig als beabsichtigt tat ich dabei einen Blick über seine Schultern und glaubte meinen Augen nicht trauen zu dürfen: Hier stand ganz klar und deutlich „D–AJEX" als Bezeichnung der Maschine und Dr. W., Stuttgart, als Besitzer und Eigentümer. Meine Maschine aber trug das Zeichen „D–EJEN", Eigentümerin war die Deutsche Forschungsanstalt in Darmstadt. Der Zollbeamte in Barcelona hatte versehentlich das Carnet de Passage mit einem anderen vertauscht.

Mein erster Gedanke war, daß der Tankwart nichts merken durfte, denn dann würde er als Beamter verpflichtet sein, den Weg der Ordnung und des Gesetzes zu gehen. Ich würde dann bestimmt nicht von hier fort dürfen. Auf jeden Fall aber mußte ich am nächsten Tag in Darmstadt sein!

In meiner Not verlegte ich mich darum auf einen kleinen Trick. Ich bat ihn, mir nicht nur das Entrée, sondern zugleich auch das Sortie auszufertigen, da ich nun nicht mehr auf französischem Boden zwischenlanden würde, sondern erst wieder auf schweizerischem Gebiet. Ich wußte, daß für ihn mit der Eintragung des Sorties zugleich das Recht verbunden war, mein Gepäck zollmäßig zu durchsuchen, und ich hatte mich nicht verrechnet, wenn ich erwartet hatte, daß er diese Gelegenheit nur zu gern aufgriff. Von dem verhängnisvollen Carnet de Passage war er damit glänzend abgelenkt.

Die nächste Zwischenlandung war in Avignon. Jetzt mußten die Fotos von den Segelflugtagen in Lissabon helfen. Noch während des Fluges steckte ich sie in das Carnet de Passage und gab alles zusammen dem Beamten, der mir in Avignon die Papiere abforderte. Seine Aufmerksamkeit richtete sich natürlich zunächst auf die Bilder, wie ich es erwartet hatte, und ich mußte ihm eingehend über die Tage in Lissabon berichten. Doch auch das hatte einmal ein Ende. Der kritische Augenblick war nun nicht mehr hinauszuschieben.

Ich hatte jedoch wieder Glück, denn der Beamte ließ sich von den bereits in Perpignan vorgenommenen Eintragungen täuschen und gab mir den Start zum Weiterflug frei. Aus Benzinmangel mußte ich jedoch noch eine Zwischenlandung in Lyon machen. Dort verließ ich vorsichtshalber gar nicht erst den Zollbezirk, so daß ich auch hier am anderen Morgen ohne Schwierigkeiten starten konnte.

Aber noch lag die Zwischenlandung in Genf vor mir.

Kein Entrée und Sortie der französischen Zollbehörde würde da helfen können, wenn mir nicht ein Zufall zur Hilfe kam. Dieser Zufall blieb jedoch aus. Zudem schien der Zollbeamte auch kein Freund der Deutschen zu sein, denn er vermied es geflissentlich deutsch zu sprechen, sah sich dafür aber um so genauer die vorgenommenen Eintragungen an.

„Nanu, Sie haben unterwegs die Maschine geändert?"

„Nein."

„Ja, doch. „D–EJEN" heißt Ihre Maschine, „D–AJEX" steht hier im Buch."

„Wie? Zeigen Sie mal her."

Er reichte mir das Carnet de Passage. Ich gab es ihm zurück.

„Das ist nicht mein Buch."

„Doch."

„Aber nein", rief ich jetzt sehr bestimmt. „Sehen Sie her: „D–AJEX" statt „D–EJEN". Typ Siemens-Motor, meine Maschine ist aber eine Hirth-Klemm." Ich fuhr fort, ihm Punkt für Punkt aufzuzählen.

Es war nicht zu glauben! Der Mann wollte sich nicht überzeugen lassen. Es dauerte eine Zeit, bis ich ihn zu dem Eingeständnis bewegen konnte, daß dieses hier tatsächlich ein falsches Carnet de Passage war.

Wahrscheinlich würde er mich jetzt mit der Maschine hier festhalten. Es würde für mich unangenehm sein, doch halb so schlimm, als wenn es in Frankreich passiert wäre. Dort hatte sich genug Unangenehmes ereignet. Wider Erwarten aber erregte ihn nicht so sehr die Tatsache, daß ich mit einem falschen Carnet de Passage eingeflogen war, als der Umstand, daß seine französischen Kollegen in Perpignan, Avignon und Lyon diesen Fehler übersehen hatten.

Er erwies sich dann mir gegenüber als wirklich großzügig. Nach einer funktelegrafischen Anfrage in Barcelona, die meine Angaben bestätigte, gab er den Start frei. Das war viel mehr, als meine kühnsten Hoffnungen erwartet hätten, und mein Dankgefühl gegen ihn war ebenso groß wie mein Glück darüber, daß ich trotz der Hindernisse nun doch keine Zeit versäumen würde.

Die nächste Zwischenlandung war in Freiburg – dort war deutscher, heimatlicher Boden. Jetzt war ich zu Hause. Nein, ich war es nicht. Denn ich hatte ein falsches C. d. P. und alle meine Erzählungen halfen nichts: Man gab den Start nicht frei.

Jetzt merkte ich, daß ich im lieben, guten Deutschland war. Viele Telefonate mit vielen Behörden waren nötig, um endlich nach schier unüberwindlichen Schwierigkeiten starten zu können.

Einfliegertätigkeit

Nachdem ich in der Deutschen Forschungsanstalt für Segelflug zuerst allgemeinen Aufgaben zugeteilt worden war, gehörte ich seit 1935 innerhalb dieser Forschungsanstalt dem Institut für Segelflug an, das von Hans Jacobs geleitet wurde.

Die Vorgeschichte meiner Einstellung beginnt mit einer jener Zufälligkeiten, die sich in das Mosaik unseres späteren Lebensbildes oft so sinnvoll einfügen und zu erkennen geben, daß uns an den entscheidenden Wendepunkten unseres Lebens ein höherer Wille führt.

Als Einflieger für das Institut war ursprünglich der als Segelflieger sehr bekannte Ludwig Hoffmann vorgesehen. Eine schwere Erkrankung hinderte ihn jedoch, diese Aufgabe zu übernehmen. Der Leiter des Instituts trat deshalb an mich mit der Bitte heran, für ihn einzuspringen.

Ich brachte für diese Aufgabe zwar Begeisterung, Ernst und Interesse, aber gar keine Erfahrung auf konstruktivem und technischem Gebiet mit und mußte mich deshalb allein auf mein Fluggefühl und meine Beobachtungsgabe verlassen.

Worin besteht nun – für einen Laien verständlich – die Aufgabe des Einfliegers?

Die Erprobung von neuen Flugzeugtypen oder auch von Neuerungen an Flugzeugen, gleich ob es sich dabei um Motor- oder Segelflugzeuge handelt, ist natürlich mit erhöhten Gefahren verbunden. Der Einflieger bringt das neue, noch nicht geflogene Flugzeug zum erstenmal in das ihm eigene Element. Fehlerquellen, die zum Absturz führen können, sind trotz eingehender Berechnungen, sorgfältigster Konstruktionen und präzisestem Bau nicht auszuschalten. Die Längsstabilität zum Beispiel kann ungenügend sein, so daß sich das Flugzeug nicht im Horizontalflug halten läßt. Es können durch Aufbauten Strömungsablösungen eintreten, die Schüttel- oder Schwingungserscheinungen einleiten und zum Bruch lebenswichtiger Teile am Flugzeug führen, ohne daß der Flugzeugführer immer in der Lage wäre, es durch seinen Eingriff zu verhindern. Natürlich wird er versuchen, die Geschwindigkeit herabzusetzen, doch treten häufig diese Erscheinungen so schnell auf, daß die Maschine nicht mehr zu retten ist. Dann hilft nur noch der Fallschirm. Aber auch dann ist es nicht immer einfach, sich von dem immer schneller fallenden Flugzeug zu lösen.

Aufgabe des verantwortungsbewußten Einfliegers ist es nun, so vorsichtig vorzugehen, daß er sich nur schrittweise an die gefährlichen Zonen herantastet. Er wird nicht im ersten Flug die Höchstgeschwindigkeit zu erfliegen suchen, sondern etappenweise näher an das Ziel herangehen. In den meisten Fällen zeigen sich Ablösungserscheinungen der Strömung durch ganz leises Zittern an Ruderflächen und dem Steuerknüppel. Die Fehler festzustellen verlangt vom Einflieger scharfe Beobachtungsgabe, damit er nicht nur die Fehler findet, sondern nach Möglichkeit erkennt, von wo aus diese Störungen eingeleitet werden.

In der anschließenden Flugbesprechung zwischen Einflieger, Aerodynamiker und Konstrukteur wird dann gemeinsam die Ursache der festgestellten Erscheinungen geklärt. Dann werden am Flugzeug die notwendigen Änderungen vorgenommen: zum Beispiel eine Verkleidung besser geformt, der Gewichtsausgleich an Rudern vergrößert, Spiel in der Steuerung beseitigt, ein zu weiches Ruder versteift und ähnliches.

Wenn feststeht, daß mit dem Flugzeug die zulässigen Geschwindigkeiten in Normallage ohne Beanstandungen geflogen werden können, müssen zum Beispiel bei einem Kunstflugzeug die Versuche für alle anderen Fluglagen fortgesetzt werden, – so im Rückenflug, beim Drehen um die Längsachse, das heißt bei Rollen, bei Loopings nach vorn und normalen Loopings und so weiter. Erst wenn diese Fragen zur Befriedigung gelöst sind, kommt die Feinarbeit. Wie beim Auto die guten Fahreigenschaften angestrebt werden, so müssen auch im Flugzeug die Harmonie von Steuerdruck und Steuerwirkung gut abgewogen sein. Reibungen in Steuerleitungen sollen so gering wie möglich sein.

Es würde zu weit führen, alles aufzuzählen, was in einer eingehenden, langen Flugerprobung vom Einflieger festgestellt und auf seine Anregung behoben werden muß. Selten kommt es vor, daß ein Flugzeug mit wenigen Flügen eingeflogen ist. Die Erprobung eines Motorflugzeuges kann Monate dauern, selbst dann, wenn die Serienfertigung bereits angelaufen ist, geht die Erprobung weiter, um immer noch Verbesserungen anzubringen.

Die Arbeit eines Erprobungsfliegers beschränkt sich aber nicht allein auf das Einfliegen neuer Typen. Ereignet sich zum Beispiel ein tödlicher Absturz, bei dem nicht klar ersichtlich ist, daß er durch Schuld des Piloten verursacht wurde, so wird meist die Serie dieses Flugzeugtypes vorübergehend gesperrt. Nun ist es die Aufgabe des Erprobungspiloten, die Fehlerquelle gemeinsam mit dem Konstrukteur zu finden, was oft sehr mühsam und gefahrvoll ist. Man wird nach Beschreibungen des Absturzes versuchen, die Fluglagen nachzufliegen, aus denen sich der Absturz ergab. Man wird dies in sehr großen Höhen tun, damit, wenn wiederum ein Bruch eintritt, der Fallschirm benutzt werden kann.

Zu weiteren Aufgaben des Erprobungsfliegers gehört es, daß er Spezialversuche mit bereits erprobten Flugzeugen zu Forschungszwecken durchführen muß. Auf einige solcher Versuche gehe ich später noch ein.

Mit dem Segelflugzeug „Kranich" stehe ich heute zum erstenmal vor der Aufgabe, ein neues Flugzeug einzufliegen. Noch ist alles ungewohnt und fremd. Ein Flugzeug im Rohbau ist wie ein neues Kleid, das ich anziehe und das nicht passen will. Jeden Tag gehe ich durch die Werkstatt und beobachte den Bau der Maschine. Dabei wachsen wir beide innerlich zusammen. Ja, ich beginne in Gedanken bereits zu fliegen und bei den Ruderschlägen die Wirkung abzuschätzen.

In späteren Jahren, bei der Erprobung von Motor- und Raketenflugzeugen, stellen sich die Gedanken noch zusätzlich auf die Geräusche ein, auf das donnernde Anlaufen der Motoren und das Heulen der Raketen.

Der „Kranich" ist inzwischen fertig gebaut, und weder Sicht noch Sitz noch Steuer sind mir fremd. Ich lasse die Maschine an den Start bringen, von wo aus ich die ersten Flugversuche machen werde.

Ich kann jedoch dem „Kranich" noch keineswegs vertrauen. Ich kenne ihn zwar, wenn er still hält, aber noch nicht, wenn er lebendig wird. Deshalb soll dieser erste Flug nur ein vorsichtiger Tastversuch sein.

Die Konstrukteure und Arbeiter haben ihre Werkplätze verlassen, um uns zuzusehen. Sie stehen um uns herum, vielleicht nicht weniger bis in den letzten Nerv hinein gespannt, als ich es bin. Eine Motormaschine soll uns schleppen. Das Seil ist schon zwischen uns befestigt. Einer der Männer hält ein Flügelende fest.

Jetzt zieht die Maschine an und der „Kranich" rollt mit steigender Geschwindigkeit über das Feld.

Anfangs läuft der Mann am Flügelende noch mit. Doch dann muß er es aufgeben und in diesem Augenblick ist es auch soweit, daß ich genügend Steuerdruck habe, um die Flächen selbst balancieren zu können. Dann hebe ich ab, nur wenige Meter über dem Boden und dabei prüfe ich, leicht tastend, die Stabilität um alle gedachten Achsen: mit dem Höhenruder um die Querachse, mit dem Querruder um die Längsachse und mit dem Seitenruder um die Hochachse. Stelle ich dabei eine Instabilität fest, so werde ich sofort ausklinken, denn noch bin ich nur vier bis fünf Meter über dem Boden und kann ohne Gefahr landen, um dann mit dem Konstrukteur die Beobachtungen zu besprechen.

Sobald ich jedoch merke, daß die Stabilitäten einwandfrei sind, und daß ich die Segelkiste gefahrlos steuern kann, lasse ich mich mit der Motormaschine in größere Höhen schleppen. Zunächst verhalte ich mich beim Schlepp ganz ruhig; denn die vordringlichste Frage ist jetzt die Sicherheit, die ich aber erst in großer Höhe habe, weil ich dann bei eintretender Gefahr die Möglichkeit besitze, mit dem Fallschirm abzuspringen. Zweitausend Meter habe ich im Schlepp erreicht. Ich klinke aus und versuche zunächst einen Gesamteindruck vom Flugzeug zu gewinnen. Ist die Sicht befriedigend, die Ruderreibung gering und die Ruderwirkung so gut, daß die Maschine wendig jedem Ruderausschlag folgt? Später steht mir die Erfahrung zur Seite, doch jetzt bin ich als Einflieger noch Anfänger und bin nur auf mein Fingerspitzengefühl angewiesen. Ich taste mich vor, um die Grenze kennenzulernen, bei der die Strömung abreißt und beobachte, an welcher Stelle das Abreißen beginnt. Ist's an den Flächenenden, so kippt sie leicht nach einer Seite ab und kommt ins Trudeln. Tritt das Abkippen schnell oder langsam ein, – kann sie aus dem Trudeln leicht herausgenommen werden?

An alle Fragen taste ich mich heran. Während ich bis zum letzten Nerv gespannt beobachte und auch auf jedes Geräusch horche, habe ich die Höhe langsam verloren und setze zum Landen an. Unten erwarten mich die Männer aus der Werkstatt, die Männer vom Reißbrett und, voll größter Spannung, der Konstrukteur des Vogels.

Zunächst ist es nur die Freude über den ersten geglückten Flug des „Kranich", die uns alle erfüllt. Dann aber geht es nüchtern an die Arbeit. Die Beobachtungen werden besprochen, Änderungsanweisungen für die Werkstatt erteilt. Sobald sie ausgeführt sind, beginne ich den nächsten Start. Und wieder einen – und noch einmal. Mit jedem Flug steigere ich die Geschwindigkeit. Mit jeder neuen Geschwindigkeit aber können neue Fehler auftauchen. Es ist meine Pflicht, an die äußerste Grenze der Leistungsfähigkeit der Maschine in der Erprobung heranzukommen. Ich muß deshalb auch bei größter Böigkeit fliegen, damit, wenn ich sie in andere Hände gebe, keine neuen Überraschungen mehr auftreten können.

Immer mehr schärft sich dabei mein Fluggefühl und meine Beobachtungsgabe. Wie eine Mutter auf ihr Kind, so bin ich mit allen Sinnen auf meinen Vogel eingestellt.

Von dem allem weiß der Laie nichts. Wenn er zum erstenmal den lautlos kreisenden Vogel oder auch die Motormaschine in die Höhe steigen sieht, und sich bei der Motormaschine der

Gesang der Motore immer mehr dem Ohr entfernt, ist er bis zur glücklichen Landung mit höchster Spannung erfüllt. Seine Freude und Begeisterung tun auch dem Piloten gut. Er weiß zwar, daß dieser Tag nur eine Station in einer langen Kette schwerwiegender und häufig auch gefahrvoller Wochen und Monate ist, aber doch eine Station, die unter dem Zeichen des glücklichen Gelingens stehen durfte.

Der „Kranich" war meine erste Aufgabe, die ich als Einflieger durchzuführen hatte. Danach folgten ungezählte andere, die auf gleichen und verwandten Gebieten lagen.

Alle hier anzuführen oder gar zu beschreiben, würde ein Buch allein füllen und den Rahmen dessen, was an dieser Stelle aus meinem Leben interessiert, weit überschreiten. Ich greife deshalb nur auf einige Versuche zurück, welche geeignet sind, die Vielseitigkeit von Erprobungsaufgaben zu zeigen und auch auf diese Weise zu erhellen, wieviel Mühe, Kleinarbeit und wieviel Verantwortungsbewußtsein und Einsatzbereitschaft die flugtechnische Vervollkommnung, die der Laie als selbstverständlich hinnimmt, von jedem Einflieger fordert.

Nach der Erprobung des „Kranich" hatte ich im Sommer 1935 das erste, von Jacobs konstruierte Wassersegelflugzeug, den „Seeadler", einzufliegen und anschließend auf seine Wassertauglichkeit zu erproben.

Der Gedanke eines Wassersegelflugzeuges, das heißt, eines Segelflugzeuges, das sowohl von der Erde wie vom Wasser aus starten und auch landen kann, war nicht neu. Doch war es bisher noch nicht ausgeführt worden, ein solches Segelflugboot als Leistungssegelflugzeug zu konstruieren.

Diesen Versuch machte Jacobs mit dem „Seeadler". Für das Forschungsinstitut war dies eine Aufgabe, deren praktischer

Wert vor allem in der Verwendung für Forschungsexpeditionen gesehen wurde.

Unsere erste Erprobung führten wir auf dem Chiemsee durch. Ich ließ mich von einem Motorschnellboot schleppen. Da der Motor nicht stark genug war und deshalb nicht genügend Geschwindigkeit entwickelte, hob die Segelkiste nicht vom Wasser ab.

Wir fuhren daraufhin an den Bodensee, wo uns Dornier ein Maybachschnellboot zur Verfügung stellte. Die Kraft dieses Motors reichte aus, um die zum Abheben nötige Geschwindigkeit zu erreichen.

Das klingt einfach und selbstverständlich. In Wirklichkeit aber war es für alle ein hartes und schwieriges Werk; denn hier traten Probleme auf, die uns bisher nicht bekannt waren. Bestimmend war zunächst Länge und Gewicht des Schleppseiles. Wir benutzten anfangs hundert Meter Seillänge. Doch dabei ergab sich folgendes:

Als ich nach Erreichen von sechzig Kilometer Geschwindigkeit etwa zehn Meter hoch vom Wasser abbhob, riß mich das Seil stark nach unten, so daß ich schleunigst ausklinkte in der Furcht, auf dem Wasser hart aufzuschlagen und Bruch zu machen. Seilgewicht und Widerstand des Seiles im Wasser hatten einen resultierenden, nach hinten gerichteten Zug ergeben. Die andern, die vom Boot aus zugesehen hatten, waren zwar der Meinung, ich hätte durchhalten müssen ohne auszuklinken. Ich versuchte es also zum zweitenmal.

Dieses Mal klinkte ich nicht aus, obwohl das Seil mich mit der gleichen Gewalt wie beim erstenmal nach unten riß, soweit nach unten, bis es einen Schlag tat, das Wasser hoch über mich und den „Seeadler" hinwegspritzte und wir wie ein Unterseeboot unter Wasser tauchten. Völlig unversehrt kamen wir danach wieder hoch.

172

Wir alle bekamen keinen leichten Schreck, als ich mit dem „Seeadler" auf dem Wasser aufkrachte und untertauchte! Obwohl sich die Festigkeit der Maschine bei dieser Gelegenheit eindeutig gezeigt hatte, waren sich alle darin einig, daß es keine endgültige Lösung sein konnte.

Das Seil wurde nun auf etwa siebzig Meter verkürzt und mit stromlinienförmigen kleinen Gebilden aus Balsaholz versehen, die das Seil auf dem Wasser trugen. Auf diese Weise konnte ich den „Seeadler" abheben, ohne von dem Seil nach unten gerissen zu werden.

Diese Lösung war brauchbar. Sie bewährte sich auch bei ganz erheblichen Windstärken bis zu jener Grenze, bei der eine Verwendungsmöglichkeit für das Motorboot nicht mehr bestand.

Danach führten wir unsere Versuche mit einem Flugboot durch, der „Libelle", einem Dornier-Amphibium, welches der MIFA in Aachen gehörte. Pater Schulte, der bekannte Leiter der MIFA, stellte es uns freundlicherweise zur Verfügung und lieh uns hilfsbereit seinen Piloten Sepp Gertis.

Gertis erwies sich als ausgezeichneter Schleppilot, vor allem als es im Laufe der von uns durchgeführten Versuchsreihe darauf ankam, die Grenze festzustellen, bis zu der er bei Seegang seine Maschine einsetzen konnte. Diese Aufgabe aber führte er ebenso umsichtig wie kaltblütig durch.

Für mich erwies es sich günstig, daß der Propellerwind auch bei heftiger Windstärke hinter der Motormaschine einen schmalen Streifen Kielwasser glättete. Auf diesem Streifen hielt ich mich mit meinem Segelflugzeug mühelos, während sich das Amphibium schwer durch die Wellen kämpfen mußte. Mein Abwassern ging im Schlepp des Dornier-Amphibiums auch bei großer Windstärke ohne Schwierigkeit.

Ich ließ mich hochschleppen und klinkte erst in großer Höhe aus.

Die Wetterwarten hatten Sturm angesagt, und die Wolken am Himmel zeigten ganz deutlich, daß sie recht gehabt hatten. Aber gerade dieses Wetter hatten wir für unsere Versuche erhofft, weil die Grenze der Landungsmöglichkeit auf dem Wasser bei hohem Wellengang erprobt werden sollte. Alle nur denkbaren Rettungsmöglichkeiten standen für mich bereit. Doch daran dachte ich noch nicht. Ich suchte mir zuerst eine Wolke, die mir den nötigen Aufwind sichern würde. Ich segelte, immer mit dem aufkommenden Sturm kämpfend, damit er mich bei meinem ständigen Kreisen nicht zu weit von meinem Landeziel, das ich wegen der Rettungsmöglichkeiten unbedingt einhalten mußte, abtrieb.

Unter mir sah ich an den ständig wachsenden Schaumkronen der Wellen, daß die Wettervorhersage sich bewahrheitet hatte. Kein Schiff war auf dem See zu sehen.

Wohl gut eine Stunde segelte ich, bis ich zur Landung ansetzte. Bei einer Geschwindigkeit von knapp fünfundfünfzig bis sechzig Kilometer setzte ich den „Seeadler", der gekielt war wie ein Boot, ganz weich auf dem Wasser auf. Doch dann rollten die Wellen heran und warfen ihn herum und kamen wieder, Berg und Tal in unabsehbarer Folge. Mein „Seeadler" aber saß wie eine Möwe darauf, tänzelnd über Schaum und Abgrund, unberührt von der Tücke und der Gewalt der Elemente. Boote konnten bei diesem Wetter nicht mehr ausgesetzt werden, um uns zu holen. Die Flugzeughallen, die direkt bis ans Wasser gebaut waren, setzten für solche Fälle einen Kran in Bewegung. Ich mußte nun versuchen, den Kranhaken zu fassen, um meinen „Seeadler" einzuklinken. Das ging nur, wenn ich mich auf die Fläche meiner Maschine stellte, wo ich nun mit ihr zusammen um das Gleichgewicht kämpfte.

Doch es ging alles gut, und der „Seeadler" konnte ohne Schaden eingebracht werden. Er hatte seine „Wassertaufe" bestanden. Damit aber war die gestellte Aufgabe gelöst.

Vom Bodensee ging es wieder zurück zum Chiemsee, um den „Seeadler" für eine Katapulterprobung einzusetzen. Ein neuartiges Katapult, wie es von Professor Madelung entwickelt wurde, sollte ermöglichen, lastenmäßig überladene Flugzeuge auf verhältnismäßig kleinem Flugfeld starten zu lassen. Normalerweise setzte der Start von solchen Maschinen, zum Beispiel von überladenen Transportflugzeugen, ein Riesenflugfeld voraus.

Die Verwendbarkeit des Katapults zu Lande war bereits erprobt. Ob es sich auch bei einem Start auf dem Wasser bewähren würde, stand noch offen.

Die ersten Versuche sollten mit einem Segelflugzeug durchgeführt werden. Dafür kam unser „Seeadler" in Frage.

Am Ufer des Chiemsees wurde das Katapult aufgestellt. Danach wurde ich mit dem „Seeadler" auf das Wasser gesetzt. Es handelt sich beim Madelung-Katapult um eine Startvorrichtung, bei der die Energie einer rotierenden Schwungmasse über ein Stahlseil und eine Seiltrommel mit wachsendem Durchmesser an das zu startende Flugzeug abgegeben werden sollte.

Während das verhältnismäßig kurze Seil vom Katapult rasch eingezogen wurde, sauste ich mit der Segelkiste direkt auf Land zu und damit auf das am Ufer aufgebaute Katapultgerüst.

Mir war gar nicht sehr wohl dabei zumute. Alles kam jetzt darauf an, den richtigen Augenblick zum Ausklinken abzupassen und dann mit einer geschickten Kurve wieder vom Land abzudrehen und auf dem Wasser zu landen. Auch hier handelte es sich wie bei vielen Erprobungen um eine Aufgabe, bei der nur große Vorsicht und Konzentration mithelfen konnten, den Mißerfolg zu vermeiden.

Die durchgeführten Erprobungen glückten, so daß weitere Versuche mit Motormaschinen aufgenommen werden konnten.

Die Aufgabe unseres Instituts für Segelflug innerhalb der DFS betraf nicht nur die Konstruktion von neuen Flugzeugtypen, wie ich sie mit dem „Kranich" oder dem „Sperber" unter anderen eingeflogen hatte, sondern auch die Behebung und Verbesserung von Mängeln an schon vorhandenen Typen.
Bei Abstürzen von Segelfliegern zum Beispiel wurde, soweit man einen generellen Fehler vermutete, der Typ der abgestürzten Maschine vom Amt für Flugsicherheit gesperrt und eine Maschine dieses Typs zur Untersuchung an die DFS, Forschungsanstalt für Segelflug, eingesandt. Dort wurde geprüft, wo Grund und Fehler des Absturzes liegen konnten, zugleich auch, ob eine Änderung größere Sicherheit gewährleisten würde.
Im Jahre 1936 häuften sich nun die Unfälle, die durch vermehrte Wolkenflüge entstanden, bei denen unerfahrene Segelflieger durch mangelnde Blindflugerfahrung die Maschine überbeanspruchten, so daß sie abmontierte, wobei es dem Segelflieger oft nicht mehr möglich war, sich durch Fallschirmabsprung zu retten.
Als die Unfallziffer ständig stieg, griff die deutsche Versuchsanstalt für Luftfahrtforschung in Berlin-Adlershof ein und befahl neue Festigkeitsbestimmungen für den Bau von Segelflugzeugen. Dieser Weg aber konnte nicht befriedigen; denn auch die festeste Maschine war durch brutales und leichtsinniges Behandeln zu Bruch zu bringen. Die neue Festigkeitsmasse würde daran nur wenig ändern, während die Leistungsminderung der Maschine erheblich sein würde. Der Konstrukteur und Institutsleiter, Hans Jacobs, faßte deshalb den Entschluß, nicht die Festigkeit zu erhöhen, sondern eine Brems-

wirkung zu schaffen, welche die Maschine auch im senkrechten Sturz eine bestimmte Geschwindigkeit nicht überschreiten ließ und zugleich stabilisierend wirkte. Zu diesem Zweck brachte er an Ober- und Unterseite der Flächen Bremsklappen an, bei denen sich die eine mit dem Wind, die andere gegen den Wind öffnete, wodurch die Betätigungskräfte aufgehoben wurden. Als Versuchsmaschine wählten wir den „Sperber".

Bei einem Versuch bedeutet es weder Schneid noch Mut, wollte der Pilot mit seiner Maschine gleich zu Beginn die gefährlichste Situation erproben. Ein solches Vorgehen wäre sogar unverantwortlich; denn Vorsicht bedeutet hier nicht – wie so oft von Laien angenommen wird – Feigheit, sondern die Garantie zum Erfolg.

Bei klarem Wetter starte ich heute und lasse mich mit der Motormaschine in etwa viertausend bis fünftausend Meter Höhe schleppen.

Ich fahre die Bremsklappen bei normaler Geschwindigkeit aus. Zunächst bemerke ich eine deutlich spürbar größere Sinkgeschwindigkeit und eine so offensichtliche Verringerung der Geschwindigkeit, daß ich sie, fast automatisch durch Tiefenruder, wieder auf ihre Ausgangsgeschwindigkeit erhöhe. Dann taste ich mich langsam vor.

Zehn Kilometer schneller ...

Zwanzig Kilometer schneller ...

und verharre auf jeder neu eingeleiteten Geschwindigkeitsstufe.

Deutlich spürbar fängt jetzt die Maschine an zu schütteln. Der Wirbel, der sich hinter den senkrecht im Luftraum stehenden Klappen bildet, ist hart. In seinem Bereich liegen die Flächen des Querruders und hinten am Leitwerk das Höhenruder. Beide Ruder werden zu immer stärkeren Schwingungen angefacht, so daß das ganze Flugzeug erzittert.

Ich beobachte jetzt die Maschine wie einen Feind, der mir noch fremd ist und dessen verborgene Tücken und Eigenschaften ich nicht kenne.

Meine Augen umfassen dabei alle im Blickwinkel liegenden Flugzeugteile.

Welche Veränderungen werden sich jetzt für mich sichtbar am Leitwerk und an den Flächen ergeben?

Was fühlt die Hand, was fühlt der Körper an auftretenden Schwingungen?

Wo setzt das Schütteln ein?

Wo liegt die Ursache?

Meine Hände liegen fester am Steuerknüppel, mein Körper preßt sich enger an Flugzeugwand und -sitz. Mein Ohr hört mit der Schärfe eines Tieres, das Gefahr wittert; denn auch Veränderungen von Geräuschen können wichtige Aufschlüsse geben und warnen.

Dann fahre ich die Klappen ein und breche die Versuche für kurze Zeit ab.

Ich überdenke kurz, was ich beobachtet, gehört, gespürt und gesehen habe und fasse es in einer kurzen Notiz zusammen. Nachdem ich damit fertig bin, will ich zu einem neuen Versuch ansetzen und wieder die Bremsklappen ausfahren, um steiler zu stürzen.

Plötzlich jedoch – für den Bruchteil von Sekunden – steht ein Bild vor meinen Augen!

Professor Georgii und Hans Jacobs, die jetzt vom Turm des Instituts in höchster Spannung mit Ferngläsern meinen Flug beobachten.

Für sie muß die Situation unerträglich sein. Denn sie können nichts tun, als warten, was mit dem silbergrauen Vogel wird, den sie über sich sehen und in dem sie mich wissen.

Ich dagegen darf handeln.

Wenn jetzt zum Beispiel die Schwingungen unvorhergesehen eine solche Härte erreichen sollten, daß sie eine Steuerfläche zu Bruch bringen, so bleibt mir nur noch der Fallschirm.

Die zwei auf dem Turm aber können auch dann nur zusehen und warten, Sekunden, die wie Ewigkeiten scheinen. Und erst, wenn sie eine schwebende, weiße Federwolke gegen den blaßblauen Himmel sichtbar werden sehen, wissen sie, daß sich der Fallschirm geöffnet hat. Ich fahre jetzt die Klappen neu aus und steigere die Geschwindigkeit. Wie erwartet, werden die Schwingungserscheinungen und das Schütteln so stark, daß es mir den Steuerknüppel aus den Händen schlägt. Ich weiß nun, daß die Klappen so, wie sie sind, nicht ohne Gefahr verwendbar sind. Ich muß deshalb den Versuch abbrechen.

Ich lande und bespreche meine Beobachtungen mit Hans Jacobs. Wir ändern die Bremsklappen durch Löcher und Schlitze, die den dahinterliegenden Wirbel dämpfen sollen.

Wieder steige ich auf und setze zum Versuch an. Tag für Tag, Woche für Woche wiederhole ich das. Und jeden Morgen begleitet mich dabei ein Brief von meiner Mutter, und immer von neuem gibt er mir völlige Ruhe. So tief ist ihr Vertrauen, daß ich in Gottes Hand stehe und mir nirgends und niemals etwas geschehen kann, wenn es nicht sein Wille ist, daß dieses starke Empfinden immer mehr auf mich übergeht. Läge aber mein Ende in Gottes Absicht, so würde es mich auch auf dem gefahrlosesten Fleck der Erde erreichen. Ich fühle, wie sie mich durch ihre Gedanken zu einer demütigen Bereitschaft förmlich zwingt.

Sie weiß, wie sehr ich das Fliegen, die Arbeit, die Versuche und das Leben liebe.

Sie weiß auch, daß ich nicht leichtsinnig bin. Doch ahnt sie die Gefährlichkeit jedes Versuches, und sie müßte nicht eine Mutter sein, wenn sie nicht um mein Leben bangte. Aber größer scheint ihr die Gefahr, die nach gelungenem Versuch der Erfolg mit sich bringt, und größer ist deshalb ihre Sorge, daß mich nicht Verblendung und Eitelkeit gefangennehmen. Sie wird nicht müde, mich immer wieder darauf hinzuweisen.

Und noch etwas spricht sie in ihren Briefen aus, die sie abends, wenn alle schon zur Ruhe gegangen sind, schreibt: Das Glück, welches sie mit mir darüber empfindet, daß jeder Versuchsflug dem Leben anderer und dem Namen Deutschlands dient.

Indessen setze ich meine täglichen Erprobungsflüge fort. Stets lasse ich mich dabei auf viertausend, fünftausend, sechstausend Meter schleppen. Langsam taste ich mich mit meinen Versuchen immer weiter vor, bis endlich die letzte Phase – der senkrechte Sturz – vor mir liegt.

Aus Erfahrung weiß ich, daß – auch dann, wenn die Maschine bei hoher Geschwindigkeit noch ruhig wie ein Brett in der Luft liegt – die kleinste Geschwindigkeitszunahme plötzlich Schwingungserscheinungen hervorrufen kann. Wenn das jetzt bei dieser letzten Phase meines Versuches eintreten sollte, wird die Maschine vielleicht nicht mehr halten.

Ich fühle Angst. Angst, die mich wie ein kurzer, würgender Griff packt.

In diesem Augenblick tritt die Versuchung an mich heran. Ich zögere. Ich brauche es nicht zu tun. Unter irgendeinem vorgegebenen Grund könnte ich mit der Maschine landen. Und morgen wieder aufsteigen. Es ist mein Leben, das ich zu verantworten habe.

Doch habe ich alles getan, was ich tun muß?

Und während sich meine Aufmerksam noch auf die Maschine konzentriert, tritt wieder plötzlich das Bild meiner Mutter vor mich. Ich weiß, neben der Liebe zu mir lebt kein anderes Gefühl in ihr so stark wie das eine, daß ich, über all ihre Sorge hinweg, mein mir vorgeschriebenes Leben zu erfüllen habe.

Und so setze ich jetzt, angespannt bis in den letzten Nerv, von neuem an zum Sturz in die Tiefe. Tausend, zweitausend, dreitausend Meter geht es senkrecht nach unten. Die Maschine liegt ruhig wie ein Brett in der Luft und überschreitet die Geschwindigkeit von zweihundert Kilometern in der Stunde nicht. Die Erde kommt näher und näher.

Etwa zweihundert Meter über dem Boden fange ich die Maschine ab, fahre die Bremsklappen ein und lande, während das Blut noch hart bis in die Schläfen pocht.

Der Konstrukteur, Hans Jacobs, Professor Georgii, die Fliegerkameraden und Monteure, kommen überglücklich auf mich zu und gratulieren. Zum erstenmal ist der Beweis erbracht, daß ein Segelflugzeug mit den neuen Bremsklappen gefahrlos senkrecht stürzen kann. Jetzt endlich können wir sagen, daß die Konstruktion ihren Zweck erfüllt.

Zweck der Versuche aber war: jedem Segelflugzeug durch Herausfahren der Bremsen eine möglichst geringe Endgeschwindigkeit zu geben und dadurch die Gefahr zu verringern, daß die Maschine im Sturz abmontiert.

Im Jahre 1936, im Jahre unserer Versuche, war die Einführung der Sturzflugbremsen von grundlegender Bedeutung, für die unser heutiges, mit Raketenflugzeugen, Düsenjägern und Weltraumschiffen arbeitendes Bewußtsein nicht mehr die richtige Einschätzung haben kann. Leben wir doch in einem Jahrhundert, das wie kein anderes in fast reißender Folge immer neue Erfindungen bringt. In einer solchen Zeit aber muß notwendig jede Erfindung eine Wertminderung erfahren und geht deshalb schnell in den Kreis unserer Vorstellungen als etwas Selbstverständliches ein.

Nachdem die Versuche abgeschlossen waren, regte Professor Georgii, der Leiter der DFS, an, die Sturzflugbremsen, deren Bedeutung jetzt klar erwiesen war, Udet vorzuführen.

Udet nahm die Einladung an und brachte General von Greim und auch andere Generale der Luftwaffe mit. Die Vorführung fand auf dem Flugplatz Darmstadt-Griesheim statt und verfehlte ihre Wirkung nicht.

Da die Verwendung der Bremsklappen für den Flieger eine erhebliche Steigerung der Sicherheit bedeutete, war Udet der Ansicht, daß ihre Verwendung auch bei bestimmten Militärmaschinen durchgeführt werden müsse.

Auf Udets Wunsch mußte ich deshalb im Frühjahr 1937 meine Sturzflüge vor den leitenden Flugzeugkonstrukteuren aller Flugzeugfirmen wiederholen, die auf diese anschauliche Weise die Wirkung der Bremsklappen erleben sollten.

Auch hier war der Eindruck dieses erstmalig senkrecht stürzenden Segelflugzeuges auf die Männer groß. Die Bedeutung der DFS als „Forschungsanstalt" rückte damit stärker in das Interesse und die Aufmerksamkeit jener Stellen, die sich in Deutschland mit der technischen Vervollkommnung des Flugwesens befaßten.

Selbstverständlich freute uns alle dieser Erfolg. Es war die Freude von forschenden Menschen, die ihre so oft von eigenen Zweifeln erfüllte Arbeit gekrönt sehen. Sie durften hoffen, daß ihre Arbeit dem Nutzen der Menschen dienen wird. Dieser Nutzen war hier die Sicherheit von ungezählten Leben.

Im Anschluß an die Erprobung der Sturzflugbremsen in Darmstadt-Griesheim wurde ich von Udet zum Flugkapitän ernannt. Es war zum erstenmal, daß dieser Titel einer Frau in Deutschland verliehen wurde. Durch diese Ernennung wurde außerdem auch die Möglichkeit geschaffen, in Zukunft Männern diesen Titel zu verleihen, die als Piloten in der Forschung tätig waren. Bis zu diesem Zeitpunkt erhielten nur Piloten der Lufthansa, nach der Erfüllung vorgeschriebener Bedingungen, diesen Titel.

Im Segelflug über die Alpen

„Triumphaler Erfolg deutscher Segelflieger – Fünf Deutsche überqueren erstmalig im Segelflugzeug die Alpen" ... so meldeten Rundfunk und Zeitungen. Einer dieser fünf war ich. Mein „Sperber-Junior", der mich hinübertrug, war eine Spezialausführung, die mir vom Konstrukteur Hans Jacobs wie ein Kleid angemessen war. Kein Mensch, der etwas breiter oder länger war, hätte in dem winzigen, fast röhrenartigen Rumpf Platz gefunden. Der Sitz war nicht gerade bequem; er war so eng, daß auch ich mich kaum rühren konnte. Die Flächen schienen mir wie eigene Flügel aus den Schultern zu wachsen. So bildeten mein „Sperber" und ich eine Einheit.

Es war Mai 1937. In Salzburg tagte die Internationale Studienkommission für motorlosen Flug (ISTUS) unter dem Vorsitz von Professor Georgii. Gleichzeitig fand ein internationales Segelfliegertreffen statt. Wir sollten im Wettstreit Zielflüge, Streckenflüge und Höhenflüge durchführen und möglichst in das Gebiet der Hochalpen vordringen. Wir waren ausgerüstet mit Notproviant, mit Leuchtraketen, Trillerpfeifen und allem, was für Notlandungen in den Bergen als Rettung dienen konnte.

Der Wettbewerb begann bei bestem Flugwetter. Der Himmel leuchtete tiefblau, die Sonne strahlte schon am frühen Morgen und erwärmte die steilen Hänge und Felswände der Vorberge. Langsam begannen sich über den höchsten Gipfeln und Graten aus zarten Schleiern kleine, weiße, runde Wolken zu bilden, die uns den Aufwind sichtbar machten. Es war ganz windstill, also ideal, um den ersten Versuch zu machen, sich in die Bergwelt vorzutasten.

Fünfhundert Meter über dem Flugplatz Salzburg mußte sich jeder Teilnehmer vom Schleppseil der Motormaschine lösen. Gegen zehn Uhr vormittags war ich zum Start an der Reihe. Sobald ich mich vom Schleppseil gelöst hatte, flog ich die Ostseite des Untersberges an, die die meiste Sonnenwärme aufgespeichert haben mußte. Zunächst war weit und breit nur Abwind. Ich ließ den Flugplatz seitlich hinter mir nicht aus dem Auge und flog so, daß ich ihn im Gleitflug jederzeit erreichen konnte, falls sich kein Aufwind finden ließ.

Als ich am Untersberg im Begriff war umzukehren, fing der „Sperber" leise an zu zittern. Das Variometer stieg ein wenig – kaum über Null – und blieb bei zehn bis zwanzig Zentimeter Steigen pro Sekunde stehen. Vorsichtig kreiste ich, um dieses schwache Aufwindfeld nicht zu verlieren. Ich hatte Glück, das Steigen wurde immer stärker, zuerst ein halber Meter pro Sekunde, dann ein Meter, dann eineinhalb Meter. Es bildete sich über mir ganz rasch und sichtbar wachsend eine Wolke, die mich zu sich emporzuziehen schien. Ich kreiste unentwegt und stieg und stieg, bis ich in fast zweitausend Meter Höhe den unteren Teil der Wolke erreicht hatte. Nun lag der Untersberg schon unter mir. Ich flog dem Grat entlang, weil sich an seinem westlichen Ende eine Wolke zu bilden begann. Ich war allein mit meinem „Sperber" in der Höhe. Die anderen Kameraden, die vor mir gestartet waren, waren zum Flugplatz zurückgekehrt und wieder gelandet. Es war noch reichlich früh am Tag, der Aufwind war schwach und nur vereinzelt. Ich kreiste wartend unter kleinen Wolkenfetzen, die sich meist über den höchsten Erhebungen bildeten. Für den heutigen Tag hatte ich kein anderes Ziel, als mit den Bergen Fühlung zu nehmen und

Umschau zu halten, denn das Gesicht der Berge war mir von oben gesehen neu. Es ist ein völlig anderes, als es der Bergsteiger erlebt. Für ihn bleibt Gipfel an Gipfel als ein festgefügtes Panorama. Für das Fliegerauge sind die Berge in ständiger Bewegung, sie scheinen sich zu öffnen und zu schließen, zu grüßen und zu drohen. Sie wechseln für den Fliegenden, mal in Licht, mal in Schatten getaucht, ihren Standort untereinander.

Nun sehe ich aus meiner Höhe schon weit in die Bergwelt hinein. In der Ferne schimmern im ewigen Schnee der Großglockner und Großvenediger. Unter mir dampfen die Täler. Die Nebel klettern die bewaldeten Hänge hinauf. Vor mir im Süden glitzert in erhabener Schönheit schneebedeckt der Watzmann, und östlich von ihm leuchtet aus sich teilenden Nebelschleiern smaragdgrün der Königssee. Ich beobachte, wie sich über dem Watzmann eine große, verlockende Wolke bildet. Ob ich in den Bereich des Aufwindes unter ihr gelangen kann? Ich fliege dem Lattengebirge entlang mit Kurs dahin; doch kaum verlasse ich den Bergrücken, gerate ich in Abwind. Mit vier Meter, mit fünf Meter, mit sechs Meter pro Sekunde zieht es mich hinunter. Ich spüre, wie mich Unruhe erfaßt und in die Versuchung treiben will, einmal nach links, einmal nach rechts tastend zu fliegen, um aus dem Abwindgebiet herauszukommen. Jetzt aber gilt nur eines: im direkten Kurs den nächsten Berg zu erreichen.

Meine stolze Höhe habe ich schnell eingebüßt. Schon bin ich unter tausend Meter. Die Wälder, die Dörfer, der Königssee wachsen zu mir herauf. Wo werde ich meinen „Junior" landen können, wenn der Abwind mich nicht mehr frei gibt? Jetzt darf ich nicht die Nerven verlieren. Schon bin ich am Fuß des Watzmanns in Höhe der Waldgrenze angelangt. Die Baumkronen sind schon dicht unter mir. Soll ich den Flug abbrechen und versuchen, den „Sperber-Junior" auf eine Wiese zu setzen? Sekunden der Entscheidung! Da plötzlich lupft es mich. Erst sanft, dann immer stärker, immer schneller, – das Variometer steigt einen Meter, dann zwei, dann drei Meter je Sekunde. Ich kreise steil und eng, ganz dicht am Hang, gerade so, als müßte meine Flügelspitze die Bäume berühren. Wir sind gerettet. Mein Vogel und ich scheinen dies gleichartig jubelnd und dankbar zu empfinden. Ich kreise noch immer im gleichen Aufwindkanal, der mit wachsender Höhe an Durchmesser gewinnt, so daß ich in flachen größeren Kreisen fliegen kann. Ganz dicht am Watzmannhaus vorbei zieht mein „Sperber-Junior" seine Bahn. Touristen stehen vor dem Haus und winken dem lautlosen Vogel zu, der, von unsichtbarer Kraft getragen, über sie hinwegsteigt. Muß es sie nicht wundersam berühren, wie er, kleiner und kleiner werdend, in Höhe und Einsamkeit entschwindet? ...

Nun habe ich die Höhe des Watzmanngipfels erreicht. Ich kreise weiter. Die Wolkenbasis dehnt sich entlang seines Grates aus. Zweitausendsiebenhundertundfünfzig Meter, – zweitausendachthundert Meter, zweitausendneunhundert Meter, dreitausend Meter. Jetzt umspielen mich die ersten Wolkenschleier. Der Aufwind aber nimmt ab. Die Wolke zieht mich nicht in sich hinein. Ich habe Zeit, mich umzuschauen. Unter mir leuchtet und glitzert der schneebedeckte Watzmann. Mit Leichtigkeit könnte ich im Gleitflug gen Norden den Flugplatz Salzburg erreichen. Zu erkennen ist er für mich nicht mehr. Doch will ich jetzt an Rückkehr gar nicht denken. Mich lockt und ruft die Gletscherwelt. Ob ich versuche, bis zu ihnen vorzustoßen? Dazwischen liegt noch eine Klippe: die schroffe Kette des Steinernen Meeres. Schon habe ich Kurs dorthin genommen. Doch kaum habe ich den Watzmann verlassen, geht es mit großer Sinkgeschwindigkeit, mit vier bis fünf Meter

je Sekunde, nach unten. Der Abwind läßt nicht nach. Jede Sekunde wird spannender. Das eben noch so stolze Glück der selbsterrungenen Höhe ist wie weggefegt. Längst ist der Grat des Steinernen Meeres höher, als ich mich mit meinem Vogel befinde, und jeden Augenblick wächst er vor mir drohend steiler in die Höhe, da ich unaufhaltsam sinke. Jetzt bin ich von Bergen ganz umschlossen, und spüre, wie die Angst nach mir greift. Wenn dies das Ende meines Fluges bedeuten sollte ...
Die Rumpfschnauze meines Vogels bleibt auf das Steinerne Meer gerichtet. Ich sinke weiterhin. Immer deutlicher vor mir erkenne ich das verwitterte, verwaschene Gestein seiner steilen Wände und Zacken. Doch über seinem Kamm bilden sich kleine Wolkenschleier, ein leiser Hoffnungsstrahl für mich. Werde ich sie aber je erreichen, bevor mein „Sperber" an den steinigen Hängen zerschellt?
Ein unheimliches Gefühl, die Bergwände immer höher anwachsen zu sehen! Unter mir keine Möglichkeit, den Vogel heil zu landen! Der blasse Schatten meines „Sperber-Juniors" zieht schon ganz nahe unter mir über den steinigen Boden. Die Angst würgt und schnürt meine Kehle. Da entdecke ich plötzlich, kaum dreißig Meter von mir entfernt, zwei Bergdohlen, die dicht an den Bergwänden kreisen. Ich fliege ganz nahe an sie heran, so nahe, daß ich fürchte, mit den Flächen die Felsen zu streifen. Und nun lupft es auch mich. Ganz vorsichtig beginne ich zu kreisen, in jedem Augenblick wie ein Vogel darauf gefaßt, falls mich ein Windstoß zu nahe an die Felswand treibt, im „Turn" den „Sperber" abzukippen. Die Bergdohlen behalte ich ständig im Auge. Sie steigen schneller, sind schon über mir, sie können es besser. Wie einem Lotsen fliege ich ihnen nach. Dort, wo die Spalten des Gesteines vertikal gerichtet sind, scheinen sie am schnellsten Höhe zu gewinnen. Ich folge ihnen kreisend. Nach einer mühsamen halben Stunde überfliege ich

in zweitausendsechshundertundsiebzig Meter Höhe den schneeblinkenden Grat des Steinernen Meeres. Meine zwei Freunde habe ich aus dem Auge verloren, aber kaum Faßliches zeigt sich jetzt meinem Blick. Gipfel an Gipfel in Eis und Schnee gehüllt, die Hohen Tauern, die Zillertaler, die Ötztaler Alpen. Groß und gewaltig stehen die schweigenden Gebilde von Fels und Firn. Südlich unter mir breitet sich das Salzachtal aus. Greifbar nahe leuchtet stolz und majestätisch der Großglockner.

Über dem Steinernen Meer fliege ich von Wolke zu Wolke, um die letzte Höhe, in die der Aufwind reicht, auszunutzen. Über dem Hochkönig trägt mich eine Wolke bis auf dreitausendfünfhundert Meter Höhe hinauf. Das, was ich kaum erträumte, wurde Wirklichkeit. Ich flog jetzt auf die Hohen Tauern zu. Der Zeller See lag winzig klein tief unter mir. Im Gleitflug überflog ich den Pinzgau. Ein kleiner Wolkenturm half mir, die verlorene Höhe des Gleitfluges wieder zu gewinnen. In fast viertausend Meter Höhe verließ ich ihn. Und was ich jetzt erblickte, können Worte kaum beschreiben:

Die ganze Bergwelt lag jetzt unter mir und schien wie für einen ewigen Feiertag in Licht und Glanz gehüllt. Einsam flog ich über die glitzernde, schweigende, schneebedeckte Pracht. Grünbläulich schillerten die Gletscher zu mir herauf. Ganz feierlich umflog ich den Großglockner, der mir wie ein mahnender Finger Gottes schien. „Du kleiner Mensch, – ist es nicht vermessen, was du hier tust? …" Ich schauderte vor Ehrfurcht. Es schien das Irdische mit aller Angst und Kleinheit von mir abzufallen. Zeit und Ewigkeit schienen sich zu berühren. Ich spürte nur, wie sich die Hände um den Steuerknüppel falteten und dicke Tränen mir die Wangen hinunterliefen. ------

Ich hatte Wettbewerb und Ziel vergessen – auch hatte ich vor Ergriffenheit nicht bemerkt, daß ich in meiner weißen, langen

Leinenhose, ohne Handschuhe in dieser eisigen Kälte mächtig fror. Als ich wie aus einem Traum erwachte, spürte ich, wie vor Kälte die Zähne aufeinanderschlugen und Hände und Füße so schmerzten, daß ich nur schwer Steuerknüppel und Pedale bedienen konnte. Mit dieser lauernden, neuen Gefahr hatte ich nicht gerechnet. Doch jetzt war das Schwierigste geschafft, jetzt durfte ich der Kälte wegen nicht aufgeben. Ich mußte an das Ziel des Wettbewerbs denken und lenkte meinen Vogel weiterhin nach Süden, wo wildzackig die Spitzen und Grate der Dolomiten zu mir herauf ragten. Vor Kälte waren meine Hände völlig starr. Nur mit den Handballen konnte ich den Steuerknüppel führen. Der Schmerz der absterbenden Glieder schien unerträglich. Ich mußte aber durchhalten. Meine Flugkarte konnte ich nicht mehr mit den klammen Händen greifen. Sie hätte mir auch nichts genutzt. Sie reichte nur im südlichsten Teil bis zum Großglockner. Ich hatte nicht geahnt, daß es mir beim ersten Versuch gelingen würde, so weit vorzudringen.

Die Dolomiten wirken erschreckend aus meiner Höhe; geradeso als wollten sie mich aufspießen. Auch der Aufwind über ihnen ist schwierig auszunutzen, da er im Durchmesser ganz eng begrenzt ist. Südwestlich von mir leuchten um die Marmolata blaugrüne Gletscher. Vor lauter Kälte bin ich kaum mehr fähig, die Schönheit in mich aufzunehmen. Links von mir, aus dem Südosten kommend, breitet sich eine schnellziehende Wolkendecke aus, die mich von der Erde abzuschneiden droht. Vor mir öffnet sich das Piavetal. Ich fliege nun im Gleitflug das versandete, steinige Flußbett der Piave entlang. Rechts und links liegen ungezählte Felder, die von Olivenbäumen gesäumt sind. Es muß nicht schön sein, hier landen zu müssen. Ich verliere jetzt schnell an Höhe. Die Wolkendecke hat sich als Regenwand mit großer Geschwindigkeit ausgebreitet. Sie schneidet mir den Weg nach Süden ab. Wo ich genau

bin, das ahne ich nicht. Regentropfen hämmern bereits auf meine Flächen. Das Tal wird immer enger. Im Flußbett zu landen, verlockt mich nicht. Ich kehre um und versuche, die zuletzt überflogene Ortschaft zu erreichen. Es ist Pieve di Cadore. Ich wußte es damals nicht. Ich sah zu meinem Entsetzen, daß eine Wiese zum Landen nicht vorhanden war. Im Ort erkannte ich eine Kaserne, deren Hof von drei Seiten durch Gebäude eingeschlossen war und deren offene Seite in einen Fußballplatz verlief. Das müßte zum Landen ausreichen! Doch eine Pappelreihe, die den Platz abschloß, sollte mir fast zum Verhängnis werden. Ich mußte sie landend überfliegen. Eben als ich kurz davor war, wurde ich von einer Fallböe erfaßt und hinuntergedrückt. Schon war ich tiefer als die Baumkronen. Der Vogel schien verloren. Jetzt mußte ich an meine eigene Rettung denken. Ich drückte in hoher Fahrt dicht an den Boden heran, um in der Mitte zwischen zwei Bäumen durchzurasen. Ich hoffte, daß die Flächen abreißen und der Rumpf mit mir am Boden entlang rutschen würde. Doch dicht vor den Bäumen spürte ich, wie ich in eine Aufwärtsböe gelangte, nutzte gleichzeitig den Fahrtüberschuß aus und zog meinen Vogel blitzschnell fast senkrecht in die Höhe. Er streifte leicht die Wipfel, sackte dahinter etwas durch und setzte etwas unsanft, aber heil am Boden auf. Ich glaube, ich blieb lange – nur in der Stille dankend – in meinem Vogel sitzen, bis mich ein Stimmengewirr heranlaufender italienischer Soldaten wie aus einem Traum weckte. Ich war vor Kälte weder fähig, ein Wort zu sprechen, noch selbständig auszusteigen. Die Italiener hoben mich heraus. Meinen Vogel aber trugen sie in jubelndem Triumph auf ihren Schultern bis vor die Kaserne.
Wochen waren vergangen. Längst war ich wieder in Darmstadt in meiner Forschungstätigkeit. Jeden Morgen aber schlich ich mich in die Halle, in der mein „Sperber-Junior" stand und

streichelte zärtlich seine Flächen und hielt leise Zwiesprache mit ihm.

Weißt du noch …

Er war mein treuester Kamerad und hatte mit mir erlebt, was bis dahin noch niemand erlebt hatte. Er hatte ein Menschenkind im Segelflug über die Alpen getragen.

Udet beruft mich an die Flugerprobungsstelle nach Rechlin

Die Wochen und Monate kamen und gingen ins Land. Die Erprobung der Sturzflugbremsen war abgeschlossen und das kleine Institutsfest zu Ehren meiner Ernennung als Flugkapitän verrauscht. Wir arbeiteten an neuen Plänen und Versuchen.

Die deutsche Flugzeugindustrie hatte inzwischen die Anregung Udets aufgegriffen und betrieb nun den Einbau der Sturzflugbremsen bei Militärmaschinen.

Die Erprobungsstelle für Militärmaschinen war in Rechlin. Es war September 1937, als mich Udet dorthin berief, um die mit den neuen Bremsvorrichtungen versehenen Maschinen nachzufliegen.

Ich setzte damit meine ersten Schritte auf militärisches Gelände und ahnte nicht, daß ich jetzt einen Lebensabschnitt begann, der mich in den folgenden Jahren immer stärker in die Militärfliegerei hineinziehen sollte.

Bisher hatte ich niemals Gelegenheit gehabt, Militärmaschinen zu erproben. In Rechlin flog ich nun die verschiedensten Typen: Stukas, Bomber, Jagdmaschinen und was sonst vorhanden war. Ich müßte nicht mit Leib und Seele vom Fliegen erfüllt sein, wenn diese Flüge nicht für mich ein großes Erlebnis bedeutet hätten.

Und mehr.

Ich wurde hier zum erstenmal in eine Aufgabe hineingestellt, die ausschließlich dem Mann vorbehalten war. Wenn sie auch nur vorbereitend den Charakter des Soldatischen trug, so schien sie mir doch eine vaterländische Aufgabe zu sein, deren Gewicht und Verantwortung mir mehr Auszeichnung war, als Titel oder Ehrung es hätten sein können.

Daß diese Auffassung von anderen nicht immer geteilt wurde, sollte ich damals schon in Rechlin erfahren. Meine Berufung hatte dort natürlich Überraschung ausgelöst und bei vielen auch Mißfallen.

Als ich an einem kühlen, aber klaren Septembermorgen auf dem Flugplatz Rechlin landete, war unter denen, die mich begrüßten, auch Deutschlands bester Einflieger, Karl Franke, den ich bereits in Zürich bei einem internationalen Flugmeeting im August desselben Jahres kennengelernt hatte. Herzlich und kameradschaftlich hieß er mich willkommen. Ich achtete in dieser Stunde nicht darauf, daß die Haltung von anderen sehr reserviert war. Doch dann – beim täglichen Fliegen – konnte es nicht ausbleiben, daß ich die Abwehr des Mannes gegen mein „Eindringen" spürte. Sie trat gelegentlich und bei Kleinigkeiten zutage.

Was in Gottes Namen hatte hier eine Frau zu suchen? Frauen taugten nicht zum Soldatenspiel.

Vor meinen Augen steht das Bild des Flugplatzes von Rechlin, auf dem ich jetzt für einige Wochen zu Hause sein sollte. Es war anders als das Bild von Darmstadt-Griesheim. Dort standen vielleicht zur selben Stunde auch die großen Vögel auf dem Flugfeld, zwei oder drei, mit schmalem silbernen Leib und leicht wie die Schwalben oder die segelnden Wolken, an die man dachte, wenn man sie sah.

Hier in Rechlin dachte man nicht in solchen Vergleichen. Hier standen Stukas, Bomber und auch andere Typen von Militärmaschinen auf dem weiten Flugplatz. Ein drohender, verschlossener Ernst ging von ihnen aus. Natürlich empfand ich es wohl stärker, als ein Mann es empfinden konnte.

Und da waren die schnellen Jäger. Man dachte an Pfeile, die zielen.

Dazu der Lärm auf dem Flugplatz, das Donnern und Heulen der Motoren, wenn die Maschinen starten wollten, und das Abklingen, wenn sie landeten und auf dem Feld ausrollten.

Deutschland rüstete auf. Wir sahen es. Die Welt sah es. Doch wir sahen es mit anderen Augen als die Welt.

Krieg?

Wir jungen Menschen wollten den Frieden. Den Frieden, aber den gerechten, der uns leben ließ. Das deutsche Volk wollte ihn, auch wenn es die Welt heute nicht mehr wahrhaben will. Ein Volk, das in der Mitte zwischen anderen Völkern einen engen Wohnraum hat und jetzt, nach den Jahren der Armut und Unsicherheit, wieder Brot sah und einen Aufstieg erlebte und wußte, daß in der Welt stets der Schwache bedroht sein wird, und weil es glaubte, wie alle ein Recht auf Schutz zu haben, sah es in der wehrmäßigen Erstarkung ein Erstarken seiner Kraft und die Möglichkeit, den Frieden zu wahren. Welches andere Volk in der Welt hätte dabei nicht berechtigten Stolz empfunden?

So habe ich diese Jahre erlebt und ahnte nichts von der Tragödie, die sich bereits vorbereitete.

„Wenn du den Frieden willst, sei für den Krieg vorbereitet." So sah ich sie, ohne daß ich an dieses Wort der Römer gedacht hätte: die Stukas, die Bomber, die Jäger – Wächter vor den Toren des Friedens.

Und so flog ich sie, jeden Flug in dem Gefühl, mit meiner Vorsicht und Zuverlässigkeit jene zu schützen, die nach mir als Piloten in der Kanzel sitzen würden, und daß wiederum jeder einzelne von ihnen allein durch sein Da-Sein jenes Land schützen würde, das ich eben im Flug unter mir sah: Land mit Äckern und Feldern, mit Bergen und Hügeln, Wäldern und Wassern. Land, das es auf der Erde vielleicht großartiger gab und doch nur dieses eine für mich, weil es meine Heimat war. War es nicht wert, dafür zu fliegen?

In Rechlin gewöhnten sich auch jene, denen „Weiber" auf dem Flugplatz ein Greuel waren, daran, daß ich da war. Die sachliche Arbeit trug letzten Endes den Sieg über persönliche Voreingenommenheit und männliche Ressentiments davon. So war es eigentlich nur natürlich, daß die Verbindung zu Rechlin auch dann nicht abbrach, als ich wieder nach Darmstadt an die DFS zurückgekehrt war, obwohl ich erst wieder im Krieg in Rechlin zu größeren Erprobungen eingesetzt werden sollte.

Ich fliege mit dem Focke-Hubschrauber

Wer in den Februartagen 1938 in Berlin war, sah von weitem schon von den Litfaßsäulen die grellbunten Farben eines übergroßen Plakates leuchten: Kisuaheli!

Der exotische Klang des Wortes und die exotischen Farben zogen an. Man blieb stehen, las und begriff: „Deutschlandhalle, Kisuaheli. Mit dreihundert Stundenkilometer durch die Tropen!"

Jedesmal, wenn ich das Plakat sah, gab es mir einen Stich; denn mein Name stand auch darauf. Ich gehörte zu dem bunten

Völkchen, das hier angezeigt war, zu den tanzenden Girls und den Fakiren, den Clowns, den Schwarzen und den Weißen. So lasen es die Menschen, und so formte es sich in ihrer Vorstellung, wenn sie sich eine Eintrittskarte kauften. Letzte Nummer: Hanna Reitsch fliegt den Hubschrauber.

Es gab Fliegerfreunde, die mir deswegen erzürnt Vorhaltungen machten; denn nach ihrer Meinung hatte ich nicht nur meinen Eltern und Geschwistern gegenüber die Verpflichtung, sondern war es auch meinem Ruf als Flieger und Flugkapitän schuldig, mich nicht für irgendeine billige Attraktion herzugeben.

Doch gerade das, was sie von mir erwarteten, war der Grund, warum mein Name hier stand. Was für sie wie eine Schaustellung schien und wie eine Bloßstellung wirkte, war geboren aus eben diesem ernstesten Interesse, das ein Flieger an der Entwicklung des Flugwesens nehmen konnte.

Denn mit dem Flug des Hubschraubers in der geschlossenen Deutschlandhalle vor einem internationalen Publikum sollte erstmalig in der Welt ein Hallenflug gezeigt und damit der Beweis erbracht werden, daß Deutschland es war, das die Lösung des Hubschrauberproblems gefunden hatte.

Dieser Gedanke stammte von Udet. Ich begriff, daß es sich um eine Aufgabe und das Ansehen deutscher Technik in der Welt handelte, und gab meine Zusage, den Hubschrauber in der Deutschlandhalle zu fliegen. Unter dieser Begründung waren auch meine Eltern einverstanden. Es mochte ihnen dabei nicht anders zumute gewesen sein als mir, wenn sie das kleine Programmheft mit den bunten Photos von Mädchen, Palmen und Negern in ihren Händen hielten. Mutter würde schon wieder das rechte Wort finden. War sie doch mit meinem Vater immer darin einig gewesen, daß jeder Mensch seinem Vaterland in Freiheit dienen sollte. In diesem Gedanken hatte sie uns Kinder erzogen, und nach diesem Grundsatz hatten die

Eltern gehandelt, wenn sie ihre Zustimmung dazu gegeben hatten, daß ich jetzt drei Wochen lang vor einer vieltausendköpfigen Menge nach dem farbigen Wirbel von Akrobatik, Tanz und Clownerie den Hubschrauber flog.

Fliegen ist eine uralte Sehnsucht des Menschen. Trotzdem scheint es uns heute erstaunlich, daß man sich schon seit Jahrhunderten mit dem Problem des Hubschraubers beschäftigt hat. Das beweisen uns Zeichnungen von Leonardo da Vinci, die um 1500 entstanden sind.

Aus ihnen sehen wir, daß er sich nicht nur mit dem Problem des Fliegens überhaupt beschäftigte, sondern darüber hinaus auch mit dem Problem des senkrechten Aufstiegs, des Stehenbleibens in jeder Höhe, des Vorwärts- und Rückwärtsfliegens. Jahrhundertelang blieb es jedoch bei Gedanken, Theorien, Plänen und Versuchen, bis es 1937 Professor Focke in Bremen gelang, die erste, für die Praxis brauchbare Lösung zu finden. Er verwandte dabei den Rumpf einer vorhandenen Maschine, stattete ihn jedoch nicht mir zwei flächenhaften Flügeln aus, sondern mit zwei Rotoren, die durch einen Motor angetrieben wurden. Die Blätter der Rotore änderten während der Umdrehung, über Nocken gesteuert, ihre Anstellwinkel. Dadurch wurde ein senkrechtes Aufsteigen, ein Stehen in der Luft in jeder Höhe, ein Vorwärts- und Rückwärtsfliegen möglich. Die ersten Versuche, die sein Pilot Rolf durchführte, verliefen befriedigend.

Vorerst wahrte man der Öffentlichkeit gegenüber noch das Geheimnis, doch lief schon die Kunde davon in führenden Fliegerkreisen von Mund zu Mund. Die Erfindung war für alle Flieger ein Wunder. Schier unglaublich schien es, daß man zum Fliegen nicht mehr „Fahrt" brauchen sollte. „Fahrt" bedeutete doch beim Fliegen das halbe Leben, denn ohne ausreichende Geschwindigkeit mußte normalerweise ein Flugzeug abstürzen. Ich sah Udet, der natürlich als Leiter des Technischen Amtes im Luftfahrtministerium größtes Interesse an jeder fliegerischen Neuentwicklung hatte, aufgeregt wie ich ihn bisher nie gesehen hatte.

Diese Tatsache muß man sich heute, da der Hubschrauber eine Selbstverständlichkeit ist und in allen Größen als Verkehrs-, Fracht- und Postflugzeug eingesetzt wird, vor Augen halten, um die Bedeutung der Erfindung voll ermessen zu können.

Damals schien uns der Hubschrauber ein Märchen aus „Tausendundeine Nacht".

Wir Flieger dachten an Vögel und Insekten. Wer von ihnen hatte die Fähigkeit, in der Luft stehen zu bleiben? Unter den viele Arten, die den Himmel bevölkern, gibt es nur einige wenige, die Lerche zum Beispiel, die Libelle, den Kolibri …

Aber sie bleiben Ausnahmen, und es ihnen nachtun zu wollen, schien uns fast eine Versuchung der Natur, vielleicht sogar unlösbar wie das Perpetuum mobile.

Rolf, der Versuchspilot von Focke, hatte den Hubschrauber eingeflogen. Zum Nachfliegen rief Professor Focke Karl Franke aus Rechlin. Da ich zu dieser Zeit gerade dort war, schlug mir Franke vor, ihn mit der „Do 17", einer damals modernen Kampfmaschine, von der er wußte, daß ich sie besonders gern flog, nach Bremen zu bringen.

Ich nahm den Vorschlag mit Freude an. Mich lockte dabei nicht nur der Flug, sondern vor allem auch die Gelegenheit, den Hubschrauber besichtigen zu können, dessen Flugeigenschaften jedem Flieger geradezu eine Sensation bedeuteten. Ich ahnte nicht, daß – wie so oft in meinem Leben – wieder einmal eine glückliche Fügung eingreifen sollte. Professor Focke nämlich glaubte, daß ich mit Franke zum Nachfliegen des Hubschraubers gekommen sei, und hieß uns in diesem Sinn beide willkommen.

Ich war über diesen Irrtum fast benommen vor Glück, und Franke war kameradschaftlich genug, die Situation zu belassen, wie sie sich ergeben hatte.

Auf das Fliegen des Hubschraubers bereitete ich mich nach meiner alten, bewährten Methode vor, indem ich mich zuerst an Hand der technischen Unterlagen und Zeichnungen geistig mit dem Prinzip des Hubschraubers auseinandersetzte. Dabei wurde mir bereits klar, daß sich hier viel mehr, als ich es bisher geahnt hatte, für den Flieger völliges Neuland auftat. Dies betraf sowohl Konstruktion wie Handhabung. Der Flieger mußte, wenn er den Hubschrauber flog, gänzlich ausschalten, was ihm bisher beim Fliegen in Fleisch und Blut übergegangen war. Mit großer Spannung sah ich unserem Start entgegen.

Jedes Flugzeug ist in seinen Maßen sperrig, wirkt jedoch in seiner modernen Formgebung für das Auge schön, schnittig und elegant. Der Hubschrauber erinnerte mit seinem Gestänge und Gerüst und seiner Spannweite von fast fünfzehn Metern an ein großes, vorsintflutliches Vogeltier.

Franke flog zuerst. Man hatte dazu den Hubschrauber an ein nur wenige Meter langes Seil befestigt, das im Erdboden verankert war, so daß er beim Fliegen diesen sehr kleinen Radius nicht überschreiten konnte.

Auf diese Weise war allerdings die Gefahr auf ein Minimum verringert. Mir schien jedoch die Methode weder besonders glücklich noch erfolgreich zu sein, da sie dem Flieger keine Möglichkeit beließ, sich fliegerisch vorzutasten. Trotzdem bemächtigte sich meiner eine tiefe Erregung, denn ein Flugzeug senkrecht vom Boden sich abheben und steigen zu sehen, zu beobachten wie es rückwärts oder seitwärts flog, ja in der Luft stehenblieb, war bei dem damaligen Stand des Fliegens so unwahrscheinlich, daß der Anblick auf einen Flieger wie eine Offenbarung wirken mußte. Hier schien sich wirklich ein neues Tor für die Fliegerei aufzutun.

Nach Franke flog ich, und nie werde ich diesen ersten Flug, der ja auch nur ein Vortasten war, vergessen. Auf meinen Wunsch hatte man den Hubschrauber von seinen Fesseln gelöst und mitten in einen großen Kreidekreis gestellt, den ich auf den Boden hatte zeichnen lassen. Als ich einstieg, wußte ich, daß die gewohnten Griffe nun nicht mehr die gewohnte fliegerische Reaktion auslösen würden.

Die Maschine war offen, ohne Kabine gebaut. Wenn ich herausschaute, konnte ich die beiden Räder sehen. Ich benutzte sie als Visier, über das ich kleinste Vor- oder Rückwärtsbewegungen über den Kreidekreis hinaus korrigieren konnte.

Ich gab jetzt langsam Gas und damit stieg die Tourenzahl der Rotoren. Dabei achtete ich angestrengt darauf, den Steuerknüppel in Normalstellung zu halten, um jede Vorwärts- oder Rückwärtsbewegung zu vermeiden. Langsam und zügig gab ich mehr und mehr Gas. Und erlebte wirklich das Wunder! Die Maschine hob sich ganz senkrecht vom Boden ab, als würde sie an einem unsichtbaren Seil hinaufgezogen. Schon war ich zehn, ja zwanzig Meter senkrecht aufgestiegen und immer über dem Kreidekreis geblieben. Je mehr ich Gas gab, um so mehr stieg ich.

Professor Focke und die Konstrukteure, die unten standen und mit Spannung zuschauten, wurden meinem Blick kleiner und kleiner.

Schon hatte ich fünfzig, achtzig, hundert Meter Höhe senkrecht steigend erreicht. Wie ein Rausch hatte es mich gepackt. Ich nahm jetzt sacht den Gashebel zurück. Das Steigen verringerte sich, bis ich schließlich weder stieg noch sank und unbeweglich in der Luft stand.

Auch das war Wirklichkeit!

Wenn ich hochschaute, sah ich zwar nur das ungefüge Gestänge der Maschine, und wenn ich nach unten sah, über die Räder hinweg, den Boden. Doch das spielte jetzt keine Rolle. Ich dachte an die Lerche, an diesen kleinen, leichten Vogel, der über den Feldern steht. Sein schönstes Geheimnis hatte ihm nun der Mensch entrissen. Seine Sehnsucht war es, die ihn verführt hat, es ihm nachzutun, senkrecht sonnenwärts zu steigen, wie er, sonnennah zu sein, und zwischen Himmel und Erde im Flug still zu stehen.

Tief hole ich Atem und bin wieder bei Steuerknüppel und Gashebel, fliege rückwärts, fliege seitwärts und wieder zur Mitte des Kreises unter mir, um mich dann fast senkrecht herunterzulassen und genau an der Stelle zu landen, an der ich gestartet war.

Es war Franke, der mir als erster die Hand drückte und zu diesem Flug gratulierte und freimütig und kameradschaftlich sagte: „Mit dir, Hanna, gehe ich nicht mehr auf Erprobung. Du schadest meinem Renommee."

Wir beide flogen nun abwechselnd und lernten auf diese Weise immer mehr die unbekannten Flugmöglichkeiten des Hubschraubers kennen.

Wenige Wochen darauf stattete der bekannte amerikanische Flieger, Oberst Lindbergh, Deutschland einen Besuch ab.

Mir fiel es zu, Lindbergh den Hubschrauber in Bremen vorzuführen, wozu ich mir ein wirkungsvolles Programm ausgedacht hatte. Lindbergh, dessen natürliches und schlichtes Wesen ihm überall, wo er erschien, die Herzen zufliegen ließ, war von dem Hubschrauber so beeindruckt, daß er ihn sein bisher stärkstes technisch-fliegerisches Erlebnis nannte, ein Wort, das unsere Herzen in freudigem Stolz höher schlagen ließ.

Danach bekam ich den Auftrag, den Hubschrauber nach Berlin-Staaken zu fliegen. Dort sollte eine Vorführung vor Generalen aller Wehrmachtsteile stattfinden. Der Flug erfolgte in Etappen, wobei jeder einzelne einen neuen Weltrekord für den Hubschrauber darstellte.

Inzwischen hatte das Luftfahrtministerium den Tag der Vorführung festgesetzt. Die Kunde von dem merkwürdigen Vogel mit den unwahrscheinlichen Flugmöglichkeiten hatte sich herumgesprochen und so war die Spannung – gemischt aus Skepsis und Neugier – groß.

Unverhofft sollte jedoch der Hubschrauber einen stillen Antipoden finden: Udet.

Das war um so merkwürdiger, da er es gerade war, der dem Hubschrauber von Anfang an ein besonderes Interesse entgegengebracht hatte und sowohl seine Vorführung vor Lindbergh wie auch diese hier in Staaken veranlaßt hatte.

Trotzdem blieb ihm der Hubschrauber innerlich fremd. Er hat ihn auch später nie selbst geflogen. Wohl erkannte er seine große Bedeutung, förderte deshalb auch seine Entwicklung und Popularität. Zum Fliegen aber bevorzugte er den „Fieseler Storch", den er im August 1937 auf dem internationalen Flugmeeting in Zürich zum erstenmal vorgeflogen hatte.

Udet aber war nicht nur ein hervorragender Flieger, nicht nur ein unerschrockener Draufgänger, er hatte auch jene sympathischen Eigenschaften, die den Mann in gewissen Situationen des Lebens wieder zu einem großen Jungen machen.

Udet beschloß, am Vorführungstag den „Fieseler Storch" in unausgesprochener stiller Konkurrenz ebenfalls zu fliegen.

Doch an diesem Tag war dichter Nebel, so daß man kaum

fünfzig Meter weit sehen konnte. Bei derartigem Wetter ist eine normale Flugvorführung, die Sicht und Höhe fordert, nicht durchführbar. Ich war jedoch mit meinem Hubschrauber nicht davon abhängig und hatte deshalb auch keinen Grund, die Vorführung abzusagen.

Anders war natürlich die Lage für den „Fieseler Storch", der zu seiner Vorführung wie jedes normale Flugzeug gerade jene Voraussetzungen benötigte, die für den Hubschrauber fortfielen.
Ich gab meinen Entschluß bekannt. Auch Udet wollte nun fliegen, trotz Nebel und mangelnder Sicht.
Da war unter der glänzenden Uniform des Generals etwas von dem Trotz eines Jungen – eines liebenswerten, großen Jungen!
Wir stiegen beide in unsere Maschinen.
Der „Fieseler Storch" eröffnete das Programm.
Udet startete.
Er gab Gas, rollte mit der Maschine eine kurze Strecke über das Feld und hob nun vom Boden ab, direkt auf das Haus der Flugleitung zu, das etwa achtzig Meter von uns entfernt stand.
Unwillkürlich tat jeder einen tiefen Atemzug und schloß sekundenlang die Augen. Mußte jetzt nicht der „Storch" an der Wand zerschellen?
Man wartete erschrocken noch einen weiteren Bruchteil von Sekunden auf das Krachen und Zerbrechen von Flügelflächen. Dann aber, als nichts geschah, wagte man wieder hoch zu schauen und sah – – – nichts. Nur das Ohr hörte das immer schwächer werdende Geräusch einer Maschine und man war nun beruhigt, weil man ahnte, daß Udet den „Fieseler Storch", in seiner meisterhaften Art des Fliegens, fast senkrecht an der

Wand hochgezogen hatte. Doch gesehen hatte es niemand. Der Nebel hatte das Bild verschluckt.

Dann kam mein Start. Mir machte es der Hubschrauber leicht. Ich gab Gas und blieb schon in fünf Meter Höhe für jeden noch sichtbar stehen, flog danach dicht an die Zuschauer heran und senkte mich vor ihnen wie zu einem Gruß. Dann stieg ich wieder senkrecht hoch und verharrte nun dicht über ihren Köpfen. Wer mich jetzt sehen wollte, mußte seinen Hut festhalten. Doch es war schon vorbei, denn ich flog nun etwas seitlich und flog nun alle Figuren, die man mit keinem anderen Flugzeug fliegen kann, dabei auf jedem Meter Höhe stehenbleibend, um mich endlich senkrecht vor den Gästen niederzulassen.

Die Begeisterung bei den Zuschauern war groß, und Udet, der sich inzwischen vorsichtig tastend durch den Nebel zurückgefunden hatte, teilte sie rückhaltlos; denn er gehörte zu den Menschen, die groß genug sind, Lob und Anerkennung auch dann zu zollen, wenn es gegen das eigene Interesse geht.

Dieses Ereignis und die Gegenwart der Befehlshaber der Wehrmacht wurden benutzt, um mir, für vorangegangene Erprobungen an Militärmaschinen, als erster Frau das Militärfliegerabzeichen zu überreichen.

Udet faßte nun den Plan, den Hubschrauber der breiten Öffentlichkeit in der geschlossenen Deutschlandhalle vorzuführen, im Rahmen der internationalen Automobilausstellung, die alljährlich im Frühjahr in Berlin stattfand und stets viele ausländische Besucher anzog.

Während der Ausstellung fand regelmäßig in der Deutschlandhalle eine Art Revue statt, die in diesem Jahre mit der Vorführung des Hubschraubers enden sollte.

Der Gedanke von Udet kam aus der Überlegung, daß es für die deutsche Fluggeschichte wichtig sein würde, die erstmalige

Lösung des Hubschrauberproblems vor aller Welt festzuhalten, insbesondere da bereits ausländische Zeitschriften die Berichte über den Hubschrauber zu widerlegen suchten.

Zunächst sollte ich einmal feststellen, ob überhaupt ein Fliegen in einer geschlossenen Halle gefahrlos durchführbar wäre; nach gelungenem Versuch sollte ich als Attraktion des ersten Abends selbst fliegen. Danach sollte ein anderer Pilot die Vorführung während der folgenden drei Wochen, die programmäßig vorgesehen waren, fortsetzen.

Schon die ersten Flüge mit dem Hubschrauber zeigten, daß Udets Plan durchführbar war. Mein eigenes Prinzip war dabei von Anfang an, möglichst so hoch zu fliegen, wie es der Bau der Halle eben zuließ. Der Erfolg beim Publikum mußte natürlich davon abhängen, daß jeder, auch wer auf dem höchsten Rang saß, den Hubschrauber über sich sehen konnte. Soweit der Hubschrauber jedoch unter Augenhöhe der Zuschauer bleiben würde, mußte für Skeptische der Eindruck entstehen, daß die Maschine am Boden rollte.

Mein Partner fand diese Art des Fliegens zu gefährlich und lehnte sie ab. Er ging mit dem Hubschrauber grundsätzlich nicht höher als einige Meter. Meine Überlegung dagegen war folgende:

Wenn die Maschine technisch nicht vollkommene Sicherheit garantierte, war es nicht zu verantworten, ein solches Wagnis über den Köpfen von Tausenden von Menschen zu unternehmen, gleichgültig ob niedrig oder hoch. Die technische Sicherheit der Maschine aber hatte der Konstrukteur zu verantworten. Ich war mir des Fliegens völlig sicher. Dann aber spielte die Höhe, als Quelle einer Gefahr, keine Rolle.

Nachdem wir einige Tage trainiert hatten, überraschte uns an einem Sonntagmorgen die Generalität der Luftwaffe mit ihren

Angehörigen, die vom ersten Rang aus unserem Fliegen zusahen.

Mein Partner flog zuerst und die Zuschauer verfolgten diesen Flug mit wahrhaft atemloser Spannung. Doch da er auch jetzt nicht von seiner Methode abwich, nur wenige Meter hoch zu fliegen, blieb die Maschine immer im Wirbelbereich der reflektierten Luft, etwa fünf bis sechs Meter über dem Boden. Ein ständiges Schwanken des Hubschraubers war die Folge, das auf die Zuschauer beängstigend wirken mußte.

Danach flog ich, dann wieder mein Partner, jeder auf seine eigene Art. Kaum aber war mein Pilot mit seiner Maschine zum zweitenmal hochgestiegen, als ich ein feines metallenes Knacken zu hören glaubte. Im nächsten Augenblick krachte auch schon die noch mit vollem Motor laufende Maschine auf den Boden.

Ich warf mich auf die Erde, während die Splitter der zerschellten Rotore um mich herum streuten. Dann war es still. Totenstill, wie mir schien. Ich wagte kaum den Kopf zu heben. Doch jetzt kam Bewegung in die völlig erstarrten Zuschauer. Man schrie, sprang auf und rief nach Feuerlöschern, da die Maschinen zu rauchen begann. Mir jedoch fiel es wie ein Stein vom Herzen: der Pilot stieg unversehrt aus den Trümmern.

Die Untersuchung ergab später, daß ein Kardangelenk infolge Materialschadens gebrochen war, ein Vorgang, der ganz ungewöhnlich war und ganz selten eintritt. Es war demnach kein Grund gegeben, die Vorführung des Hubschraubers gänzlich abzusagen. Deshalb wahrte man auch der Öffentlichkeit gegenüber Stillschweigen.

Nach diesem Zwischenfall erlaubte jedoch Göring die Vorführung in der Deutschlandhalle nur unter der Bedingung, daß ich selbst an jedem Abend des vorgesehenen drei Wochenprogramms fliegen würde, weil ich nach Ansicht der Fachleute die Maschine am besten beherrschte.

Ich muß gestehen, daß mich dieser Gedanke heftig erschreckte. Gewiß, Fliegen gehört zu meiner Natur. Doch das gerade setzt Ernst, Sachlichkeit und Hingabe voraus.

Nun aber sollte das, was mir wie mein eigenes Leben lieb und heilig war, einbezogen werden in ein attraktives Revueprogramm, in den Übermut und das heitere Lächeln der leichten Muse? Dazu sollte ich meinen Namen hergeben?

Ich sah sie im Geist alle gegen mich aufstehen: Meine Widersacher, die spöttisch lächeln würden, da sie nun die Hoffnung haben durften, mich bald als Varieténummer auch anderswo zu sehen, meine Fliegerkameraden, welche dieser Tatsache verständnislos gegenüberstehen würden, meine Freunde, denen ich das ehrliche Entsetzen vom Gesicht ablas. Vor allem aber meine Eltern.

Als sie davon hörten, riefen sie mich zu sich. Sie zeigten sich groß und voll Verständnis dafür, daß mein Ruf und Name, die ihnen in Gefahr zu stehen schienen, in diesem Fall dem deutschen Ansehen in der Welt dienen sollten.

Ich kannte meine Mutter gut genug, um zu wissen, daß ihr mein Auftreten im Rahmen einer Revue so sehr gegen die Natur ging, daß sie bestimmt eine tiefe Abneigung dagegen nie würde überwinden können. Aber ihr Verstand suchte ja immer ihr starkes Gemüt zu beschwichtigen. Die Sache, die ich da zu leisten hatte, war eine einmalige, im Augenblick konnte niemand anderer sie durchführen als ich, sie würde Deutschlands Ansehen heben. Damit war diese Angelegenheit entschieden.

Denn meine Eltern liebten Deutschland mit der Innigkeit von Menschen, die – der Welt gegenüber großzügig in Auffassung und Geist – in der Heimat den Widerhall ihres eigenen Herzens fanden und ihr zugetan waren, wie Kinder es natürlicherweise Vater und Mutter gegenüber sind. Der Dienst an diesem Vaterland war ihnen deshalb eine so hohe Pflicht, daß sie ihn ganz in den Vordergrund stellten.

Diese Einstellung gab den Ausschlag.

Wieviel leichter war es jetzt, den Wert der übernommenen Aufgabe gegen die offenen und versteckten Anwürfe und auch gegen meine eigene Empfindlichkeit zu verteidigen!

Inzwischen war die zweite Maschine, die Udet von Bremen angefordert hatte, eingetroffen. Sie mußte nun in der Halle aufmontiert werden, da ihre Spannweite für die Tore zu groß war, um sie bereits fertig montiert hereinzubringen.

Es war ein recht buntes Bild, das in diesen Tagen in der Halle zu sehen war; denn neben den Technikern und Wissenschaftlern, die mit Rechenschieber und Winkelmaßen auf den Leitern standen und zusammen mit den Monteuren die Blattwinkel der Rotore kontrollierten, wirbelte schon ein seltsam durcheinandergewürfeltes Völkchen umher, wie ich es bisher nur aus Bilderbüchern kannte.

Hagere Männer mit muskulösen Armen trainierten an Stangen und Seilen. Leicht bekleidete Girls steppten mit Temperament und Präzision über die Bühne. Ein Clown watschelte umher, um überraschend einen Purzelbaum zu schlagen. Und dann die Neger! Sie hatten es uns am meisten angetan, denn wann hatte man schon vor 1945 in Deutschland Gelegenheit, diese dunkelhäutigen Gestalten zu sehen?

Mit Vorliebe saßen sie um den Hubschrauber herum und lasen, soweit sie uns nicht bei der Arbeit zusahen, in deutschen Zeitungen; denn sie waren – welche Enttäuschung – meist auf Ausstellungen geboren und kannten vom Urwald weniger als ich!

Die Arbeit an dem Hubschrauber ging ihrem Ende zu und der Tag der Eröffnung nahte.

Und plötzlich war alles ganz anders. Die Halle trug ein anderes Gesicht. Die Menschen, die hier herumliefen, die Artisten und die Tänzerinnen und selbst die Clowns waren nicht mehr die gleichen, die sie gestern waren, und ich war es auch nicht mehr. Eine undefinierbare Spannung, die täglich intensiver wurde, erfüllte uns alle.

Energisch versuchte ich mich davon zu befreien und mich innerlich ganz auf meine Aufgabe vorzubereiten. Das war nicht immer leicht; denn obwohl ich mich von der Außenwelt soweit wie möglich abschloß, ließ es sich natürlich doch nicht vermeiden, daß ich noch mit ihr in Berührung kam.

Da waren die Litfaßsäulen, die sich – selbst wenn ich im Wagen möglichst schnell durch die Straßen meinem Hotel zufuhr, mit ihren schreienden bunten Kisuaheli-Plakaten nicht einfach übersehen ließen. Da waren die Fliegerkameraden und Freunde, die sich nicht ganz aus meinem Gesichtskreis bannen ließen, denen ich Rede und Antwort stehen mußte, und mein Bruder, der Marineoffizier war und mich beschwor, die Vorstellung nicht zu fliegen. Und dazu kam noch das bühnenmäßige Einüben des deutschen Grußes, mit dem ich mich nach dem Flug von dem Publikum verabschieden sollte, eine Zeremonie, die vor Udet stattfand. Ich lernte dabei, daß es Schwierigeres gibt als in einer geschlossenen Halle den Hubschrauber zu fliegen, und es kostete mich manches Exerzieren an Udet vorbei, der währenddessen mit einer Zigarre in einem bequemen Sessel saß, ehe ich den Gruß zu seiner Zufriedenheit beherrschte.

Nun saß ich neben Udet in der Loge der Deutschlandhalle und erlebte den ersten Teil der Eröffnungsvorstellung, da mein eigener Auftritt erst ganz zum Schluß – nicht vor halb zwölf Uhr nachts – sein würde. Rauchen war während der Vorstellung streng verboten. Doch Udet, nervös, wie ich ihn

Charles Lindbergh
nach meiner Hubschrauber-
Vorführung 1937
bei Focke-Wulf in Bremen

Segelfluglandung in Libyen

Seillandeversuche, um mit Beobachtungsflugzeugen auf knappstem Raum auf einem Schiff landen zu können

Bomber mit Abweiser gegen Sperrballonseile

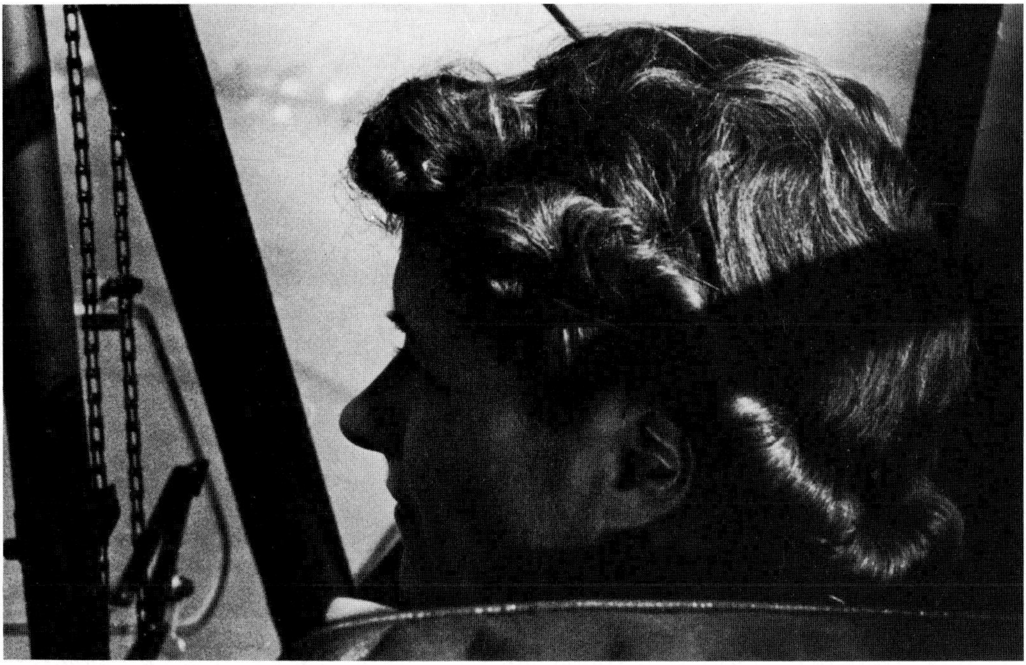

Im November 1943 im „Fieseler Storch"

Mit Prof. W. Messerschmitt (rechts) und Prof. Alexander Lippisch
während Versuchsflügen mit der Raketenmaschine „Me 163 B"

Erster Hallenflug der Welt mit Focke-Hubschrauber „FW 61"
in der Deutschlandhalle Berlin 1938

bisher nie erlebt hatte, zerdrückte eine brennende Zigarette nach der anderen, um sich dazwischen immer wieder nach meinem Zustand zu erkundigen. Er konnte es nicht begreifen, daß ich nicht vom Lampenfieber gepackt war. Doch ich wußte um die Bedeutung meiner Aufgabe. Ich kannte die Verantwortung, die ich trug, und sah deshalb darin nur einen Grund zu der heißen Bitte an Gott, daß alles gut gehen möge. Doch neben Udet würde ich unweigerlich nervös werden müssen; denn das Fieber, das ihn erfaßt hatte, wirkte auf einen empfindlichen Menschen wie eine Ansteckung. Ich benutzte deshalb die erste Pause, um mich unbemerkt aus der Loge zu entfernen und von irgendeinem Platz aus die Vorführung weiter zu verfolgen, bis es soweit war, daß ich mich fertig machen mußte.

Das Programm des Abends war – wie es die Ankündigung schon verriet – auf den Kolonialgedanken abgestellt, der in diesen Jahren verstärkt an Kraft gewann.

Geschickt hatte man meine Vorführung in das allgemeine Programm eingebaut. Der Rahmen vermittelte dem Publikum die Illusion einer afrikanischen Landschaft mit Palmen, Negerdorf und allem exotischen Beiwerk. Der Hubschrauer stand – dem Publikum noch verborgen – in einem Eingeborenenzelt. Seine abendliche Einführung hatte man sich wirkungsvoll ausgedacht. Nachdem die Revue, das heißt das eigentliche Programm abgelaufen war, erloschen sekundenlang alle Lichter. Danach wurde es ebenso unvermittelt wieder hell. Riesige Scheinwerfer bestrahlten jetzt das Zelt, welches sich langsam öffnete, so daß der Hubschrauber sichtbar wurde, um von einigen Monteuren in schneeweißen Anzügen in die Arena der Halle geschoben zu werden.

In der Halle herrschte eine fast feierliche Spannung, die mir mehr schien als die Spannung vor einer erwarteten Sensation.

„Deutschland" stand einfach und schön in großen Buchstaben an dem silbernen Rumpf des Hubschraubers. Meine Augen grüßten die Inschrift, und mein Herz grüßte das Land, ehe ich jetzt einstieg und meine erste Vorführung flog.

Über den Lautsprecher wurde währenddessen eine geschichtliche und technische Einführung über den Hubschrauber gegeben. Zum Schluß wurde das Publikum aufgefordert, Hüte und alle beweglichen Gegenstände, die möglicherweise in die Luft gewirbelt werden konnten, festzuhalten, da sie nicht nur für die Rotore, sondern auch für die Menschen in der Halle eine Gefahr werden konnten.

Für mich war der Anblick der vieltausendköpfigen Menge im Parkett und auf den Rängen, von denen jeder irgend etwas krampfhaft festhielt und zugleich zu mir hochstarrte, als ich mich nun vom Boden erhob, fast amüsant und, obwohl meine Aufmerksamkeit nur dem Hubschrauber galt, nahm ich es noch auf. Zu meiner Überraschung jedoch spürte ich, daß heute etwas anders war als sonst. Die Maschine wies eine geringere Leistungsfähigkeit auf als in den Tagen und Wochen vorher. Ich fand vorerst keine Erklärung dafür. Es mußte mit etwas zusammenhängen, das mir an diesem Abend noch unklar blieb. Erst als ich auch am folgenden Abend mit der gleichen Schwierigkeit zu kämpfen hatte, kam mir ein Gedanke, der von den Technikern zuerst mit einer Handbewegung abgetan wurde, sich dann aber überraschend als richtig erwies: die riesige Menschenmenge in der Halle verbrauchte einen Teil des Sauerstoffes, den der Motor benötigte.

Ich veranlaßte deshalb, daß vor dem Flug die Türen der Halle weit geöffnet wurden, was verständlicherweise erheblichen Protest hervorrief, da der entstehende Durchzug gewiß keine Annehmlichkeit für das Publikum war. Doch mußte ich trotzdem darauf bestehen; denn ich mußte beim Fliegen genügend

Leistungsüberschuß haben, um gegen die stehenden Wirbel angehen zu können. Sie waren ständig, wenn auch nur gering, zu spüren. Wie ich gehofft hatte, trat die gewünschte Wirkung ein.

Die Zuschauer folgten dem Flug anfänglich mit großer Spannung. Doch schon nach kurzer Zeit ließen Spannung und Begeisterung merklich nach, und als ich schließlich landete, war der Beifall nur mäßig.

Die braven Berliner waren enttäuscht; denn nach ihrer Auffassung war ich ihnen die Sensation schuldig geblieben, die ihnen das Programm versprochen hatte. Mit dreihundert Kilometer je Stunde durch die Tropen! Das hatten sie erwartet. Statt dessen sahen sie den Riesenvogel langsam aufsteigen, in der Luft stehen bleiben, um danach seitwärts, vorwärts- und rückwärts zu fliegen, immer in dem gleichen ruhigen Zeitmaß, das fast etwas Feierliches an sich hatte, von ihnen aber nur als langweilig und uninteressant empfunden wurde. Und hinzu kam die ganz ruhige Landung.

„Det sollen dreihundert Sachen sin? Det kann ja jeder. Die kann ja jarnich richtig schnell. Soll uns doch mal wat vorfliegen."

So murrten sie.

Und noch einer war enttäuscht: Udet.

Er hatte sich innerlich auf einen orkanartigen Beifall eingestellt. Nun mußte er einsehen, daß er das technische Verständnis der breiten Masse weit überschätzt hatte.

Ich hatte an diesem Abend wenig Sinn für Beifall oder Schweigen der Zuschauer; denn in mir drängte, nachdem ich fertig war und die Spannung sich allmählich löste, alles danach, ins Hotel zu kommen und allein zu sein. Die Stille nach dem Flug, die mir erst nachträglich bewußt wurde, konnte auch Ergriffenheit gewesen sein, so wie ich still dankbar war, daß die Vorführung ohne Zwischenfälle verlaufen war. Auch war das Gefühl einer kleinen Beschämung nicht ganz überwunden, wenn ich an den Rahmen dachte, in dem ich Abend für Abend auftreten mußte. Jahre hatte ich gebraucht, um mir als Mädchen einen ernsthaften fliegerischen und technischen Ruf zu schaffen, der mit dem Titel des Flugkapitäns bestätigt worden war. Dieses hier aber mußte den Nichteingeweihten als ein billiges Mittel zu Propaganda und Popularität erscheinen. Ich aber mußte dazu schweigen.

Die Nacht nach diesem ersten Abend verging, und ein neuer Tag brach an. Udet hatte mir für die Dauer meiner Vorführungen seinen eigenen Wagen zur Verfügung gestellt, damit ich mich völlig frei und ungebunden nach meinem Wunsch bewegen konnte und von niemanden abhängig war. Tagsüber hielt ich mich meist im Hotel auf. Doch ließ es sich natürlich nicht vermeiden, daß ich diesen und jenen Gang tat.

Am Morgen nach der Vorführung suchte ich ein in unmittelbarer Nähe des Hotels gelegenes Friseurgeschäft auf. Die Verkäuferin hinter dem Ladentisch musterte mich aufmerksam, nachdem ich meine Wünsche vorgebracht hatte.

„Ach Fräuleinchen", meinte sie dann wohlwollend und vertraulich, „ick kenne Sie doch von jestern abend, Sie traten doch in der Deutschlandhalle uff."

Sie hatte recht.

Wie sehr wünschte ich mir in diesen Tagen eine Tarnkappe! Wo ich ging und stand, wurde ich von Fremden angesprochen. Einmal war es ein etwas seltsam ausschauendes weibliches Wesen, das mich unvermutet am Arm packte und festhielt: „Sie sind doch Hanna Reitsch", sagte sie energisch, „mir sind Kollejen!"

Ich schaute sie etwas zweifelnd an.

„Ick trete nämlich ooch in de Deutschlandhalle uff", fuhr sie

212

sprudelnd fort, „ick hab Sie jesehen. Det, wat Sie da machen mit dem Miefquirl da (Hubschrauber) det ha'k schon janz ähnlich mit drei Jahren jemacht. Da bin ick schon mit'n Fahrrad über't Seil jefahrn. Ick bin nämlich Turmseilkünstlerin." Fast war es mit meiner Fassung vorbei, aber meine „Kollegin" hatte noch nicht alles vorgebracht.

„Kenn' Se die Machowskan, die da jrad vor Ihre Nummer dran kommt?"

Ich dachte einen Augenblick angestrengt nach und sagte dann etwas voreilig:

„Das ist doch so ein merkwürdiges Fakirweib."

„Ja, ja", meinte sie, „det is meine Cousine."

Die Vorführungen nahmen ihren Fortgang, und die ehrliche Begeisterung, ja Ergriffenheit aller derjenigen, die technisch oder fliegerisch genügend vorgebildet waren, um die Bedeutung des Hubschraubers und die Schwierigkeit dieses Fluges richtig einschätzen zu können, setzte sich in den folgenden Wochen auch in der breiten Masse durch. Auch das Echo der Welt, die in großer Aufmachung in ihrer Presse davon berichtete, blieb nicht aus. So wurde die Vorführung des Hubschraubers zuletzt doch noch, was sie hatte werden sollen: ein Lob deutschen Geistes und deutscher Technik. Der Flug in der Deutschlandhalle war eine geschichtliche Festlegung des Anspruchs auf ein Erstrecht.

Doch es gab auch Widersacher. Es gab eine holländische Zeitung, die dem Hubschrauber seinen Wert absprechen wollte. Der Hubschrauber war gar nicht in der Deutschlandhalle senkrecht auf- und abgestiegen. Er hing ganz einfach mit einem Seil verbunden an einem Haken, der an der hohen Decke, dem bloßen Augen nicht sichtbar, befestigt war. Man hatte es mit dem Fernglas festgestellt. Das Ganze war nichts anderes als ein deutscher Trick gewesen.

Wie tiefgehend im übrigen der Eindruck dieser Tage in der Welt war, sollte ich noch einmal viele Jahre später bestätigt finden, als mir 1945 in den Tagen der Besetzung Deutschlands durch alliierte Truppen ein amerikanisches Soldatenmagazin in die Hände fiel und ich beim flüchtigen Durchblättern unvermutet meinen Namen las. Als ich mich, neugierig geworden, mit dem Inhalt des Heftes näher befaßte, entdeckte ich, daß es sich um eine populäre Darstellung des Hubschraubrfluges in der Deutschlandhalle handelte, denn der Hubschrauber ist seit dieser ersten Vorführung ständig weiter entwickelt worden, vor allem in Amerika. Und während ich interessiert las, was darüber geschrieben stand, dachte ich an Udet, dem Deutschland dies und vieles andere zu danken hat.

In Vertretung Udets bei den internationalen Air Races in den USA

Im August des Jahres 1938 sollte Udet bei den internationalen Air Races in Cleveland (Ohio) teilnehmen. Da er verhindert war, schlug er seinen amerikanischen Freunden vor, mich in seiner Vertretung herüberzuholen. Außer mir nahmen noch zwei deutsche Kameraden, Graf Hagenburg und Emil Kropf, teil.

„Wir fahren nach Amerika ....“

Irgendwo hatte ich es Kinder auf der Straße singen hören. Und da lag es vor mir – die Einfahrt von Manhattan, die Freiheitsstatue, die Wand der Wolkenkratzer ... jenes Bild, das hundertmal schon beschrieben, jeden Europäer, der es zum erstenmal sieht, begeistert, bewegt, mit Staunen erfüllt.

Nachdem der Dampfer an der Pier angelegt hatte, wurde ich irgendwo hin geschoben, dirigiert durch ein Gewimmel von

Menschen hindurch, die das Schiff verließen oder empfangs-
freudig auf das Schiff kamen, Reisende, Polizei, Beamte, Ge-
päck- und Lastenträger. Man fragte mich etwas, und ich bemühte mich, die fremde Rede zu verstehen und so gut es ging
darauf zu antworten; es war nur eine Zunge in dem babylo-
nischen Sprachgewirr um mich herum. Ich ließ micht tragen,
wohin mich die Welle schlug, tausend Eindrücke nahm ich
in dieser Stunde auf, und sie verwischten sich in meinem Innern wie Farben, die ineinander überfließen, ohne Form und
feste Konturen halten zu können.

Aber als ich dann auf meinem Hotelbett lag - im wievielten
Stock? - und erschöpft von den ersten Eindrücken ausruhte,
klang es immer noch in meinen Ohren nach, was sich die Lastenträger zugerufen hatten –

„What a hell goes on –– what a hell goes on! ...

Das Wort gefiel mir. Es war ein Fluch und doch keiner wie mir
schien. Die Schiffer, die Dockarbeiter und Gepäckträger in
Hamburg oder Bremen konnten sich daran ein Beispiel
nehmen.

Zum Ausruhen blieb nicht viel Zeit. Das amerikanische Tempo
packte uns gleich vom ersten Tag an. Aber ich wollte es gar
nicht anders. Acht Tage hatten wir für New York Zeit. Sie würden nicht genügen, um auch nur einen kleinen Teil dieser ungeheuren Stadt richtig aufnehmen zu können.

Bevor ich hierher kam, wußte ich bereits, daß es Wolkenkratzer
gab, die dreihundert Meter hoch waren.

In dreihundert Meter Höhe hatte ich meine Geschicklichkeits-
prüfung im Motorfliegen ablegen müssen. Für einen Anfänger
im Fliegen ist das schon eine beachtliche Höhe. Aber ich hatte
noch niemals vor einer Wand gestanden, die dreihundert Meter
hoch war. Wenn ich jetzt versuchte, daran hinaufzuschauen
und mit meinen Augen den letzten Stein zu erreichen, so fiel

sie zwar keineswegs vorneüber und begrub mich, aber ich schrumpfte auf einmal zusammen, wurde ganz klein – ein Pilz, fast ein Nichts. ......

Das war Jules Verne. Diese Stadt, die funktionell war wie ein mechanisches Gehirn, erschreckend großartig in ihrer bis zur Nacktheit entblößten Sachlichkeit von Stein, Beton und Stahl. Hinreißend und zugleich ein Alpdruck, der sich auf die Brust legte.

Doch ich erlebte auch ihre Schönheit.

Nachts, wenn ich mich von allen verabschiedet hatte, fuhr ich hinauf bis zum letzten Stock. Hier, wo weder ein Restaurant noch eine Vergnügungsstätte, sondern nur Dach war, sah ich nun New York zu meinen Füßen liegen, und New York, das bedeutete zu dieser Stunde Milliarden von funkelnden, gleissenden Lichtern, zwischen denen die Hochhäuser ein silhouettenhaftes, schier unwirkliches Dasein führten.

Soweit mein Auge blickte, von West nach Ost, von Norden nach Süden, Licht an Licht bis da, wo sich der nächtlich blaue Himmel auf den Rand der Erde neigte.

Und hier begann Gottes Sternenteppich. Es mußte gerade da sein, wo das rastlose Gehirn von New York zu denken aufhörte, wo nicht zwischen Wolkenkratzern brodelnder Lärm aus Unrast und Enge stieg. Es mußte sein, wo das Land weit wurde und ganz ursprünglich war, der Hudson sein breites Bett mit grünen Ufern schmückte, mit dunklen Wäldern, aus denen das Geheimnis noch nicht ganz entronnen war, wo es Frühling gab und man das Herbstlaub fallen sah und die Erde zur Nacht schwieg. ----

Ja, auch das gehörte zu dieser Stadt, die ich mit fieberhaftem Eifer zu begreifen suchte.

Ich erlebte, was alle Europäer erleben, die nach Amerika kommen: aus Reisebeschreibungen und Berichten glaubt man

Amerika und die Amerikaner zu kennen. Danach ist es ein Wunderland der Technik, jedoch ohne Seele und Gemüt und daher ohne Kultur. Leben heißt dort business, und business bedeutet money.

Alle meine Bekannten dachten so. Es gab deshalb nur ehrliches Entsetzen, als sie hörten, daß ich hinüber reisen würde. Auch meine Mutter war in banger Sorge. „Ich wage nicht zu bitten, Gott lasse kein Schiff dein Flugzeug mitnehmen", schrieb sie mir, und ihre tiefe Besorgnis gegen meinen Eintritt in dieses wesensfremde Land klang durch ihre Worte.

Nach der Vorstellung aller gab es keinen größeren Gegensatz zwischen meiner Art und dem amerikanischen Lebensstil, der, nach ihrer Meinung, bei mir wie die Faust aufs Auge wirken mußte.

Nur Udet dachte anders. Er kannte Amerika und paßte mit seinem Humor und seiner Natürlichkeit und seinem ausgesprochenen Sinn für publicity wunderbar dorthin, und nach seiner Meinung würde ich es auch tun.

Er sollte recht behalten. Vom ersten Tag an wirkte Amerika auf mich anziehend wie ein Magnet. Es war neuartig in jedem und allem, gänzlich uneuropäisch, obwohl es soviele Züge des alten Europas trug, aber überwältigend in der Unbefangenheit seiner Lebensart.

Ich sollte dies schon in den ersten Tagen zu meinen eigenen Gunsten erfahren, als uns deutschen Fliegern zu Ehren irgendwo in New York ein großer Empfang gegeben wurde. Er fand in einem Saal statt, dessen Ausmaße allein schon alles übertraf, was ich bisher an ähnlichem gesehen hatte. Ein Meer von Menschen empfing uns mit begeistertem Beifallsklatschen. Transparente, von Wand zu Wand gespannt, hießen uns willkommen, Musik setzte ein, und danach wurden viele Reden gehalten, die wir zwar nicht wörtlich verstanden, deren freundlicher Sinn jedoch eindeutig war. Daraus ergab sich für uns die Notwendigkeit zu antworten und zu danken. Meine beiden Fliegerkameraden stimmten für mich, da ich nach ihrer Meinung das beste Englisch sprach. Es blieb mir nicht anderes übrig, als mich zum Podium zu begeben. Angesichts meiner geringen Sprachpraxis fand ich die Situation einfach grotesk, so sehr, daß sie mich unwiderstehlich zum Lachen reizte.

Die Reaktion erfolgte sofort. Es war, als ob ich den Menschen ein Stichwort gegeben hätte, das sie aufforderte, fröhlich zu sein. Und die Fröhlichkeit griff um sich, ergriff auch mich, und ohne irgendwelches Lampenfieber zu haben, hielt ich so gut ich konnte, meine Rede. Sie war weder geistreich noch sehr inhaltsvoll und sicherlich voller Sprachfehler, aber ich sagte, was mir aus dem Herzen kam: daß mir Amerika gefiel. So gut gefiel, daß ich nach diesen ersten Stunden in New York nicht wußte, – und plötzlich war das Wort da – what a hell goes on in future then.....

Die Wirkung war unbeschreiblich!

Ein Orkan brach los, und es schien nie wieder Ruhe eintreten zu wollen. Donnerndes Lachen und Beifallklatschen: für das Ohr war das eine nicht vom anderen zu unterscheiden. Das Wort schien alle tollen Geister gerufen zu haben. Eine gewisse Verlegenheit machte sich jetzt doch leise bei mir geltend. Aber ich merkte, daß Verlegenheit offenbar ein europäisches Requisit ist und hier völlig unangebracht war. Deshalb zog ich es vor, in das allgemeine Gelächter miteinzustimmen, ohne daß ich jedoch gewußt hätte, was der Grund zu diesem Ausbruch war.

Ich ging zu meinem Platz zurück und erfuhr ihn.

„What a hell goes on" war ein Wort, das niemals eine Dame in den Mund nehmen durfte, denn es hatte das Odium eines recht vulgären Fluches.

Doch Amerika verargte mir das Wort nicht. Es verhalf mir sogar zu einer unerwarteten Popularität. Die Zeitungen brachten die Geschichte am anderen Tag in großen Zeilen, und wo ich hinkam, wurde ich freundlich und begeistert daraufhin angesprochen: Oh, you are the lady who ... Denn der Amerikaner besitzt, was uns Deutschen oft abgeht: Humor. Wer jemals frühmorgens in Amerika einen Omnibus benutzt hat, kennt das Bild: junge Männer, alte Männer, Arbeiter, Angestellte, Wissenschaftler und Kaufleute, alle Gesichter hinter einer Zeitung verborgen. Plötzlich schüttelt sich einer vor Lachen, und wie ich hinschaue, sehe ich einen zweiten und noch einen, und als ich endlich aussteige, habe ich die Vorstellung, daß jeder einmal gelacht hat. Die Vorstellung ist durchaus nicht falsch, wie mir später klar wurde, als ich erfuhr, daß kein Amerikaner, weder der gebildete noch ungebildete, es jemals versäumt, die Witzseite seiner Zeitung zu lesen.

Udet hatte recht. Mir gefiel das Land.

Es war gänzlich anders als Europa, und die Menschen gänzlich anders als ich: aber gerade das, was meine Freunde für mich gefürchtet hatten, wurde eine wohltuende Entspannung. Ich spürte sie schon, nachdem ich nur einige Tage da war; denn die Menschen kamen mir so aufgeschlossen und bereit entgegen, daß ich sie geradezu als herzlich empfand. Diese natürliche, unkonventionelle Art sich zu geben, war ihr Wesen. Es hatte zwar nicht die Patina einer alten Kultur, wie sie die Konvention an sich trägt, eher die naive Art von ganz jungen Menschen. Dafür strahlte sie Kraft aus, ohne im geringsten eine Belastung zu sein, während ich mir plötzlich der Schwere der jahrhundertealten Kultur und Tradition Europas bewußt wurde.

Das eine schien mir an Wert nicht geringer als das andere, und das eine schien Mängel ebenso wie das andere zu haben. Ich ließ mich jedoch jetzt von dem freundlichen Strom tragen und hätte gern manches davon mitgenommen zu dem geliebten, alten Europa, zu meinen deutschen Freunden, manches, was mir lernens- und lehrenswert schien.

Andere Länder – andere Sitten!

Dieses Wort hat seine Gültigkeit und niemand hat, weiß Gott, Grund, überheblich zu sein.

Der amerikanische Mann trägt seiner Frau die Einkaufstasche, schiebt auf der Straße den Kinderwagen und hilft ihr beim Abwaschen des Geschirrs. Das ist eine andere Art der Ritterlichkeit, als sie in der Vorstellungswelt des deutschen Mannes lebt, der nicht lieblos ist, wenn er es nicht tut, aber auch nicht unbedingt männlicher. Gegenüber dem amerikanischen Mann glaubt allerdings der deutsche Mann, das männliche Prinzip unverfälschter zu vertreten, ohne sich klarzumachen, daß sich die soziale Struktur der Familie schon seit fast einem Jahrhundert entscheidend gewandelt hat, so daß er eigentlich zu einer anderen Einstellung kommen müßte.

In Nordamerika ist es die Frau, die sich ihres Wertes gegenüber dem anderen Geschlecht außerordentlich stark bewußt ist. Die deutsche Frau stellt dies leicht befremdet fest.

Aber nirgends sah ich Frauen, die adretter in ihrem Aussehen und Sich-Geben gewesen wären, als sie es hier waren. Für mich war es einfach eine Augenfreude, sie zu sehen, wobei ich nicht die Frage aufwerfen will, ob es zur deutschen Frau passen würde, den Lebensstil der Amerikanerin vorbehaltlos zu übernehmen.

Drei Wochen Aufenthalt, die mir zur Verfügung standen, waren für Amerika weniger als ein Augenblick. Es kann deshalb nicht mehr als eine skizzenhafte Andeutung sein, was ich hier an Eindrücken und Erinnerungen wiedergebe. Amerika hat Schattenseiten, wie jedes Land sie hat, und seine Menschen haben Fehler und Mängel, wie sie die Menschen überall haben. Der amerikanische Mann fiel mir durch seine natürliche Ritterlichkeit und seine Zurückhaltung auf, die mir, wohin ich auch ging, begegnete, so daß ich sie als Allgemeingut hinnehmen muß. Die amerikanische Frau gefiel mir wegen ihrer gefälligen Erscheinung.

Dazwischen liegt eine ganze Skala von Werten, die besonders das Verhältnis von Mann und Frau angehen, die ich jedoch in diesem Rahmen weder bestimmen noch erörtern kann. Und doch scheint mit dieses besondere, durch fast gering scheinende Äußerlichkeiten bestimmte Verhältnis zwischen Mann und Frau ein entscheidender Zug dieses Landes zu sein – dem man im allgemeinen nachsagt, daß es nur Geld und Arbeit kennt....

Ich flog von Chikago nach Washington, auf meinen Wunsch ganz privat, ohne den offiziellen Anhang, der uns als Gäste des Landes normalerweise begleitete. Mich interessierte auf diesem Flug nicht das Technische des Fliegens, sondern die Art, wie man als Passagier flog. Deshalb wählte ich beim Einsteigen den hintersten Platz. Von hier aus konnte ich die beiden Reihen der Passagiere vor mir gut überblicken.

Nach mir stieg ein Herr ein. Er wählte den letzten Platz auf der anderen Seite. Da sich dort in Höhe meines Sitzes eine Tür befand, hatte ich ihn auf diese Weise vor mir in meinem Blickfeld.

Die Maschine startete, und der Flug begann.

Wir hatten uns kaum vom Boden erhoben, als eine sehr freundliche, sehr hübsche Stewardeß den Passagieren Zeitungen und Zeitschriften brachte, nach ihren Wünschen fragte, an sie gestellte Fragen beantwortete und uns mit viel Aufmerksamkeit bediente. Doch obwohl sie zu jedem gewinnend und freundlich war, setzte ein gewisses Etwas in ihrem Benehmen jene Grenze, die jede Vertraulichkeit ausschließt. Ersichtlich viel Anliegen aber schien jener Herr links von mir zu haben, der die Stewardeß auffällig oft unter irgend einem Vorwand zu sich rief. Sie bediente ihn wie jeden Passagier mit jener liebenswürdigen Höflichkeit, die eine nicht zu übersehende Zurückhaltung zeigte.

Dem Wohlwollen dieses Herrn tat es keinen Abbruch, bis jener Augenblick kam – wir waren kaum zehn Minuten unterwegs – da er ihr einen leichten Klaps versetzte. Die Stewardeß machte wortlos kehrt und verschwand in der Kabine des Piloten. Kurz darauf machte auch das Flugzeug kehrt. Eine Wendung um hundertachtzig Grad; wir flogen zurück. Bei den Fluggästen leichtes Erstaunen, weil niemand der Grund bekannt war, aber schon hatten wir den Flugplatz, von dem wir gestartet waren, wieder erreicht. Die Maschine rollte vor, und plötzlich stand der Pilot vor jenem Herrn, dem er leise irgend etwas sagte. Dunkel stieg die Röte in das Gesicht des Angeredeten, während er sich verlegen erhob und – seine Koffer standen schon draußen –, das Flugzeug verließ.

Die Maschine erhob sich wieder vom Boden und nahm Kurs. Wie ein kurzer Stummfilm war die Szene vor mir abgerollt, von der die anderen Fluggäste kaum etwas bemerkt hatten.

Natürlich stellte ich Vergleiche an. Auch in diesem Fall. Wie hätte ein deutscher Pilot reagiert? Für mich war diese Art der Zurechtweisung einer Ungehörigkeit gegen eine Frau außerordentlich illustrierend; denn sie übertraf an Konsequenz und Bestimmtheit alles, was ich bisher erfahren hatte, ohne jedoch auch nur einen Augenblick lang eine peinliche Situation für die Stewardeß gegenüber den anderen Fluggästen herbeizuführen.

Lobe ich Amerika zu sehr?

Ich habe dort viel Lobenswertes kennengelernt, denn auf einer

Reise, die wie die unsrige unter dem günstigen Vorzeichen einer offiziellen Einladung stand, erlebt man ein Land gewöhnlich von seiner besten Seite. Daß Amerika auch Fehler hat, kann kein Grund sein, das Gute zu verschweigen; denn oftmals ist es ein Spiegel, in den man hineinschauen sollte, um sich selbst besser zu erkennen. Dies gilt für uns und gilt für die anderen.

Der Leiter der American Airlines hatte mich zur Besichtigung des Flughafens in Chikago eingeladen. Natürlich kam ich der Aufforderung gern nach.

Der erste Eindruck, den ich vom Flugplatz bekam, war enttäuschend. Am Rande des weiten Flugfeldes standen lediglich Hallen, die dazu dienten, die Maschinen aufzunehmen und ein, wie mir damals schien, recht anspruchsloses Verwaltungsgebäude. Es hielt in nichts den Vergleich mit dem, was ich mir von einem Weltflughafen – noch dazu in Amerika – vorgestellt hatte und konnte erst recht nicht konkurrieren mit dem zukünftigen Flughafen Tempelhof, so wie ich ihn von Bauplänen kannte. Tempelhof würde ein Beispiel an Repräsentation und Ausmaßen sein und – so war die unbewußte Schlußfolgerung – Chikago hätte es sein müssen. Daß es das nicht war, verführte mich in dieser Stunde zu einer stillen, inneren Überheblichkeit, die völlig unberechtigt war.

In diesem Gefühl betrat ich mit meinem Begleiter das Gebäude. Hier wickelte sich der gesamte Kundendienst von der ersten Anfrage bis zum Ausstellen des Flugscheines ab. Ich brauche nicht zu sagen, daß die Organisation nach den modernsten amerikanischen Arbeitsprinzipien aufgebaut war. Besonders eindrucksvoll für mich war, daß der ganze Kundenverkehr, so wie er sich hier in Fragen und Auskunfterteilung tagsüber abspielte, von eingebauten Aufnahmegeräten aufgenommen wurde. Die Angestellten waren verpflichtet, am

Abend das Gesprochene wenigstens teilweise abzuhören. Diese Einrichtung sollte ihrer Selbstkontrolle und Selbsterziehung dienen, indem sie jedem einzelnen ein völlig objektives Bild seines Verhaltens im Umgang mit den Kunden vermittelte.

Ich schämte mich meiner Überheblichkeit. Ich sah im Geist den großartigen Flughafen Tempelhof und das kleine innerdeutsche Verkehrsnetz und dagegen den Flughafen von Chikago mit seinen bescheidenen Bauten und dem Riesenverkehrsnetz über einen ganzen Kontinent. Und ich sah mich damals in Deutschland an einem Schalter stehen, Auskunft einzuholen, vielleicht sogar eine Flugkarte bestellen. Ich hörte unfreundliche Antworten des Angestellten hinter dem Schalter, sah in ein mürrisches Gesicht und ging schließlich mit oder ohne Karte davon in dem Gefühl, etwas, das mir nicht zustand, gefordert zu haben. In diesem Hause gab es das nicht. Es gab keine ungeduldigen Antworten, wenn einer etwas fragte, mochte es nun töricht sein oder nicht, keine verdrossenen Gesichter, keine unvollständigen Auskünfte. Hier diente alles ausschließlich dem Kunden, dem kleinen nicht weniger als dem großen, der einen bekannten Namen oder eine große soziale und gesellschaftliche Stellung besaß.

Der Deutsche wird einwerfen, daß diese Bereitwilligkeit und Liebenswürdigkeit auch nur dem Geschäft dient, das heißt, dem Geld. In dieser Feststellung liegt eine schlecht verborgene Geringschätzung, die jedoch nicht angebracht ist.

Kein Amerikaner wird leugnen, daß er mit solcher Art seinem Geschäft dienen will. Doch wollen die deutschen Verkehrsgesellschaften – um nur ein Beispiel zu nennen – kein Geld verdienen? Und würde der deutsche Kunde es weniger angenehm empfinden, so ausgesprochen höflich und zuvorkommend behandelt zu werden, noch dazu, wenn er sein gutes Geld auf den Tisch legt?

Wir Deutschen verwechseln häufig Herz mit Höflichkeit. Wo das eine nicht angebracht ist, braucht das andere nicht zu fehlen. Darin liegt der Irrtum und ein Grundfehler der deutschen Lebenseinstellung. – –

Nach Cleveland, wo die Air Races stattfinden sollten, benutzte ich einen Pullmanzug, der mir – von den bescheidenen europäischen und deutschen Eisenbahnen her nicht verwöhnt, – mit seinem modernen Komfort großen Eindruck machte.

Auch der Pullman mit seinen bequemen Sesseln, seinen Schlafkabinen und großzügigen Waschräumen, der einwandfreien Hygiene und der vorzüglichen, stets aufmerksamen Bedienung ist nur ein Glied in der Kette der Technisierung des amerikanischen Lebens, dessen äußerer Ablauf sich fast mathematisch genau zu vollziehen scheint. Ganz ohne Zweifel ist davon auch die amerikanische Mentalität stark beeinflußt worden. So offenbarte sich auch mir von Tag zu Tag mehr der Zusammenhang, der zwischen der hochentwickelten Technik und dem geistigen Lebensstil in Amerika besteht. Diese starke Technisierung und Mechanisierung des Lebens geht konform mit einem für den Europäer unverständlichen und oft mißdeuteten Mangel an geistiger Problematik, mit der er selbst so überhoch belastet ist.

Gewiß! Wer Faust sucht, findet ihn hier nicht. Der Amerikaner hat andere Probleme. Es sind die Probleme, die einem sehr jungen Volk, das sich in hartem, nüchternem Lebenskampf einen fremden Kontinent erobert hat, aus dem Überfluß seiner Kraft erwachsen. Wir Europäer neigen dazu, die Welt fast ausschließlich im Spiegel eines ständig reflektierenden Bewußtseins zu erkennen, das heißt: Sie kritisch, abwägend, analysierend und zwangsläufig, oft auch verneinend, zu erleben. Für einen Fremden muß es deshalb in normalen, nicht durch Kriegseinwirkung verzerrten Zeiten zweifellos angenehmer sein, nach Amerika zu kommen als nach Europa, weil der Amerikaner ihn unbefangen und ohne Vorbehalte aufnehmen wird, der Europäer dagegen ihm kritisch wertend gegenüber tritt. Die unkomplizierte Art des Amerikaners trägt jedoch stark die Gefahr der Vermassung in sich, indem er unkritisch die durch Presse und Funk gelenkte öffentliche Meinung zu seiner eigenen macht. So ist es gerade die Uniformität der Geisteshaltung, die uns Europäer erstaunt. Die Gleichförmigkeit des Denkens wirkt auf uns leicht wie ein Mangel an Tiefe der Lebensauffassung. Aber gerade an diesem Punkt muß man, wenn man Amerika verstehen will, europäisches Denken völlig ausschalten.

In Cleveland wurden während der Flugveranstaltung täglich morgens die Fahnen sämtlicher beteiligter Nationen gehißt. Diese Handlung nahmen Schönheitsköniginnen in Badekostümen vor, obwohl sie für jeden Amerikaner nicht weniger feierlich ist als für uns.

Undenkbar für das alte Europa, das darin eine Entweihung sehen würde.

Amerika aber hat weder eine europäische noch eine militärische Tradition. Nach amerikanischer Ansicht ist eine schöne Frau, an der die Natur selbst die Bevorzugung ersichtlich macht, der beste Repräsentant der nationalen Werte.

Auch darin zeigt sich die gänzliche Unbeschwertheit des amerikanischen Charakters. Sie hat ihre Gefahren und wird auf die Dauer dem Lebensgefühl des Europäers nicht gerecht. In manchen Situationen jedoch kann sie beglückend wohltuend und befreiend wirken, vor allem da, wo der europäische Mensch über das Hindernis seiner eingefahrenen Denkbahnen nicht hinwegkommen kann.

Graf Hagenburg, der ein vorzüglicher Kunstflieger war, hatte an früheren Air Races teilgenommen. Bei einem Rückenflug in

Bodennähe wurde die Maschine durch eine plötzliche Böe nach unten gedrückt, streifte den Boden und überschlug sich krachend. Das entsetzte Publikum sah nur Splitter, die umherflogen und eine Riesenstaubwolke, die schließlich in sich zusammensackte und einen kläglichen Trümmerhaufen zurückließ.

Die Musik brach schlagartig ab, die Fahnen gingen auf Halbmast, Tausende von Menschen erhoben sich in Ehrfurcht und Trauer. Das Deutschlandlied wurde gespielt. Aber: Aus Schutt und Asche stand auf – Graf Hagenburg!

Er war zwar verletzt, ließ sich jedoch gleich an Ort und Stelle von Sanitätern verbinden, erbat dann eine andere Maschine, stieg um und flog weiter. Kunstflug. Als ob nichts gewesen sei. Vor nichts hätte das amerikanische Publikum mehr Begeisterung und Bewunderung empfinden können. Mit einem Schlag war Graf Hagenburg der populärste Mann der Veranstaltung, und keine Leistung hätte in diesen Tagen größeren Erfolg haben können.

Deutschland aber reagierte anders. Es kümmerte sich nicht um die Begeisterung der Amerikaner, auch nicht um den einzigartigen Erfolg.

Graf Hagenburg wurde zurückgerufen. Er hatte Bruch gemacht, und deshalb seine Aufgabe schlecht erfüllt. Es gab dafür keine Entschuldigung und keine Rechtfertigung. Punktum, aus.

Die internationalen Air Races, die vor dem Krieg alle drei Jahre in Cleveland durchgeführt wurden, waren für Amerika ein nationales Ereignis ersten Ranges. Natürlich war die Organisation echt amerikanisch aufgebaut. Rundfunk und Presse sorgten schon lange vorher für eine wirkungsvolle und eindringliche Propaganda, die dem europäischen Geschmack nicht immer entspricht. Um sie zu verstehen, muß man sich klar machen, daß sie sich an die Masse wendet, die in der gesell-

schaftlichen Struktur dieses Landes einen viel bedeutungs-
volleren soziologischen Faktor darstellt, als es in Europa der
Fall ist.

In die Vorbereitung wurde auch ich mit eingespannt. Zusammen mit Cliff Henderson, dem Leiter der Flugveranstaltung, mußte ich in dem verschiedensten Städten im Ro-
tary Club sprechen und für die Veranstaltung werben. Im
allgemeinen kam man mir begeistert entgegen. Doch begegnete
ich auch gelegentlich einer ausgesprochen deutschfeindlichen
Einstellung, die sich dann auch auf meine Person erstreckte.
Die Schatten des Völkerzerwürfnisses senkten sich bereits dunkel drohend herab. Ich sah sie in diesem Land zum erstenmal
fallen, ohne zu erkennen, daß sie Krieg bedeuten mußten;
denn meine Gedanken gehörten dem Wind, den Wolken und
den Sternen. Dort hinauf aber reichte das politische Ränkespiel
der Welt nicht.

Die Veranstaltung in Cleveland dauerte drei Tage. Etwa eine
Million Menschen waren anwesend und füllten die riesigen
Tribünen. Ein lautes und vielseitiges Programm sorgte in den
Pausen für Unterhaltung. Das Hauptinteresse galt natürlich
den Flugdarbietungen, die echt amerikanisch auf Sensation
abgestellt waren.

Das Donnern der Motoren dröhnte den ganzen Tag über dem
weiten Flugplatz. Am aufregendsten für mich war jedoch das
Zielabspringen mit Fallschirmen, wie ich es in dieser Form
noch nie erlebt hatte. Es ging darum, möglichst nahe der Mitte
eines bestimmten Kreises, vor der Haupttribüne zu landen. Da
es sehr stürmte, und die Gefahr bestand, abgetrieben zu werden,
zogen viele Fallschirmspringer in aufgepeitschtem Ehrgeiz
vorzeitig die Ventile, wodurch sich die Fallgeschwindigkeit
steigert.

Der erste Fallschirmspringer, der in dem Zielkreis landete, war tot, andere kamen mit mehr oder weniger schweren inneren Verletzungen und Knochenbrüchen unten an. Das Fieber von Ehrgeiz und Sensation hatte die Menschen gepackt, die unter der Gewalt einer ungeheuren Massensuggestion die Tage in einem fast rauschartigen Zustand erlebten.

Ich sollte bei diesen Veranstaltungen den von Hans Jacobs konstruierten „Habicht" vorführen, das erste Segelflugzeug, mit dem man alle Kunstflugfiguren fliegen konnte. Damit das Heulen und Donnern der Maschinen die Schönheit des Segelfluges nicht beeinträchtigte, sollte jedes Motorengeräusch abgestellt werden. Es kostete viel Mühe und Anstrengung, um es zu erreichen, nicht nur bis ich die Flugleitung davon überzeugt hatte, sondern auch bis sichergestellt war, daß nicht doch noch zu guter Letzt ein unglücklicher Zufall irgendwo auf dem weiten Flugfeld eine der unzähligen Motormaschinen während meiner Flugvorführung aufheulen ließ. Daß es gelang, verdanke ich vor allem meinen amerikanischen Segelfliegerkameraden.

Nach dem aufgeregten, hochgepeitschten Lärm der vorhergehenden Stunden hätte es keinen größeren Gegensatz geben können als den lautlosen Flug des schimmernden, schmalen Vogels, der, ungeachtet seines Namens, wie eine Taube des Friedens aus der Himmelsbläue zu kommen schien. Ich flog alle erdenklichen Kunstflugfiguren und landete schließlich mitten im Zielkreis unter nicht endenwollendem Jubel.

Nach diesen Tagen offenbarte sich mir die große Gastlichkeit Amerikas in all den Einladungen, die ich aus vielen Teilen des Landes erhielt. Aber alle meine Pläne und Wünsche wurden dadurch zerstört, daß wir plötzlich telegrafisch zurückgerufen wurden, da die Krise in der Tschechoslowakei eine politisch gefährliche Situation geschaffen hatte.

*Wir gehen wieder auf Segelflug-Forschungsexpedition,
diesmal nach Afrika*

Nordafrika! Sengende Sonne, glühender Sand, über den der einsame Gang der Kamele zieht. Ein Jahr, zehn Jahre, hundert Jahre, tausend Jahre zurück. Hier ist alles wie eine zeitlose Vergangenheit.

Die goldhäutigen, schlanken Arabersöhne gehen gelassen neben ihren Tieren und schweigen, das Antlitz voll Ernst, die Augen dunkel, der Blick manchmal scharf wie die Schneide des Messers, das sie bei sich tragen, und manchmal grell wie der schwefelgelbe Wüstenhimmel vor dem Sturm.

Mit den hochhöckrigen Lastenträgern ziehen sie die uralten Karawanenstraßen, schmale, sehnige Gestalten, königlich gelassen, doch im Zorn gespannt wie Pfeile vorschnellend aus unbekanntem Hinterhalt.

Schweigend – durch die Ewigkeit der Wüste, der sie angehören. Denn die Wüste ist ihr Herr, dieser Leib, der sich vor ihnen hinstreckt, eine Löwin, die im Schlaf Ruhe sucht, ein Schakal, der Beute wittert, ein Gericht, das droht.

Wüste – totes Antlitz eines Kontinents denkt unser Unwissen, während der Zeigefinger auf der Landkarte über die Grenze zu dem gelbweißen Flecken weist, der ihre Lage geographisch bezeichnet.

Und weiß nichts davon, wie sie lebt, ihr eigenes sphinxhaftes Leben abgekehrt den Menschen und den Tieren, denen sie nur eine schmale Passage gewährt.

Sand – Sand – Sand ... Weiß, gelb, ockerrot, braun.
Und immer Himmel darüber – gleißend, sinkend, sternenkalt, und wieder in gleißender Glut.

Doch die Wüste lag noch vor uns; denn noch waren wir in Tripolis, hatten erst den Saum von Afrika betreten. Und Tripolis ist eine Stadt, eine Stadt zwar mit dem heißen Atem Afrikas und den beißend kalten Nächten, auf die wir gar nicht eingestellt waren, eine fremde unverständliche Stadt mit Moscheen und weißen Häusern, die wie ungeformte Blöcke aus dem Erdboden emporsteigen, mit Gassen, in denen es wimmelte von Menschen, von nackten, bronzehäutigen Kindern, von Frauen, die in weite Wolltücher vermummt scheu umherschritten, von Männern, die auf dem Boden hockten, handelten, philosophierten oder schwiegen.

Doch hier lebte noch der Mensch, das Tier, hier lebte die Palme, die Frucht. Und vor den Toren das Meer, blaues leuchtendes Mittelmeer, das den Strand vor unserem Hotel mit silbernen, schaumgekrönten Wellen umspielte.

Dann waren wir von Tripolis nach Homsk gezogen, das eine jener versunkenen Städte ist, deren es in der Umgebung von Tripolis drei an der Zahl gibt.

Homsk ist heute nur noch ein Dorf mit wenigen Hütten, die uns recht armselig scheinen, träge und schläfrig wie das Leben des Orients überall außerhalb seiner bunten, quirlenden Städte.

Und wieder ein Stück ab vom Dorf lag das weiße Hotel, in dem wir untergebracht waren.

Der Kalender zeigte Februar 1939.

Unter Professor Georgiis Leitung waren wir mit vier Segelflugzeugen und drei Motormaschinen, die zum Schlepp eingesetzt werden sollten, zu einer Expedition nach Nordafrika gestartet, um dort – ähnlich wie in Südamerika – die Aufwindverhältnisse zu erforschen.

Auf einem bescheidenen Feldflugplatz vor Homsk bauten wir

unsere Segelmaschinen zusammen. Dann nahmen wir unsere Erkundungsflüge auf. Doch ehe wir uns fast täglich zum Start bereit machten, ließen wir es uns nicht nehmen, in der frühesten Morgenstunde in die kühle Saphirbläue des Meeres zu tauchen. Danach frühstückten wir, da die Sonne noch nicht unmäßig brannte, an runden, weißgestrichenen Eisentischchen, die zu dieser Stunde noch vor dem Hotel standen. Dann brachen wir auf.

Jedes Segelflugzeug führte auf dieser Expedition ein Funkgerät mit. Noch auf der Überfahrt hatten wir das Morsen erlernen müssen. Kein Wunder, daß ich kein perfekter Funker war.

Doch in der Not würde es genügen, um bei unseren Flügen der Expeditionsleitung unseren Standort halbstündlich anzugeben, damit uns der Transportwagen folgen konnte. Es war ein kleines Stück Lebenssicherheit, das wir nun mit uns führten und das wir gleichzeitig als Forschungsgerät auf seine Reichweite erproben sollten. Und wenn ich in meiner Segelkiste saß, betrachtete ich das bescheidene Gerät fast wie einen Freund.

Einen Freund, den ich – sollte es einmal nötig sein – gewillt war, gegen einen großen Feind ins Feld zu führen. Denn überall griff hier schon die Wüste vor: das Schweigen, der Sand, der Durst, der Tod.

Doch vor dem Tod, so hatte ich gelesen, irrlichtern die Halluzinationen: Kamele, die am Horizont vorbeiziehen, Rufe aus Menschenkehlen, ein Wasserspiegel. – – –

Aber noch war dies alles Gedanke. Noch hörte ich den Gesang des Motors, der mich hochschleppte. Er war hier gut wie eine menschliche Stimme, ein Arm, der mich noch schützend umfing.

Und doch strebte ich schon fort davon.

Ich hatte genügend Höhe und auch Aufwind, der voraussichtlich noch einige Stunden anhalten würde. Denn nach unseren Erfahrungen würde erst zwischen zehn und elf Uhr vormittags der auftretende Seewind unseren Aufwind vernichten.

Ich klinke deshalb aus und bin bald mit meinem Vogel allein, nachdem sich die Motormaschine ins blaue Nichts entfernt hat. Unter mir leuchtet der Sand. Um mich herum flimmert Luft. - - -

Wir hatten strenges Verbot in die Wüste hineinzufliegen.

Richtungsmäßig mußten wir uns an die bekannten Verkehrs- und Karawanenstraßen halten. Aber jeder Flug streifte doch ihren Saum und während jetzt mein silberner Vogel fast fünfzehnhundert Meter hoch kreist, gehört meine Sehnsucht allein ihr. Nicht dem Meer, das ich linkerhand unter mir schimmernd und schaumgekrönt weiß, nicht den zierlichen Minaretts von Benghasi oder Tripolis, ihren verzauberten Harems, ihren bunten, lärmenden Gassen. Nein, der Wüste, in deren Hand der Mensch eine Mücke ist, die sie achtlos zerdrückt.

Nach einigen Wochen der Erkundung im Raum zwischen Tripolis und Benghasi verlegten wir unseren Sitz von Homsk nach Garian, einem Ort, der westlich von Tripolis in Richtung Tunis liegt.

Mir fiel es zu, eine der Motormaschinen dorthin zu überführen. Bei meinem Start war der Himmel klar und ungetrübt, ein heißer afrikanischer Himmel. Auch das geübteste Auge würde nichts Gefahrvolles entdeckt haben.

Und so blieb es auch, Stunde um Stunde, während ich, begleitet von dem monotonen Geräusch des Motors, unter der sengenden Sonne südwärts flog, und in dem Flimmern der Sonne den Sand unter uns wie eine große erstorbene weiße Fläche sah.

Doch das Gesicht der Wüste ist verschlossen.

Und deshalb war es ganz plötzlich da, ohne daß ich es bemerkt hätte, das grelle Fanal am Himmel, der sich in wenigen Minuten schwefelgelb färbte, als ob er sich zum Jüngsten Gericht öffnen wollte.

Fast im gleichen Augenblick setzte der Sturm ein. Winde jagten den Sand hoch, drehten ihn zu Säulen, warfen ihn in Wogen, eine über die andere stürzend, Sturmfluten von Sand, die hochpeitschten, daß ihre feinen, totmahlenden Körner auch uns noch erreichten.

Die Wüste war in Aufruhr geraten, und ein Furioso hatte sich aufgetan, wie es wilder nicht gedacht werden konnte. Denn überall hin drang der Sand vor, in die Ohrgänge und die Nasenlöcher, in die Augen, die ich zukneife, und durch die festzusammengepreßten Lippen in den Mund.

Und so würde er auch in den Motor eindringen.

Ich mußte versuchen zu landen, obwohl ich nicht wußte, ob es mich retten wird. Garian mußte schon in unmittelbarer Nähe sein. Vielleicht erreichte ich noch den für uns vorgesehenen Platz zum Landen.

Und während der Zorn einer aufgebrachten Wüste nach mir greift, Sandmassen pfeifend höher wirbeln, während sich der Sturm weiter verstärkt, brennt ruhig wie ein windgeschütztes Licht in mir dieses Vielleicht. Aber schon bleibt der Motor stehen. Doch rettend liegt vor mir der Platz, den ich noch im Gleitflug erreiche.

Am anderen Tag ist alles so einfach und selbstverständlich wie der seidenblaue Himmel, der sich heute von neuem über das gelbe Meer von Sand hinspannt, als ob nichts geschehen sei. Aber die Maschine würde künftig ausfallen.

Später, als auch die anderen beiden Motormaschinen landen, die Transportwagen mit den Segelflugzeugen eintreffen und die übrigen Teilnehmer der Expedition in zwei Fords ankommen, beginnt ein neuer Abschnitt unserer Arbeit, während unmittelbar vor der Stadt sich Steinwüste und eine Bergkette erstrecken.

Jeder Flug führte über menschenleeres, einsames Land, über Orte, die nur ein paar Hütten bedeuten.

Wenn ich mit meinem Segelflugzeug in der Nähe eines Ortes landete, war es jedesmal ein großes Wunder für die Menschen, die dort wohnten. Vielleicht waren sie schon daran gewöhnt, in gewissen, regelmäßigen Abständen, die Strecke von einer Verkehrsmaschine überflogen zu sehen, und die Männer, diese Söhne eines Berberstammes mit den so unglaublich kühn geschnittenen Gesichtern, den schmalen, langen Händen, mochten auf ihren Ritten oder auf ihren langen Wanderungen mit den Kamelen sogar bis Tripolis gekommen sein und eine solche Maschine dort haben starten oder landen sehen. Dann würde ich für sie hier in der Monotonie von Sand nur das Ereignis einer Abwechslung sein.

Ich dachte nicht darüber nach; denn mich umfing die ganze Fremdartigkeit eines Abenteuers, an dessen Beginn ich abermals stand.

Jeder Flug über diesen Kontinent war ein solches Abenteuer. Ich erinnerte mich dabei jener Nacht, die ich in Buerat el Sun nach mehrstündigem Flug mit den Einwohnern dieses Ortes – es waren zehn Männer und eine Frau – verbracht hatte.

Ich war dort in der Nähe mit meinem Segelflugzeug gelandet und eben aus der Maschine gestiegen, um das Gelände zu erkunden, als sich mir eine Frau in mittleren Jahren von beträchtlichem äußeren Umfang und unordentlichem Aussehen näherte, die einen Strom von italienischen Worten über mich ergoß. Sie machte auf mich einen ausgesprochen unsympathischen Eindruck, denn ihr Blick hatte etwas schamlos Abschätzendes, das mich heftig abstieß, und ihr Gesicht verriet Laster und Verderbnis. Mir war deshalb nicht ganz wohl zumute, als ihr nach wenigen Minuten zwei Karabinieri folgten, mit denen sie offenbar auf vertrautem Fuß stand. Beide hatten sie den rassigen Gesichtsschnitt des Südländers und wirkten in ihrer malerischen schwarzen Uniform mit leuchtend rotem Futter gegen den einfachen sandgelben landschaftlichen Hintergrund wie zwei Operettenfiguren auf der Bühne. Obwohl sie nur im Mannschaftsstand und ohne Zweifel von niedriger Herkunft waren, hatten sie etwas von der Grandezza großer Herren an sich, die unnachahmlich war.

Trotzdem war es nicht angenehm, ihnen hier im Verein mit der zweifelhaften Frau zu begegnen. Aber ich würde wohl oder übel die nächsten Stunden mit ihr und den acht italienischen Straßenbauarbeitern, die sich inzwischen zu uns gesellt hatten, verbringen müssen.

Auf keinen Fall durfte ich meine Unruhe und innere Unsicherheit verraten. Ich gab mich deshalb so unbefangen wie möglich. Die Frau verschwand jedoch schon bald und ließ mich mit den Karabinieri allein zurück. Ich versuchte, ihnen mit meinen geringen italienischen Sprachkenntnissen, deren Lükken ich mit französischen und lateinischen Worten ergänzte, meine Lage klarzumachen. Dabei rückte ich natürlich das Eintreffen des Transportwagens in greifbare Nähe.

Sie wurden jetzt, als sie mich gewissermaßen auf ihren Schutz angewiesen wußten, noch liebenswürdiger und höflicher, als sie schon gewesen waren. Zögernd folgte ich ihnen auf ihre Aufforderung hin zu einem primitiven Steinbau, von denen ich drei nebeneinander aus dem Sand aufragen sah.

Schließlich konnte ich nicht die ganze Nacht hier an der Maschine mit ihnen stehen bleiben. Die Nächte, das hatte ich bereits erfahren, waren in diesem Land empfindlich kalt, und hier wie dort würde mich nichts als die erhoffte Anständigkeit meiner Begleiter schützen.

Das Haus bestand offenbar aus zwei Räumen und hatte an wohnlicher Einrichtung nicht viel mehr als ein paar Stühle und einen Tisch aufzuweisen. Der winzig kleine Raum, in den wir eintraten, war nur spärlich durch eine Petroleumlampe erhellt; die Wand, die uns von dem zweiten Raum trennte, hatte ein viereckiges Loch, in dem zu meinem nicht geringen Schrecken unverhofft ein Negergesicht auftauchte, das mir grinsend seine Zähne zeigte.

Wie sollte ich nun die Nacht verbringen!

Der Gedanke war ungemütlich. Auf jeden Fall mußte ich versuchen, die Männer mit meinem Kauderwelsch von meiner Person abzulenken. Doch schien es mir zweifelhaft, ob es mir auf die Dauer gelingen würde, denn ihre Courtoisie wagte jetzt schon eine gelegentliche Andeutung ins Vertrauliche, feurige Blicke, die mich ziemlich unverhüllt trafen, ein hinreißendes Wort der Beteuerung, ein Arm, der sich um meine Stuhllehne schob.

Nun – ich schob ihn mit einem kleinen, sehr bestimmten Schlag beiseite, lächelte jedoch dazu, als ob nichts geschehen sei. Es half für eine Weile, bis der nächste in derselben Weise zum Angriff überging. – Sich gleichfalls zurückweisen ließ. Doch wie lange noch? Die Nacht war eben erst angebrochen.

Wieder gab ich irgend eine Geschichte zum besten, die sie ablenken und bei guter Laune halten sollte; denn es schien mir nicht ratsam, es völlig mit ihnen zu verderben. Dazwischen warf ich verzweifelte Blicke auf meine Armbanduhr, deren Zeiger, wie mir schien, wie Schnecken schlichen, und während mein Mund unaufhörlich drauf los schwatzte und ich dabei lachte und mit ihnen fröhlich tat, suchten meine Gedanken verzweifelt den Transportwagen, der mir nachfolgen mußte. Konnte ich aber hoffen, daß er mich hier mitten in der Nacht finden würde?

Ein Männerarm hatte wieder meine Stuhllehne erreicht. Ein Männergesicht beugte sich vor. Ich entwich mit einer kleinen raschen Bewegung. Sie guckten alle verdutzt drein. Im hinteren Raum rührte sich nichts.

Nein, bösartig waren sie nicht. Doch sie waren Südländer, und konnte ich erwarten, daß sie gerade hier – wo Frauen selten waren wie Juwelen und die Gelegenheit wie vom Schicksal präsentiert – ihr Temperament verleugnen sollten?

Sie beabsichtigten es offensichtlich nicht, obwohl sie – wie mir schien, noch zwischen der Aufrechterhaltung ihrer amtlichen Würde und ihren männlichen Wünschen schwankten.

Mir wurde es heiß und kalt bei dem Gedanken, daß der Augenblick kommen würde, wo sie den Respekt vor ihrer eigenen Würde abwerfen könnten.

Mein Gehirn arbeitete fieberhaft, um einen Ausweg zu finden. Irgend etwas mußte ich ersinnen, was sie endgültig bestimmen konnte, von mir abzulassen.

Ich sah mir ihre Gesichter an. Ich sah auf ihre prächtigen Uniformen.

Und dann erzählte ich ihnen, daß ich von hier aus zu Marschall Balbo fliegen würde. Ich lobte die Aufnahme, die sie mir bereitet hatten, lobte ihre vorbildliche Haltung, ihr korrektes Betragen. Dies alles würde ich natürlich auch bei Balbo vorbringen.

Er würde ihnen vielleicht einen Orden verleihen!

Das war das Zauberwort. Ich hatte es gefunden. Die Gesichter glänzten vor Freude, die Hand strich schmeichelnd und eitel heimlich über die Uniform, Vorfreude und Begeisterung nahm sie jetzt völlig gefangen. Sie dachten an nichts anderes, sie spra-

chen von nichts anderem. Das Interesse an mir war jetzt das Interesse an einer hohen Staatsperson, als die sie mich ansehen mochten, und ihre Ehrerbietung kannte keine Grenzen.

Die Wirkung des Zauberwortes hielt die ganze Nacht an. Dann stieg der Morgen auf, und als ob alles nur ein angstgequälter Traum gewesen sei, öffnete sich plötzlich die Tür, ein Männergesicht schaute herein. Es war Otto Fuchs, der Flugleiter unserer Expedition.

Mit einem Schlag trug alles ein anderes Gesicht: Der kleine Raum und die Karabinieri.

Sie gaben uns einen wortreichen, überfließend höflichen Abschied. Glänzte auf ihrer Brust nicht schon der Orden?

Nein, ich mußte ihn den beiden schuldig bleiben, denn weder kannte ich Balbo, noch flog ich zu ihm.

Balbo würde mir jedoch – so dachte ich in meinem Sinn – den kleinen Schwindel verzeihen. Hatte sich nicht daran seine Macht und sein Ansehen mehr erprobt, als es eine glänzende Luftflottenparade hätte tun können? – – –

Aber hier vor Garian, das jetzt der Ausgangspunkt unserer Flüge war, war die gelbe Einöde von Sand und Stein noch afrikanischer. Hier kannte das Land nur seine eigenen Söhne, Araber, stolze, schweigsame Gestalten, die nun, da ich auf einem Streckenflug in ihrer Nähe landete, an mich herantraten und mich ehrerbietig einluden, ihnen in die nahegelegene Hütte zu folgen.

Der älteste von ihnen führte mich.

Sein Gesicht verriet die Weisheit seines Stammes, Jahrtausende deckte es auf, in denen es der Wüste zugekehrt gewesen war. Doch darunter las ich eine wilde Kühnheit, die mich erschreckte und zugleich zur Bewunderung zwang. Und wie dieses eine Gesicht, so trugen alle Gesichter die uralten Zeichen, den Widerschein von Kampf und Rache aber auch von Edelsinn und einem fast königlichen Anstand.

Der kleine Bau aus Lehm und Sand war ohne Fenster. Eine etwa mannshohe Öffnung, die in das Innere führte, war die einzige Lichtquelle.

Zuerst, als ich die Schwelle überschritten hatte, unterschied ich in der Dunkelheit nichts, denn meine Augen, überreizt durch die beißende Helle, die draußen war, versagten bei dem plötzlichen Wechsel. Erst als ich mein Gesicht wieder dem Eingang zukehrte, fing ich an, das Gegenständliche zu unterscheiden. An wohnlicher Einrichtung enthielt der Raum nichts. Er war angefüllt mit Männern, die hockend mit übereinandergeschlagenen Beinen auf dem Boden saßen und mich neugierig, schweigend musterten.

Ich mußte mich zu ihnen niedersetzen. Ein paar geschickte Hände, die schon deutliches Welken zeigten, schmal und edel, stellten neben mir ein kleines Gerät auf, unter dem mit Kameldung ein kleines Feuer entzündet wurde. Aus dem Dunkel wurde eine Kanne für den Tee gereicht, der später aus einer kleinen Schale als zuckersüßer Extrakt getrunken wurde.

Anfänglich war ich noch unsicher und innerlich unruhig, denn die Fremdheit der Gesichter, deren Ausdruck mir nicht nur kühn, sondern bei einigen von ihnen auch finster schien, bedrückte mich. Europäische Vorstellungen stiegen in mir auf, von dunklen, schreckhaften Bildern begleitet. Doch verlor sich das Gefühl, je länger ich unter ihnen saß.

Der feierliche Bann des Schweigens war inzwischen gebrochen, und obwohl die Männer nicht meine und ich nicht ihre Sprache verstanden, begann zwischen uns ein Gespräch mit Rede und Gegenrede, unterstützt von Zeichen und Gebärden und ab und zu von einer nachdenklichen Pause unterbrochen. Der Ausdruck ihrer Gesichter blieb dabei unergründlich. Niemand schien je ratlos, wenn ich etwas fragte und sie mich nicht verstanden, niemand schien gelangweilt, niemand verletzte das Zeremoniell der Stunde. Die vielgepriesene Geduld und Unergründlichkeit übertraf hier jede Erwartung.

Doch es war mehr, was ich hier erlebte: Es war die Heiligkeit der Gastfreundschaft, die niemand von ihnen durch einen Frevel verletzt hätte.

Als ich mir dieser Tatsache bewußt wurde, schämte ich mich, europäischen Vorstellungen Raum gegeben zu haben.

Vor den Mauern von Garian zeigte sich den Fremden ein merkwürdiges Bild: Aufgeworfene Erdmassen, die sich – soweit das Auge sehen konnte – viereckig, wallartig über dem Boden erhoben, über die man von der Straße aus nicht hinwegsehen konnte.

An den Tagen, an denen wir nicht flogen, begleitete ich meist Otto Fuchs, der mit Pinsel und Palette vor den Wällen ein malerisches Motiv suchte.

Mich interessierte was hinter diesen Wällen lag. Dort sollten noch Eingeborene in Höhlen leben. Es war uns zwar untersagt, uns dort zu zeigen, da der Araber die Abgeschlossenheit seines Hauses vor fremden Blicken eifersüchtig hütet und wir darauf bedacht sein mußten, keine unangenehmen Zwischenfälle zu provozieren. Doch das betraf vor allem die Männer. Frauen, auch fremden, war das arabische Haus nicht so streng verschlossen.

So dachte ich und entfernte mich von Otto Fuchs, dessen Augen nur Sinn für das gefundene landschaftliche Bild hatten, und erstieg einen Wall. Was ich sah, übertraf an Fremdartigkeit alle meine Vorstellungen.

Vor mir lag ein etwa zwölf Meter tiefer, quadratischer Schacht aus Lehm. In dessen Mitte befand sich eine große, schmutzige

Pfütze, aus der ein unvorstellbarer Geruch hochstieg. Verschiedene Eingänge führten in die Wände hinein, die von hier oben wie breite, dunkle Löcher aussahen.

Ich sah niemanden, es war totenstill, und so blieb es auch, während ich immer noch nach unten starrte, fassungslos vor der Primitivität dieser menschlichen Behausung.

War es möglich, daß hier Menschen lebten und Genüge fanden? Frauenschicksale sich erfüllten, die niemals mehr als dieses dunkle Erdloch sahen? Glückliche Frauen mit Kindern, die ihrem Schoß entwuchsen? Mit Freuden, die ihren Tag schmückten?

Oder gab es das alles nicht? Arbeitete mein Denken mit Vorstellungen, die diesen Menschen fremd waren? War dies hier so sehr eine gänzlich andere Welt?

Danach erkletterte ich den nächsten Wall und in den folgenden Tagen andere. Immer sah ich das gleiche Bild: Einen tiefen Schacht und in den Wänden dunkle Eingänge, die stumm blieben.

Ich hatte es fast aufgegeben, jemals dort eine Menschenseele zu sehen, als ich eines Tages unverhofft von einem lieblichen Bild überrascht wurde. Auf dem Grund des Schachtes sah ich eine schmale, dunkelhäutige Frau, die offensichtlich Mais zwischen zwei Steinen zerrieb. Um sie herum spielten einige Kinder, tief schwarzhaarig und vollkommen nackt, in ihrem Gebaren unbekümmert und fröhlich und kindlich, als ob ringsherum lauter blühende Wiese sei.

Ein unbeschreibliches Gefühl tat sich bei diesem Anblick in mir auf, so als ob plötzlich in den dunklen, freudlosen Grund ein Widerschein jenes Lichtes gefallen sei, das von meinen eigenen Kindertagen her in mir war. Vorsichtig versuchte ich mich bemerkbar zu machen, und es dauerte auch nicht lange, bis mich eines der Kinder sah. Zuerst schaute es mich nur erstaunt an. Doch dann teilte es seine Entdeckung den anderen mit. Unvermittelt ließ daraufhin die Frau von ihrer häuslichen Arbeit ab und hüllte sich, ehe sie noch nach oben gesehen hatte, mit einer Bewegung, aus der ich glaubte ihr heftiges Erschrekken erkennen zu müssen, in einen Burnus ein. Nur einen Spalt ließ sie für das Auge frei.

Ich machte ein paar freundliche Gebärden, die sie beruhigen sollten und verschwand dann hinter dem Wall.

Anderntags war ich wieder da. Dieses Mal hatte ich für die Kinder ein paar Bonbons mitgebracht, die ich ihnen zuwarf und die sie nach Kinderart selig beglückt aufgriffen. Ich winkte und lachte ihnen zu und sie antworteten mir mit Zeichen und Gebärden, aus denen ich ihre Freude über meine Besuche erkennen konnte, bis ich unversehens wieder hinter dem Wall verschwand.

Täglich wiederholte ich nun meine Besuche.

Eines Tages aber war unter ihnen ein Mann, der nur der Herr des Hauses sein konnte. Sein Anblick machte mich zuerst innerlich ein wenig unruhig. Das unbekümmerte Verhalten der Kinder jedoch zeigte mir, daß er von meinen Besuchen wußte und offensichtlich nicht unwillig darüber war.

Wenige Tage danach stand er, als ich wieder kam, auf dem Wall, eine mittelgroße, sehnige Gestalt, mit dem kühngeschnittenen, typischen Gesicht des Arabers, den Kopf mit einem turbanähnlichen Gebilde bedeckt. Ich merkte, daß er hier auf mich gewartet hatte.

Ich fühlte mein Herz bis zum Halse klopfen. Aber die Augen, diese dunklen, unergründlichen Augen, die doch nichts von der träumenden Sanftmut hatten, welche in den Augen der Frauen dieses Landes wohnt, sahen mich nicht unfreundlich an, so daß ich es wagte, ihm einige mitgebrachte Zigaretten anzubieten. Er nahm sie und sagte etwas, das ich nicht verstand. Durch Zeichensprache versuchte er sich mir verständlich zu machen, und ich begriff, daß er mich zu der Frau und den Kindern führen wollte.

Ich ging mit.

Es war der unbekannteste und unsicherste Gang, den ich bisher in meinem Leben getan hatte.

Wir stiegen den Wall hinab und gingen ein Stück in die Ebene hinein bis zu einer Stelle, an der sich fast unsichtbar hinter einem Busch im Erdboden ein höhlenartiger Eingang befand.

Der Mann faßte nun meine Hand und ging gebückt – mich nach sich ziehend – in das völlige Dunkel hinein.

Tausend Gedanken und Vorstellungen stürmten auf mich ein. Zuckte ich nicht zurück?

Schnürte sich mir nicht vor Angst die Kehle zu?

Irgend etwas redete mein Mund, lachte mein Mund, während ich den schmalen Erdgang vorwärts stolperte.

Doch der Schritt vor mir verhielt nicht zu einem Frevel, den mein aufgeregtes Blut aufsteigen sah, und der Druck der Hand, die mich hielt, blieb gleichmäßig führend. Bis ein schmaler Lichtschimmer sich in das glänzende Dunkel stahl und dann breiter und heller wurde. Freundliches, gottgesegnetes Licht? Wir hatten den Schacht erreicht.

Einen Augenblick stand ich noch gänzlich benommen.

Aber es blieb mir keine Zeit zum Besinnen, denn der Mann führte mich jetzt zu der Frau, die ihr Gesicht, als ich näher kam, mit dem großen Wolltuch schamhaft verdeckte. Sanft nahm ich es wieder ab, nicht ohne dabei zugleich den Mann lächelnd um sein Einverständnis zu bitten.

Aufmerksam waren indes die Kinder dem Vorgang gefolgt, mit ihren großen schwarzen Augen, die in den kleinen Gesichtern förmlich brannten, mich neugierig und zugleich scheu betrachtend.

Ich hatte wie immer einige Bonbons für sie bereit. Das brach wie bei allen Kindern in der Welt endgültig den Bann und bald lallte und zwitscherte es aus ihrem Mund, als ob sie schon seit Jahren mit mir vertraut wären.

Ich wurde nun durch eine schmale Öffnung in einen Raum geführt, der nicht mehr als eine in die Lehmwand geschlagene Höhle war. Vier solcher Eingänge hatten meine Augen entdeckt. Das bedeutete, daß hier insgesamt vier Frauen wohnten, die dieser Mann besaß. An der Zahl der Frauen ließ sich in diesem Land die Wohlhabenheit eines Mannes feststellen. Dieser Araber war offensichtlich reich; denn mit jeder Frau war für ihn die uneingeschränkte Pflicht des Unterhaltes für sie und ihre Kinder verbunden.

Von den anderen Frauen sah ich jedoch nichts. Die Eingänge blieben stumm.

Der Raum, in den ich eintrat, entbehrte nicht einer gewissen Wohnlichkeit. Es gab zwar weder Tisch noch Stuhl, doch waren die Wände mit bunten Teppichen behangen und auf dem Boden lagen Strohmatten, die nachts zum Schlafen dienen mochten. Ein paar Tongefäße, die in der Einfachheit dieser Umgebung unerhört ausdrucksvoll und gegenständlich wirkten, sah ich ebenfalls. Störend für mich war jedoch der undefinierbare Geruch, den die Menschen an sich trugen und der auch den Raum hier erfüllte, ein Geruch, der demjenigen von Tieren ähnlich war und mir in manchen Augenblicken fast unerträglich schien.

Zu schauen und zu erklären gab es auf beiden Seiten genug. Mich fesselte vor allem die Frau. Sie war, wie ich jetzt aus der Nähe sah, ungewöhnlich schön, von einer Schönheit, die mich um so mehr rührte, da sie ja nach europäischen Vorstellungen niemals ihr Widerspiel in der unendlichen Vielfalt des Lebens finden würde.

Dieser hier mochte es genügen. Sie schien glücklich zu sein. Und die anderen? Jene, die ich nicht sah? Wie langsam rann ihnen die Stunde? Wie lang war ihnen der Tag? Wie lang die Nacht?

An den schmalen edlen Handgelenken vor mir klirrte leise das Gold. In dem Dunkel des Raumes leuchtete es wie Sonnengefunkel auf. Märchen aus Tausendundeine Nacht!

Als Kind hatte ich mit heißen Wangen solche Bilder betrachtet, schmale, dunkle Frauengesichter, verhüllt von dem Geheimnis des Schleiers, mit Ohrgehängen und Geschmeide, wie diese es trug, finsterblickende Männer mit dem Turban auf dem Kopf, die Gewalt besaßen und Gewalt übten.

Und wie ein Kapitel daraus erlebte ich jetzt, mit klopfendem Herzen, die Ferne, das Fremde, das Wunderbare: Afrika!

Die Versuche gehen weiter

Die Jahre 1937 bis 1939 haben mir sportlich im Segelflug viel Glück beschieden.

1937 gelang mir ein Streckenweltrekord von der Wasserkuppe nach Hamburg, 1938 ein Weltrekord im Zielflug mit Rückkehr zum Startplatz von Darmstadt zur Wasserkuppe und zurück. Im gleichen Jahr wurde ich als einzige weibliche Teilnehmerin Sieger beim großen Zielstrecken-Segelflugwettbewerb, der von Westerland (Sylt) nach Breslau führte, und im Juli 1939 flog ich einen Weltrekord im Zielflug von Magdeburg nach Stettin. Darüber läßt sich wenig berichten. Es gelang eben.

Mit der Konstruktion der Sturzflugbremsen hatte die Arbeit unseres Instituts über den zivilen Aufgabenbereich der Segelflugforschung hinaus unerwartet auch Bedeutung für die Motorfliegerei und den militärischen Sektor gewonnen.

Mit Abschluß der Versuche und mit meiner Rückkehr aus Rechlin schien zunächst für unsere Institutsarbeit dieses Kapitel abgeschlossen zu sein.

Die neuen Pläne unseres Instituts befaßten sich nun mit der Konstruktion eines Groß-Segelflugzeuges. Da das DFS Wetteraufstiege zur Erkundung und Erforschung von meteorologischen Verhältnissen durchführte, dachte man dabei ursprünglich an eine Art fliegendes Observatorium. Von der Konstruktion her erweiterte man später diesen Plan zu dem Gedanken eines Transportseglers für bestimmte Güter, zum Beispiel für Postbeförderung, wobei der Lastensegler, angehängt an eine Verkehrsmaschine über solchen Orten ausklinken sollte, bei denen keine Landung der Verkehrsmaschine vorgesehen war.

Bei dem damaligen Stand der Segelflugforschung schien die Inangriffnahme dieser Konstruktion, die ganz neue technische Probleme aufwarf, nicht nur schwierig, sondern ein Wagnis zu sein.

Wie zum Beispiel wollte man ein solches Segelflugzeug, das ja mit einer nicht unerheblichen Last beladen war, hochschleppen?

Und wie würde sich der Schlepp hinter einer mehrmotorigen Maschine auswirken?

Hier konnte man ebensowenig wie bei der Konstruktion irgendeines anderen Flugzeugtyps im voraus wissen, welche Schwierigkeiten auftreten würden.

Das erste Groß-Segelflugzeug wurde gebaut, und ich begann mit der Erprobung. Zum Schleppflug benutzten wir die dreimotorige Ju 52. Auch bei diesen Versuchen tastete ich mich ganz langsam vor. Zunächst flog ich die Maschine ohne Last, und erst als ich sie in allen Phasen erprobt hatte, ließ ich sie mit Sandsäcken beladen, bis das vorgesehene Belastungsgewicht erreicht war.

Danach erst nahm ich statt der Sandsäcke Menschen mit.

Die Erprobungen nahmen Wochen und Monate in Anspruch, bis es sich endgültig erwiesen hatte, daß die Konstruktion für die Praxis ohne Gefahr verwendbar war.

Der Segelflug war bisher ein Reservat für Menschen gewesen, die vom Geist des Segelflugs ergriffen, sich ihm verschrieben hatten. Jetzt rückte er in den Bereich der nüchternen und praktischen Erwägung moderner technischer Zweckbestimmung. Der Transportsegler, der in der Lage war, Güter oder auch Menschen zu befördern, mußte in einer Zeit, die auf die technische Ausnutzung aller vorhandenen Kräfte drängte, von Bedeutung werden. Damit aber mußte auch das Interesse der militärischen Stellen geweckt werden.

Der Lastensegler war nicht nur ein völlig geräuschloses Flugzeug, sondern hatte sich auch im steilen Sturz bewährt. Damit aber mußte es möglich sein, ihn als Überraschung hinter den feindlichen Linien einzusetzen, das heißt, ihn beladen mit einsatzfähigen Truppen im Rücken der Feinde landen zu lassen. Dieser Gedanke wäre für jeden Generalstab in der Welt faszinierend gewesen, denn er war neu und umwälzend. Es war deshalb nur natürlich, daß sich auch die deutsche Heeresleitung dafür interessierte.

Unser Institut erhielt den Auftrag, einen Lastensegler als Zehnsitzer zu bauen. Er mußte mit dem geringsten Materialaufwand gebaut werden, denn er sollte nach der Landung zerstört werden und durfte deshalb kein Objekt von großem Wert sein. Er hatte einen Stahlrohrrumpf, mußte jedoch wie jedes andere Flugzeug ausreichende Festigkeit, gute Flugeigenschaften und ausreichende Flugsicherheit garantieren und bei harter Landung auf unebenem Gelände den Männern auch Schutz gewähren.

Zum zweitenmal erlebten wir nun, daß eine Konstruktion unseres Instituts den Bereich ihrer ursprünglichen Zweckbestimmung weit überschreiten sollte.

Nach der Fertigstellung und Erprobung wurde eine Vorführung vor der Generalität angesetzt. Welcher Wert der Sache beigemessen wurde, erhellt sich allein aus der Tatsache, daß Persönlichkeiten wie Udet, Ritter v. Greim, Kesselring, Model, Milch und andere zur Vorführung erschienen waren.

Da ich den Lastensegler eingeflogen hatte, fiel mir zu, auch diese Vorführung zu fliegen, obwohl sie ganz soldatisch aufgezogen werden sollte.

Die Generale hatten sich am Rand des Flugplatzes aufgestellt, um von dort aus dem Schauspiel zuzusehen. Ich nahm in meinem Lastenregler zehn voll ausgerüstete Infanteristen mit ihrem Einheitsführer auf, ließ mich mit der Ju 52 auf tausend Meter Höhe schleppen, stürzte in steilem Winkel und landete schließlich hinter hohen Ginsterbüchsen, die in unmittelbarer Nähe der Gäste den Flugplatz umsäumten. Kaum stand der Lastensegler, als schon die Soldaten heraussprangen und kampfmäßig in Deckung gingen.

Die Exaktheit der Vorführung riß die Generale zu solcher Begeisterung hin, daß einer von ihnen vorschlug, sofort einen zweiten Flug anzuschließen, dieses Mal jedoch mit der Generalität als Besatzung.

Der Vorschlag wurde mit Zustimmung aufgenommen.

Mir jedoch stand vor Schreck fast das Herz still, denn mir wurde in diesem Augenblick nüchtern klar, welche Verantwortung ich mit diesem Flug auf mich nahm.

Mochte Gott geben, daß es gut ging!

Ich startete jetzt zum zweitenmal und konnte die kostbare „Goldfuhre" wieder mit einer gelungenen Ziellandung zu Boden bringen. Eine besondere Überraschung erlebte ich dann, als plötzlich, nachdem die Generalität bereits ausgestiegen war, sich aus dem hinteren Teil des Rumpfes Hans Jacobs herauszwängte. Er hatte als Konstrukteur auf diese Weise sein Stück Verantwortung mittragen wollen.

Die militärische Bedeutung des Lastenseglers sollte aber nicht unwidersprochen bleiben. Der Einspruch kam von der Fallschirmtruppe, die darin eine Konkurrenz sah. In militärischen Kreisen kam es darüber zu Meinungsverschiedenheiten. Daraufhin wurde eine zweite Vorführung von der Generalität des Heeres angesetzt.

Die Vorführung fand in Stendal statt. Ich flog dieses Mal nicht, sondern war als Gast geladen. Beide Einheiten, das heißt Lastensegler und Fallschirmtruppen, kamen beide gleichzeitig vergleichsweise zum Einsatz. Zehn Lastensegler im Schlepp von je einer Ju 52 und eine entsprechende Anzahl Ju 52 mit Fallschirmspringern beladen, starteten zu gleicher Zeit von gleichem Ort und flogen, sich alle auf der gleichen Höhe haltend, auf den Flugplatz Stendal zu, so daß sich hundert Fallschirmspringer und hundert Infanteristen in der Luft befanden.

Das Zeichen wurde gegeben – Minuten höchster Spannung folgten. Lautlos, großen Vögeln gleich, stießen die Lastensegler in steilem Winkel auf das Ziellandefeld zu, wobei die Lastensegler nebeneinander aufsetzten, die Mannschaft sofort geschlossen einsatzbereit war.

Die Fallschirmjäger hatten an diesem Tag wenig Glück. Ein starker Wind, der den Lastenseglern zugute gekommen war, trieb sie weit und ungleich von dem Ziel ab, so daß Menschen und Material irgendwo verstreut landeten und deshalb auch nicht geschlossen einsatzfähig waren. Wollte das auch nichts besagen gegen die hohe Bedeutung, die der Fallschirmtruppe in einem modernen Krieg zukommen mußte, wie es sich dann später auch erwiesen hat, so erwies sich hier aber auch gegen alle gegenteiligen Behauptungen klar und eindeutig die Bedeutung des Lastenseglers.

Für mich war es ein eigentümliches Gefühl, unsere Vögel unter fremder Führung flügge werden zu sehen. Mir war es dabei nicht viel anders zumute als einer Mutter, die ihre Kinder aus ihrer Obhut entläßt mit der bangen Frage im Herzen, welches zukünftig ihr Schicksal sein wird.

Dieses Schicksal wurde der Krieg.

Der erste Einsatz der Lastensegler sollte mit dem Beginn des Frankreichfeldzuges zusammenfallen.

Ziel war die Maginotlinie, die in kürzester Zeit und mit geringsten Mitteln überwunden werden sollte. Nach dem deutschen Operationsplan sollten die Lastensegler mit Truppen und Material auf den feindlichen Forts landen, sie kampfunfähig machen und den eigenen Truppen dadurch einen Vormarsch ohne große Verluste ermöglichen.

Bei Kriegsanfang wurden besondere Einheiten aufgestellt, zu denen man beste deutsche Segelflieger holte. Keiner von ihnen war Berufssoldat. Sie waren deshalb alle im Mannschaftsstand. Diese Ungleichheit zwischen ihrem im Einsatz benötigten fliegerischen Können und ihrem militärischen Rang sollte sich später auf die Vorbereitung des Einsatzes äußerst ungünstig auswirken, da bei den ihnen vorgesetzten Offizieren, die keine erfahrenen Segelflieger waren, das umgekehrte Verhältnis vorlag.

Der ursprünglich für den Beginn des Frankreichfeldzuges angesetzte Termin wurde mehrmals verschoben. Währenddessen saßen die Segelflieger mit ihrer Einheit in strengster Abgeschlossenheit. Wegen der strategischen Bedeutung, die dem

Einsatz zukam, war über sie auch Urlaubs- und Briefsperre verhängt.

Unter diesen Umständen wirkte sich die immer neue Verschiebung des Einsatztermines zermürbend auf sie aus. Es trat noch verschärfend hinzu, daß keine gründlichen und ausreichenden Vorübungen zu dem Einsatz durchgeführt wurden. Jeder einzelne Mann aber wußte, daß das Gelingen davon abhängen würde, denn bisher hatte man weder im Frieden noch im Krieg Erfahrungen für ein solches Unternehmen sammeln können.

Nach dem Operationsplan sollten die Maschinen am Stichtag im Dunkeln kurz hintereinander starten, da sie auch am Einsatzort fast gleichzeitg landen mußten. Sie wurden deshalb auf dem Flugplatz nebeneinander aufgestellt, je eine Motormaschine, durch ein Seil mit einem Lastensegler verbunden, mußte im Abstand von nur wenigen Minuten über das Feld rollen.

Was würde aber geschehen, wenn sich dabei im Dunkeln die Seile miteinander verhedderten?

Und wie konnte man erreichen, daß die Lastensegler pünktlich, zu der von der Heeresleitung festgesetzten Minute an ihrem Bestimmungsort landeten, da andernfalls ja die planmäßige Durchführung der gesamten Operation gefährdet war?

Die Männer, die sich diese Fragen täglich vorlegten, wußten, daß der Einsatz ihr ganzes fliegerisches Können verlangen würde. Verantwortungsbewußt, wie sie waren, drängten sie deshalb, soweit es ihnen das militärische Reglement gestattete, auf die Durchführung von Vorübungen.

Sie fanden nur taube Ohren.

Was konnte schon ein kleiner Gefreiter seinen Vorgesetzten vom Einsatz erzählen?

Das war, was sie aus allen Antworten unschwer heraushören konnten. Sie mußten weiter untätig bleiben ohne Verbindung mit ihren Familien, mit Freunden und Kameraden, während Verbitterung immer stärker von ihnen Besitz ergriff.

Die Nachricht kam auf irgend welchen Wegen auch zu mir. Der Gedanke, daß hier aus fachlicher Unkenntnis heraus die wichtigsten Vorbedingungen zu diesem Einsatz, der ja militärisch ganz neu war, versäumt werden könnten, daß das aber meinen Kameraden das Leben kosten und zugleich die militärische Aktion zum Scheitern bringen mußte, ließ mich nicht mehr los. Tag und Nacht sann ich auf Abhilfe.

Ich mußte Gelegenheit finden, zu ihnen zu kommen. Mir kam es vor allem darauf an, ihre Verbitterung und ihre Depression zu überwinden. Natürlich wollten wir auch die Möglichkeiten besprechen, die Abhilfe schaffen könnten.

Ich schrieb an General von Richthofen, der auch diese Einheit befehligte und bat, den Einsatz in ihrer Einheit mitfliegen zu dürfen. Richthofen lehnte ab.

Jetzt bestand nicht mehr die geringste Aussicht, zu den Männern zu kommen. Und doch ließ mich der Gedanke daran nicht los. Hatte nicht so oft in meinem Leben eine Fügung wunderbar eingegriffen?

Es war inzwischen Winter geworden. Frost und Glätte hatten eingesetzt. Der für den Frankreichfeldzug festgesetzte Termin im November war, da er dem Gegner bekannt geworden, verschoben. Ein zweiter Termin wurde für Februar 1940 vorgesehen.

Für den Einsatz ergab sich daraus die Frage, wie man die Lastensegler beim Landen auf vereister Fläche schnellstens zum Stehen bringen konnte.

Zeit zu längeren Versuchen war nicht mehr. Man forderte

deshalb die DFS auf, Bremsvorrichtungen zu konstruieren, die eine Bremsung auf Eis ermöglichten.

Die Lösung fand Hans Jacobs. Er konstruierte pflugartige Bremsen, die durch einen Hebel ausgelöst wurden und rechts und links von den Kufen sich in den Boden gruben. Nicht berechnet werden konnte jedoch die Stärke der Bremswirkung, da sie von der Beschaffenheit des Bodens und der Geschwindigkeit abhing, die der Lastensegler beim Landen haben würde.

Daß sie viel stärker war, als wir uns vorgestellt hatten, sollte ich bereits beim ersten Versuchsflug erfahren. Um zu vermeiden, daß sich hier bei einem unverhofft harten Anprall der Steuerknüppel in den Leib bohrte, hatte ich mich durch viele Decken um den Leib ausreichend geschützt. Der Schlag, mit dem ich beim Landen durch die außerordentlich starke Bremsung in die Gurte sauste, war trotzdem so hart, daß ich keine Luft mehr zum Atmen bekam und erst nach Minuten gänzlicher Benommenheit, kalkweiß im Gesicht, mit Hilfe der anderen die Maschine verlassen konnte. Konstruktionsänderungen der Bremsen wurden angebracht, die sich weniger tief in den Boden eingruben, deren Bremswirkung deshalb auch nicht so heftig war. Ich flog Versuch auf Versuch, zuerst mit unbelasteter Maschine, dann mit voller Belastung, bis wir die gestellte Aufgabe gelöst hatten.

Wie froh war ich deshalb, als ich danach den Auftrag erhielt, die neue Bremsvorrichtung meinen zum Einsatz bestimmten Kameraden in Hildesheim vorzuführen! Auf welch wunderbare Weise hatte sich meine Bitte erfüllt! Ich war überzeugt, daß dieser Weg ein Weg zur Lösung der so drängenden Fragen sein würde.

Der Empfang auf dem Flugplatz Hildesheim durch den Kommandanten war sehr herzlich. Meiner Bitte, die ich gleich nach meiner Ankunft vorbrachte, das Mittagessen nicht im Kasino mit den Offizieren, sondern mit meinen Segelfliegerkameraden in der Kantine einnehmen zu dürfen, mußte er höflicherweise stattgeben, wobei ich allerdings in seinem Gesicht ein leichtes Befremden über mein Verlangen nicht übersehen konnte. Doch ich nahm darauf jetzt keine Rücksicht.

Natürlich sah ich beim Mittagstisch lauter frohe Gesichter. Ich merkte aber, daß hier nicht der Ort war, um zu besprechen, was wir auf dem Herzen hatten. Wir mußten eine bessere Gelegenheit abwarten.

Sie ergab sich am Abend, nachdem ich den Männern tagsüber die neue Bremsvorrichtung vorgeflogen hatte. Eine Nachtübung, der ich auf Einladung des Kommandanten beiwohnen sollte, fiel wegen starken Nebels aus. Auf diese Weise konnte ich mich einige Stunden für die Männer freimachen.

Wir fanden uns in einem kleinen Kreis alter, bewährter Segelflieger zusammen, deren Sprecher der prächtige Otto Bräutigam war. Zum erstenmal hörte ich jetzt die Tatsachen und Einzelheiten. Planmäßige Vorübungen hatten so gut wie keine stattgefunden, und ein großangelegter Probeeinsatz war überhaupt noch nicht geflogen worden.

Wir, die wir hier zur nächtlichen Stunde in einer Kaserne um einen einfachen braunen Holztisch saßen, wußten aber, daß es, wenn der Einsatz gelingen und nicht unnötig Menschenleben geopfert werden sollten, darauf ankam, auf die Minute genau einzutreffen. Es mußten Trainingsflüge bei Nacht geflogen werden, über kurze Strecken und über lange Strecken. Keine Möglichkeit durfte außer acht gelassen werden.

Otto Bräutigam war unter allen der lebensprühendste, stets zu Schalk und Scherz und auch wohl zu Derbheiten aufgelegte Kamerad, dabei einer der größten und mutigsten Könner. Jetzt stand in seinem Gesicht ein verzweifelter und verbitterter Ernst und begehrte auf gegen die Art, in welcher man die Segelflieger hier behandelte. Ich wußte, daß keiner von denen, die hier saßen, feige war und jeder von ihnen auch bereit, im Kampf sein Leben herzugeben. Sie waren auch keine Rebellen, die sich einer notwendigen Ordnung widersetzt hätten. Doch konnte es vernünftigerweise nicht der Sinn einer militärischen Ordnung sein, sachliche Mängel der Kriegsführung durch den erstarrten Formalismus einer Rangordnung zu decken und sinnlos Menschenleben zu opfern, nur weil die Stimme des Gefreiten Otto Bräutigam zu gering war.

Dagegen wehrten sie sich und wehrte sich auch alles in mir. Doch sagte ich mir, daß die Stimme einer Frau noch weniger gehört werden würde.

Sie aber glaubten es nicht. Sie klammerten sich gerade daran, daß ich eine Frau war und außerhalb der militärischen Befehlsgewalt stand, die sie nicht durchbrechen konnten. Was aber sollte ich tun?

Ich konnte nur helfen, wenn ich selbst nicht in Erscheinung trat; denn nach militärischen Vorstellungen wäre es einfach unmöglich gewesen, daß eine Frau in militärischen Dingen vorstellig geworden wäre. Das würde der Sache mehr schaden als nützen und bestimmt nicht zu einem positiven Ergebnis führen. Es gelang Otto Bräutigam, durch eine Besprechung mit General von Greim, einen Weg zu finden.

Daraufhin fand ein großangelegter Probeeinsatz statt, der in katastrophaler Form bestätigte, wie berechtigt die Sorge meiner Kameraden gewesen war. Nicht nur, daß es anfangs Schwierigkeiten beim Start gab, die wenigen Lastensegler, die das Ziel erreichten, trafen um Stunden später als befohlen an ihrem Ziel ein. Diese Mängel konnten jetzt in einem ausreichenden Training behoben werden.

Jede Erprobung, die ich flog, diente der Sicherung von Men-

1941 zum Ehrenbürger von Hirschberg/Schlesien ernannt.
Mit meinen Eltern vor dem Rathaus

1944 mit meinen Kriegsauszeichnungen

Rechte Seite oben: Der alte Marktplatz meiner Heimatstadt Hirschberg
im Riesengebirge mit seinen historischen Laubengängen
Rechte Seite unten: Mit der Jugend meiner Heimatstadt Hirschberg
im Riesengebirge

Mit meiner mütterlichen Freundin, der Pianistin Professor Elly Ney

schenleben. Das allein schon gab meiner Aufgabe als Einflieger eine so hohe Verantwortung, daß ich – ganz abgesehen
von meiner Liebe zum Fliegen – mir damals keine andere
Lebensaufgabe gewünscht hätte.

Der Krieg aber, der inzwischen so einschneidend in unser Leben gegriffen hatte, änderte natürlich auch meinen Aufgabenkreis. Die gesamte Luftfahrtforschung mußte auf militärische
Belange umgestellt werden, und so bewegten sich nun auch die
Erprobungen, die ich als Einflieger durchzuführen hatte, ausschließlich in diesem Rahmen.

Daß ich eine Frau war, störte viele, denen das Privileg des
Mannes wichtiger war als die Not der Stunde. Mir hat diese
Einstellung viele Kämpfe eingebracht, und sie hätte auch die
Erfüllung wichtigster Aufgaben oftmals verzögert, wenn nicht
einige verantwortungsbewußte Männer wie Udet und Ritter
v. Greim, denen die sachliche Aufgabe mehr galt als der
Kampf der Geschlechter um den Vortritt, kraft ihres Amtes
und ihrer militärischen Stellung meinen Einsatz durchgesetzt
hätten. Ich selbst litt natürlich unter dieser Einstellung, jedoch
hätte sie mich nie von der Erfüllung meiner Pflicht abbringen
können. Und so sind die Jahre des Krieges, dessen Schrecken
und Grauen sich mir unauslöschlich eingeprägt haben, für
mich Jahre schwerer und ernstester Arbeit geworden.

Nicht jeder Versuch führte zum Ziel; unnötig eigentlich dies
besonders zu erwähnen, da sich gerade auf dem Gebiet der
Technik nicht jede schöpferische Idee als praktisch durchführbar erweist. Aber auch sie sind gute Beispiele für die Intensität an Arbeit, die während des Krieges auf dem Gebiet der
technischen Luftfahrtforschung geleistet worden ist. Wissenschaft und Forschung erfuhren in diesen Jahren natürlich einen
besonderen Auftrieb, da sich nun dem Geist der Forschung
und Erfindung die harte Notwendigkeit zur Seite stellte. Auch

das Institut für Segelflugforschung wurde in seiner Arbeit jetzt immer stärker durch den Krieg bestimmt.

In diese Zeit fällt auch der Versuch, einen Benzinträger zu konstruieren, das heißt, ein unbemanntes Flugzeug, das wie ein Gleiter im Schlepp einer Motormaschine zusätzlich Benzin mit sich führen sollte. Auf diese Weise könnte die Motormaschine in der Luft neues Benzin ansaugen, wenn das eigene verbraucht war. Der Benzinträger mußte größtmögliche Eigenstabilität besitzen, um bei Böigkeit von selber wieder in Ruhe zu gelangen.

Für die Erprobung war ich durch meine Kleinheit besonders geeignet, denn der Benzinträger hatte verhältnismäßig kleine Maße, mußte aber zunächst eine Steuerung haben und bemannt werden, da seine Mängel nur durch einen Versuchspiloten genau festgestellt werden konnten. Unter den unzähligen Versuchen, die ich in einer fast zehnjährigen Tätigkeit flog, haben mich kaum jemals wieder Versuche so angestrengt wie diese. Jedesmal hatte ich mit großer Übelkeit zu kämpfen; denn um die Eigenstabilität der angehängten Segelmaschine erproben zu können, mußte ich die Steuerung festschrauben. Dabei entstanden für mich höchst unangenehme Situationen, da ich alle Grenzfälle ausprobieren mußte, wobei sich der Benzinträger, in dem ich saß, im Schlepp oftmals überschlug.

Diese Versuche kosteten aber nicht nur Überwindung der körperlichen Schwäche, von der ich angefallen wurde, sondern auch der Angst – häßlicher, primitiver Angst. Doch wenn sie mich überfiel, dann dachte ich an die Männer draußen und schämte mich, weniger bereit zu sein als sie.

Der Gedanke eines Benzinträgers erwies sich in dieser Form als nicht ausführbar, weshalb die Versuche eingestellt wurden.

Andere Erprobungen galten der Frage, ob es möglich sei, eine Vorrichtung zu schaffen, mit deren Hilfe kleine Beobachtungsflugzeuge von kleinstem Deck eines Kriegsschiffes aus starten konnten, um auf ebenso kleinem Deck wieder zu landen.

Zu diesen Versuchen verwandte man Seile, die in einem Abstand von einem Meter und einer Länge von dreißig Metern horizontal gespannt wurden. Das eine Ende der Seile wurde am Boden verankert und das andere Ende über ein sechs Meter hohes Holzgerüst geleitet, so daß eine schräge Ebene, gebildet durch die Seile, entstand. Darauf sollte das Flugzeug landen, wobei die Flügel und das Höhenruder zum Aufliegen auf den Seilen kamen, während der Rumpf zwischen den Seilen hing. An jedem einzelnen Seil waren mehrere Bremsvorrichtungen angebracht, die das Flugzeug auf der Länge dieser zur Verfügung stehenden dreißig Meter abbremsen sollten.

Ich mußte in die Seile hinein landen. Die Entfernung der Seile zueinander war so bemessen, daß der Flugzeugrumpf gerade zwischen zwei Seilen Platz hatte. Damit aber die Seile die Flächen der Maschine nicht durchsägen konnten, wurde unter jeder Fläche und auch unter dem Höhenruder ein Stahlrohr geführt.

Doch jetzt bestand noch die Gefahr, daß die Maschine beim Aufsetzen aus den Seilen sprang. Deshalb wurde eine Vorrichtung geschaffen, um das Seil rechts und links des Rumpfes beim Aufsetzen in eine Führung springen zu lassen, die sich schloß und das Flugzeug zwischen zwei Seilen in Richtung hielt. Auf diese Weise wurde die Maschine geführt und rutschte nur nach vorn.

Für die Durchführung war eine kleine Maschine mit Druckpropeller vorgesehen, die jedoch zu diesem Zeitpunkt noch in der Entwicklung stand. Aus diesem Grund sollte ich die Versuche mit einem Segelflugzeug machen, um erst einmal festzustellen, ob die Idee überhaupt in der Praxis durchführbar war. Tatsächlich waren die Versuche äußerst schwierig.

Wie schon aus den angegebenen technischen Angaben hervorgeht, kam es bei diesen Versuchen auf eine sehr genaue Ziellandung an. Um das zu erreichen, setzte ich ein ganz systematisches Training an. Ich ließ mir dazu auf dem angrenzenden Flugplatz mit Fähnchen ein Landefeld abstecken, das dieselbe Größenordnung besaß wie das aufgebaute Gerüst.

Jeden Morgen vor den Erprobungsflügen machte ich in dieses Landefeld hinein mehrere Ziellandungen, um mit Geringstgeschwindigkeit auf den Meter genau aufzusetzen.

Bei der eigentlichen Versuchsfläche, dem aufgebauten Gerüst, war es sehr schwierig im Flug zu erkennen, wo die ansteigende Fläche begann. Um sie dem Auge deutlicher werden zu lassen, ließ ich zwischen den Seilen kleine Tannenbäume aufstellen, die mir durch ihre plastische Wirkung das Erkennen außerordentlich erleichterten.

Nachdem auf diese Weise alle Vorkehrungen auf das sorgfältigste getroffen worden waren, flog ich nun, von allen mit großes Spannung erwartet, den ersten Versuch. Ich hatte mich wieder mit Decken gut geschützt und trug – vielleicht von diesem oder jenem im stillen belächelt – auf dem Kopf einen Sturzhelm.

Bei diesem Versuch hatte ich etwas seitlichen Wind. Dadurch legte sich die Maschine in dem Augenblick, in dem ich zielmäßig aufsetzte, ein wenig schräg. Da ich aber noch eine gute Geschwindigkeit hatte, tauchte der Rumpf blitzschnell schräg zwischen zwei Seile. In einer ebenso blitzschnellen Reaktion zog ich instinktiv den Kopf ein, aber nur der Sturzhelm rettete mich davor, daß die Seile mir nicht den Kopf vom Körper schnitten.

Für die Zuschauer war dieser Augenblick schrecklicher als für mich. Jagdflieger, die zugesehen hatten, wollten jeden Feindflug einem solchen Flug vorziehen.

Beim zweiten Versuch kam ich vorschriftsmäßig gerade herein. Doch ich hatte trotz der Bremsklötze noch ziemlich Fahrt, und es war kein schönes Gefühl, als ich plötzlich mit großem Tempo das Holzgerüst auf mich zukommen sah. Die Maschine blieb jedoch wenige Meter vor den Endmasten stehen.

Dann kam der dritte Versuch mit einer neuen Art der Bremsvorrichtung, die aber völlig versagte. Wieder kamen die Masten mit jener unheimlichen Geschwindigkeit, immer größer werdend, auf mich zu. Wieder duckte ich mich instinktiv zusammen, während ich auf das Ende der Seile und das Holzgerüst zuraste und nun darüber hinaus geschleudert werden mußte. Doch wie ein Wunder blieb der Schwanz am Gerüst hängen, indessen ich mit dem Vorderteil des Rumpfes frei in der Luft hing, bis man mich mit Feuerwehrleitern befreite.

Die Erprobung wurde aufgegeben, da inzwischen eine andere und bessere Lösung gefunden war.

Eine mir besonders wertvolle Aufgabe waren die Ballonkappversuche. Es wird sich noch mancher daran erinnern, daß der Einsatz der Luftwaffe gegen England eine unvorhergesehene Störung durch die Ballonsperren, vor allem über London, erfuhr. Sie haben damals viele deutschen Fliegern das Leben gekostet, da die Seile, an denen die Ballone befestigt waren, beim Anfliegen die Flächen der Maschinen durchsägten.

Hans Jacobs konstruierte einen Abweiser, der die Motoren und die Flächen schützen und das Ballonseil bis zu den Flügelenden abweisen sollte, um dort durch Schneidevorrichtungen gekappt zu werden.

Die Konstruktion sollte in der Nähe von Rechlin erprobt werden. Für die Versuche waren Stahlseile in verschiedener Stärke vorgesehen, angefangen mit dem dünnsten Seil von 2,7 Millimeter, welches für die anfliegende Maschine die geringste Gefahr bedeuten würde, bis zu einer Seilstärke von 8,9 Millimeter, das wie ein dicker Stahlstab in der Luft stand. Mit feinsten Geräten wurden beim Anfliegen gegen die Seile die auftretenden Kräfte beim Anprall gemessen. Hierdurch wurden die notwendigen Unterlagen zur Berechnung und Weiterentwicklung des Abweisers geschaffen.

Die Erprobungen sollte ich mit dem Bomber „Do 17" durchführen. Da man nicht voraussehen konnte, ob der Abweiser die Propeller völlig schützte, bestand die Möglichkeit, daß Teile des Propellers abfliegend durch die Kabine schlugen und die Besatzung möglicherweise tödlich trafen.

Ich ließ mir deshalb hinten im MG-Stand einen zweiten Führersitz mit Steuerung einbauen, genau da, wo die Einstieg- und Ausstiegluke war. Ich konnte zwar von hier aus nicht landen, jedoch die Maschine steuern.

Den Monteur wies ich vorher genau ein. Nach dem Start, in sicherer Höhe, ließ ich ihn die Steuerung halten während ich nach hinten kletterte, um von dort aus die Steuerung zu übernehmen. Nun kam auch der Monteur nach hinten, schnallte uns beiden die Fallschirme an und setzte sich neben die Ausstiegluke. Wenn der Versuch mißlang, würden wir bei genügender Höhe normalerweise die Möglichkeit haben, mit dem Fallschirm auszusteigen. Deshalb würde ich ohne den Monteur fliegen, wenn ich den Ballon von geringer Höhe anflog, da dann ein Aussteigen für keinen von uns beiden in Frage kam. In diesem Fall blieb ich auf dem eigentlichen Führersitz in der Kabine.

Ich sollte nun zum erstenmal starten.

Auf dem Flugplatz von Rechlin stand der Bomber „Do 17".
Ich startete und stieg über den Ballon und überflog ihn ruhig,
einige Male kreisend, immer mit den Augen suchend, ob das
Seil irgendwo in der Sonne reflektierte. Als ich es gegen den
blauen Himmel silbrig aufleuchten sah, ging ich mit der Maschine etwas tiefer, verlor dadurch das Seil wieder aus den
Augen. Ich versuchte es nun auf gut Glück, weil ich glaubte
die ungefähre Richtung aus der Erinnerung bestimmen zu
können und traf tatsächlich durch Zufall das Seil.
Von nun an ließ ich mir an dem Seil, um es für das Auge sichtbar zu machen, mehrere Meter lange Fahnen anbringen, in
einem Abstand von etwa dreißig Meter. Die beiden Fahnen
nahm ich als Richtpunkte und flog bei den weiteren Versuchen
das Seil jeweils dazwischen an.
Die Brauchbarkeit des Abweisers war mit den ersten Versuchen jedoch noch keineswegs bewiesen. Das konnte nur
durch systematische Meßflüge erreicht werden, die bis zu der
größten Seilstärke, die beim Gegner verwendet wurde, durchgeführt werden mußten. Immer wieder wurde der Abweiser
verbessert.
Diese Erprobungen hatten mich wie kaum eine Aufgabe zuvor
innerlich erfüllt und mitgerissen; denn ich wußte, daß ich
jeden Versuch für das Leben meiner Kameraden flog, die im
Einsatz standen. Es war ein harter Kampf mit der Gefahr.
Ich vergaß dabei ganz, daß ich mich schon seit Tagen nicht
wohl fühlte. Ich hatte Fieber und heftige Kopfschmerzen,
aber ich wollte es nicht wissen, bevor nicht die Versuche ganz
zu Ende geführt waren; denn jetzt galt es nur noch an dem
letzten unerprobten Seil den Beweis zu führen, daß der Abweiser ausreichende Stärke besaß. Ich stieg noch mehrere Male
auf, bis ich eines Morgens, vom Fieber geschüttelt, an mir un-
verkennbare Zeichen des Scharlachs entdeckte.

Man brachte mich umgehend nach Berlin ins Virchow-Krankenhaus. Dort lag ich nun in einem kleinen Raum der Quarantänestation mit dem Blick auf einen freundlichen Garten. Das Fieber stieg, und ich war sehr krank. Aber ich fühlte nur den heißen Schmerz darüber, daß ich aus den Versuchen im letzten Augenblick herausgerissen worden war. Zu sehr war ich in diesen letzten Monaten mit ihnen verwachsen.

Schon nach wenigen Tagen mußte ich in einem völlig verdunkelten Zimmer liegen, da der Scharlach auf meine Augen geschlagen war. Würde ich künftig kurzsichtig sein oder erblinden? Nach einigen Wochen bekam ich zu dem Scharlach Gelenkrheumatismus. Mein Herz war stark in Mitleidenschaft gezogen. Würde ich das Fliegen ganz aufgeben müssen?

Immer tiefer stieß es mich ins Dunkel hinein. Doch ich wollte bereit sein, aus Gottes Hand, der mir die Gnade reicher Jahre geschenkt hatte, auch den Verzicht anzunehmen.

Die Versuche wurden inzwischen von einem sehr befähigten Fliegerkameraden, Lettmaier, fortgesetzt und zu Ende geführt. Er fand später den Fliegertod.

Der Abweiser sollte nun an der Front erprobt werden. Aber die Front erwies sich der neuen Konstruktion gegenüber als skeptisch. Eine Ausnahme machte Generaloberst Ritter von Greim, der sich mit seinen Kommandeuren die Versuche angesehen hatte und von der Zweckmäßigkeit und Notwendigkeit der Entwicklung überzeugt war. Er forderte deshalb alle mit dem Abweiser versehenen Maschinen an. Seine Männer waren die ersten, die mir darüber nach dem erfolgreichen Einsatz schrieben, und es gab nichts, was mich glücklicher gemacht hätte, als diese Dankesbriefe.

Drei Monate waren nun vergangen. Ich wurde aus dem Krankenhaus gesund entlassen. Nichts stand meinem Fliegen im Wege, und so kehrte ich zu meiner Versuchsarbeit zurück.

Inzwischen beschäftigte man sich mit dem Gedanken, den Abweiser zu verbessern. Es durfte zwar als erwiesen angesehen werden, daß sich die Konstruktion im Einsatz bewährte. Doch nicht zu übersehen war, daß der große Vorbau die Maschine zu stark belastete, wenn ein Motor zum Ausfall kam.

Die Überlegungen führten zu der Lösung einer Stahlschneide, die vorne entlang der Flügelnase angebracht werden sollte und die Aufgabe hatte, das Seil beim Anfliegen zu kappen. Dabei allerdings fiel der Schutz der Propeller aus.

Die Versuche dazu nahmen wir im Frühjahr 1941 auf. Da jedesmal ein Ballon dabei gekappt wurde und somit für eine weitere Verwendung ausfiel, mußten wir die Erprobung nach Saarow verlegen. Dort war die Ballonerprobungsstelle.

Es kam dabei zu störenden Zwischenfällen, wenn der gekappte Ballon durch den Wind abgetrieben, das verbleibende Seil hinter sich schleppend im ganzen Umkreis die Starkstromleitungen beschädigte. Solche Zwischenfälle kosteten dem Staat ein Vermögen. Natürlich wurde der Versuch gemacht, Abhilfe zu schaffen. Es wurden Jagdflieger eingesetzt, um die gekappten Ballone abzuschießen. Waren aber keine Jagdflieger zur Stelle, so versuchte man durch Abschließen der Überdruckventile die Ballone beim Aufsteigen zum Platzen zu bringen. Doch hatte keine dieser Methoden hundertprozentige Sicherheit. Dann kam ein Tag, an dem Udet zu Adolf Hitler befohlen war. In Saarow, wo die Ballonversuchsstelle war, machte er eine Zwischenlandung und erfuhr dabei zu seinem Erstaunen, daß gerade die Vorbereitungen für einen Ballonanflug von mir getroffen wurden. Er hörte hier zum erstenmal, daß ich, seit Wochen Tag für Tag, diese Versuche flog.

Dieses Mal sollte für den Anflug ein Stahlseil benutzt werden, das besonders schwer zu kappen war. Es war 5,6 Millimeter stark, bestand aber nicht wie gewöhnlich aus lauter ganz dünnen Seilfäden, sondern aus fünf oder sechs dicken Seilsträhnen. Es war von England herübergetrieben worden. Man hatte jedoch nur ein verhältnismäßig kurzes Stück gefunden, an dem nun der Ballon befestigt werden sollte. Auf diese Weise war nur eine geringe Ballonhöhe gegeben. Der Anflug war deshalb besonders gefährlich, da man nicht genügend Höhe hatte, um, wenn es nötig sein würde, mit dem Fallschirm auszusteigen.

Udet, der bisher noch keinen Ballonanflug erlebt hatte, blieb bei den Männern stehen, um ihnen bei der Arbeit zuzusehen. Die Ballonverankerungsstelle lag in einem Wald und dadurch windgeschützt. Erst wenn der Ballon über Waldeshöhe gestiegen war, drehte er sich in den Wind. Unglücklicherweise stellte er sich heute jedoch nicht mit seiner Längs-, sondern mit der Breitseite dem Wind entgegen, was die Männer hätte veranlassen müssen, den Ballon sofort wieder einzuholen, da in dieser Stellung die Abtrift so stark wird, daß auch ohne Anflug die Gefahr besteht, daß das Seil reißt.

Durch Udets Gegenwart beeindruckt, unterließen sie es jedoch und gaben mir statt dessen das Zeichen zum Anflug.

Als ich, über den Ballon fliegend, sah, in welcher ungewöhnlichen Weise er abgetrieben war, wurde mir bewußt, daß dieser Anflug an das sehr flachliegende Seil in dichter Bodennähe, gefährlicher als je zuvor war. Doch da ich in Unkenntnis des begangenen Fehlers der Bodenmannschaft annehmen mußte, daß eine solche Seilstellung im Bereich der Möglichkeiten für die Einsatzflüge meiner Kameraden lag, mußte der Versuch gemacht werden. Im selben Augenblick krachte es auch schon. Durch die Kabine flogen Splitter des Metallpropellers. Gleichzeitg trat eine unerhörte Unwucht des linken Motors ein. Das Seil hatte den unteren Teil zweier Propellerblätter abrasiert. Ich stellte sofort den Motor ab und versuchte durch die elektrische Betätigung die Blätter des Propellers zum Stillstehen, in sogenannte Segelstellung zu bringen, das heißt in eine Stellung, bei der der Propeller sich nicht durch Autorotation weiterdreht. Würde ich das erreichen, bevor der Motor durch die große Unwucht herausgerissen würde und die Maschine, dadurch schwanzlastig geworden, abstürzen mußte? Es war ein Wettlauf mit dem Tod.

Darauf warteten in äußerster Erregung auch Udet und die Männer, die unten standen und das Krachen hörten und lauter in der Sonne blitzende kleine Teile herumfliegen sahen. Ich verschwand vor ihren Blicken hinter den Baumkronen. Die Detonation des Aufschlages, den sie erwarteten, blieb jedoch aus. Udet bestieg sofort seinen Storch und kam nach Fürstenwalde, von wo aus ich immer startete und auch dieses Mal wieder heil gelandet war. Überrascht sah ich ihn plötzlich neben meiner Maschine landen. So bleich hatte ich ihn noch nie gesehen. Ohne ein Wort sagen zu können, stand er vor mir. Dann, als er sich von dem Schreck erholt hatte, flog er zu Adolf Hitler, dem er berichtete. Daraufhin wurde mir das EK II verliehen.

Folge der EK-Verleihung: Gespräche mit Göring und Hitler

Am 27. März 1941 fand zunächst ein Empfang in Berlin bei Göring statt, der mir als Anerkennung für die durchgeführten Versuche das Goldene Militärfliegerabzeichen mit Brillanten in Sonderausführung verlieh. Es war das erstemal, daß ich ihm gegenüber stand. Als ich in den Empfangsraum seines

Hauses trat, in dem er mich mit einigen seiner Generale erwartete, blieb ich von ihm zunächst ganz unbeachtet, während er über mich hinweg zur Tür sah.

Schließlich machte Udet ihn schmunzelnd darauf aufmerksam, daß die Erwartete schon vor ihm stand.

Sein Erstaunen war groß. Breit stand er vor mir, die Hände in die Seiten gestützt.

„Wie? Das soll unser großer, berühmter Flugkapitän sein? Ist das alles? Wie können Sie kleine Person überhaupt fliegen?"

Die Anspielung auf meine Größe gefiel mir nicht. Ich holte mit meiner Hand aus und machte eine Bewegung, die ungefähr seinem körperlichen Umfang entsprechend war:

„Ja, muß man denn dazu so aussehen?"

Mitten im Satz fiel mir heiß ein, daß die Bewegung, zu der ich gerade unbekümmert ausholte, hier vielleicht doch nicht ganz am Platz war. Ich versuchte sie abzustoppen. Aber es war schon geschehen. Jeder der Umstehenden und auch Göring selbst hatte sie gesehen. Es gab ein großes Gelächter, in das auch Göring einstimmte.

Am anderen Tag fand der Empfang bei Hitler zur Verleihung des EK II in der Reichskanzlei statt.

Mit großer, innerer Spannung stieg ich zur festgesetzten Stunde die Stufen zur Reichskanzlei empor. Von Adjudanten wurde ich durch den langen Gang in einen Raum geführt, in dem Hitler mit Göring und einigen anderen Herren bereits anwesend war. Ich trat ihm heute zum zweitenmal gegenüber; denn schon nach meiner Ernennung zum Flugkapitän im Jahre 1937 war ich von ihm empfangen worden, damals zusammen mit jenen Männern, die zum erstenmal unter Führung von Freiherrn von Gablenz mit einem deutschen Flugzeug den Pamir überflogen hatten.

Hitler begrüßte mich freundlich und mit Wärme, während

ihm zur Seite Göring stand, strahlend wie ein Vater, der sein wohlgeratenes Kind vorführen darf. An einem großen runden Tisch, auf dem, wie mir noch lebhaft in Erinnerung ist, ein Strauß Wicken stand, nahm ich zwischen beiden Platz. Hitler zog mich nun in ein längeres Gespräch über meine Versuche. Mich beeindruckte, daß Hitler auf diesem rein fliegerisch-technischen Gebiet über Kenntnisse verfügte, wie sie normalerweise nur derjenige haben kann, der sich speziell damit beschäftigt. Erstaunlich war die Klarheit der Fragestellung, die stets das Wesentliche und den Kern der Sache traf. Mir erging es in dieser Stunde nicht anders als vielen vor und nach mir, die Gelegenheit hatten, sich mit Hitler über Fragen ihres Fachgebietes zu unterhalten. Seine ungezwungene und einfache Art strömte eine Zuversicht aus, die sich jedem, der in seine Nähe kam, mitteilte. Dieser offizielle Empfang konnt eine tiefere Einsichtnahme in das Wesen und die Persönlichkeit Hitlers nicht vermitteln.

In den nächsten Tagen gingen mir von allen Seiten außerordenlich viele Briefe, Telegramme und persönliche Glückwünsche zu. Die Anteilnahme, welche die deutsche Öffentlichkeit an diesem Ereignis nahm, hatte für mich etwas Ergreifendes; denn ich spürte in der Begeisterung die Dankbarkeit unseres Volkes für die Soldaten. Jeden einzelnen ehrten sie damit. Doch da das EK II seit seiner Stiftung im Jahre 1813 nur 2 Frauen, Eleonore Prochaska (in den Befreiungskriegen 1813 als Mann verkleidet gefallen) und im 1. Weltkrieg der Krankenschwester Johanna Krüger, verliehen worden war, wurde die Verleihung an mich als erster Frau in diesem Krieg für jene, deren Gedanken unablässig um Männer, Söhne, Väter und Brüder kreisten, ein Sinnbild ihrer Liebe und ihrer Sorge. So erlebte ich es in diesen Tagen und fand darin ein tiefes Glück, das nur der verstehen kann, der sein Volk liebt.

Meine Heimat Schlesien vergaß nicht, daß ich ihr Kind war. Am 4. April 1941 veranstaltete meine Vaterschaft Hirschberg einen großen Empfang. Ich hatte mich zuerst gesträubt daran teilzunehmen. Oberbürgermeister Blasius kam nach Berlin und holte mich. Wir fuhren im Wagen, ich noch erfüllt von den Eindrücken, die mir die letzten Tage gebracht hatten. Erst an der Grenze Niederschlesiens sollte ich erfahren, was Verbundenheit mit der Heimat bedeutet. Die Dörfer hatten geflaggt, Menschen säumten die Straßen und warfen uns Blumen zu, standen an den Türen und grüßten, und noch vor Hirschberg mußten wir oftmals halten, um die Lieder der Schulkinder anzuhören, ihnen die Hand zu drücken und liebevoll gearbeitete Geschenke entgegenzunehmen. Aus jedem und allem sprach Schlesiens Liebe! Aus den Kinderaugen, die uns entgegenleuchteten, aus den dankbaren Blicken greiser Männer und Frauen, die uns mit welken Händen zuwinkten, aus den Begeisterungsrufen der Jungen, den Blumen und Fahnen, die Hirschberg schmückten. Ich war Schlesiens Kind!

Hirschberg glich einem wogenden Meer von Menschen und Schmuck. Jugend bildete Spalier, Schüler der Segelfliegerschule Grunau und eine Fliegergruppe hatten am Eingang der Stadt Aufstellung genommen, Tausende von Menschen grüßten an den Straßen, während wir unter Musik langsam dem Rathaus zufuhren. Dort fand der erste Empfang statt.

Diese Stadt, ihre grünen Hänge, ihre alten Giebelhäuser und Laubengänge, ihre Straßen und Gassen, war mir lieb seit Kindertagen. In welchen Ländern und Erdteilen ich auch inzwischen gewesen war, immer war sie mir in meinem Herzen nah geblieben.

Hier war ich zu Haus.

Der Jubel, der von Zeit zu Zeit aufstieg und zu uns in den Ratsherrensaal drang, fand in mir einen bewegten Widerhall.

270

Er bestätigte mir, daß es im deutschen Volk eine Liebe gab, deren Kraft aus Quellen stammt, welche die Vernunft nicht berechnen kann. Aus den Bergen, die hier auf uns niederschauten. Aus den Wiesen und Äckern, die sich vor der Stadt ausbreiteten. Es waren die Bilder, welche die Seele des einfachen Soldaten füllten, der vorn im Graben stand, es waren die Träume der Frauen und Mütter, welche die Entbehrungen des Krieges allein zu tragen hatten: es war Heimat!

Im Ratsherrensaal wurde mir der Ehrenbürgerbrief der Stadt verliehen. Eine Auszeichnung, die unter den Lebenden bisher nur Gerhart Hauptmann zuteil geworden war. Am Nachmittag war eine Feierstunde in meiner alten Schule. Und auch das war für mich ein Erlebnis schönster Art, vertraute Räume wiederzusehen, in liebe, alte Gesichter zu schauen, die mir die vielen glücklichen Stunden und Jahre in Erinnerung brachten, die ich hier verlebt hatte. Es war schön, frohe und erwartungsvolle Mädchenaugen zu grüßen, in denen sich meine eigene Jugend widerzuspiegeln schien.

Zu meiner großen Freude schenkte mir die Stadt ein Segelflugzeug vom Typ „Grunau-Baby". Ich habe es später der Segelfliegerschule Grunau zur Verfügung gestellt und auf den unvergeßlichen Otto Bräutigam getauft, der inzwischen den Fliegertod gefunden hatte.

Es war nicht die Ehre, die mich an diesem Tag zutiefst bewegte, sondern die Verbundenheit mit meiner Heimat, deren Liebe mich hier umschloß. Ich fühlte mich davon getragen, und ich war erfüllt von einem tiefen Dank, sie so sichtbar erleben zu dürfen. Sie würde mich, wenn ich nun zu meiner Arbeit zurückging, wie ein Kraftquell begleiten.

Wer im Krieg Gelegenheit hatte, das Raketenflugzeug Me 163 zu fliegen, glaubte ein Märchen von Münchhausen zu erleben. Man startete unter Feuergespei und Getöse, um in steilem Winkel aufzusteigen und nichts als Himmel und wieder Himmel zu sehen.

Unwirklich aber erschien es einem auch schon, in der am Boden gefesselten Maschine zu sitzen, wenn der teuflische, feuersprühende Lärm um einen losging. Durch das Kabinenfenster sah ich die Menschen mit weitaufgerissenem Mund und zugehaltenen Ohren erschreckt zurückweichen, während ich selbst genug damit zu tun hatte, den fürchterlichen Eindruck der Detonationen, unter denen die Maschine unaufhörlich erbebte, zu überwinden. Ich fühlte mich wie einer Urgewalt ausgeliefert, die sich wie der Abgrund der Hölle aufzutun schien. Unvorstellbar, daß ein Mensch sie beherrschen sollte.

Doch ich saß jetzt in der Kabine der Maschine, um mich – während das Triebwerk erprobt wurde – an den Lärm zu gewöhnen. Er durfte mich nicht mehr erschrecken und durfte auch mein Denken nicht eine einzige Sekunde hindern, mir kühl und ruhig zu befehlen, was ich zu tun hatte. Denn wenn ich einmal gestartet war, konnte der kleinste Fehler die mir anvertraute Maschine gefährden und gleichzeitig den Tod bedeuten. Und jetzt schon spürte ich die Spannung der Erwartung, die mich vor meinem ersten Start ergreifen würde. Ich spürte, wie bis in die letzten Fingerspitzen hinein alles angespannt war, während meine Gedanken die Vorgänge des Starts sachlich registrierten.

Im Oktober 1942 flog ich in Augsburg bei der Firma Messerschmitt die Raketenmaschine Me 163 A und B.

Die Me 163, ein schwanzloses Flugzeug mit Raketenantrieb,

war das Ergebnis einer jahrelangen Forschungsarbeit, die Dr. Alexander Lippisch mit seinem Versuchspiloten, Flugkapitän Heini Dittmar, in Darmstadt durchgeführt hatte, um sie bei Messerschmitt zu vollenden.

Die Me 163 A, die mit einer Walter-Rakete angetrieben wurde, hatte sich bei der Erprobung so ausgezeichnet bewährt, daß sie als Einsatzmaschine für den Krieg weiterentwickelt wurde. Als Me 163 B, wie sie jetzt hieß, war sie als Intercepter (intercipere = dazwischenfahren) gedacht. Sie sollte feindliche Bomberpulks auseinandertreiben, um sie einzeln leichter abschießen zu können.

Die eingebaute Walter-Rakete war eine Flüssigkeitsrakete, bei der hochkonzentrierter Wasserstoffsuperoxyd (T-Stoff) mit einem Spezialbrennstoff (C-Stoff) in einer Brennkammer bei etwa achtzehnhundert Grad zur Verbrennung gelangte. Beim Zusammenkommen von C- und T-Stoff tritt spontan Zersetzung ein, so daß kein Zündelement nötig ist. Die Treibstoffe werden in einem bestimmten Verhältnis unter etwa zwanzig atü Druck durch ein Rohrsystem in die Brennkammer am Schwanzende geleitet. Dort mischen sie sich durch zwölf Düsen zerstäubt und verlassen als Stichflamme mit einer Rückstoßkraft von etwa viertausendfünfhundert PS die Düse. Der Druck ist so stark, daß man noch etwa hundert Meter hinter einer startenden Rakete sehr heftige, wellenartige Schläge auf dem Körper verspürt.

Kurz nach dem Abheben vom Boden erreichte die Rakete eine Geschwindigkeit von etwa dreihundertfünfzig bis vierhundert Kilometer je Stunde. In acht bis zehn Meter Höhe mußte das Fahrwerk abgeworfen werden, da es als Luftwiderstand hinderlich war und aus Platzmangel nicht eingefahren werden konnte. Ein Abwurf in geringerer Höhe konnte zur Folge haben, daß das Fahrwerk, vom Boden reflektiert, unter Umständen zurück in den Rumpf sprang, in dessen hinterem Teil sich die Rakete und die Tanks der hochexplosiven Flüssigkeit befanden, und eine Beschädigung gefährlichste Folgen haben konnte. Nach Abwurf des Fahrwerks stieg die Geschwindigkeit in wenigen Sekunden auf achthundert Kilometer je Stunde und mit dieser Geschwindigkeit konnte man unter einem Steigwinkel von etwa sechzig bis siebzig Grad in eineinhalb Minuten zehntausend Meter Höhe erreichen.

Die Maschine besaß hervorragende Flugeigenschaften, wie ich sie in gleichem Maße bei keiner anderen Maschine erlebt habe. Sie hatte aber nur geringe Flugzeit, da der Brennstoffverbrauch erheblich war. Mit ihren zweitausend Litern – mehr konnte man unmöglich in dieser kleinen Maschine unterbringen – konnte man nur etwa fünf bis sechs Minuten fliegen.

Bei Start und Landung erforderte die Me 163 höchste Aufmerksamkeit. Als Vorschulung benötigte man einige Schleppflüge ohne Triebwerk. Zum Landen war ein gutes Ziel- und Schätzungsvermögen nötig, denn die Maschine mußte, da sich der Brennstoff im Flug verbraucht hatte, ohne Triebwerkhilfe, also als Gleitflugzeug gelandet werden. Bei der hohen Landegeschwindigkeit von zweihundertunddreißig bis zweihundertundvierzig Kilometer je Stunde war die Ziellandung nicht ganz einfach.

In Obertraubling bei Regensburg wurden die Flüge der ersten Versuchsmaschinen der 163 B von meinem Kameraden Opitz und Späthe und mir durchgeführt. Heini Dittmar, dessen fliegerisches Erprobungswerk diese Maschine ist, lag zu dieser Zeit mit einer Verletzung der Wirbelsäule, die er sich bei den Versuchen zugezogen hatte, im Krankenhaus. Er hatte als erster damit tausend Kilometer Geschwindigkeit in der Stunde erreicht und überschritten.

Zunächst flogen wir ohne Triebwerk. Ich sollte heute meinen fünften Flug durchführen.

Die zweimotorige Me 110, die mich schleppen sollte, rollte über das Feld und wenige Sekunden später hob sich die Me 163 B vom Boden ab. In etwa acht Meter Höhe versuchte ich das Fahrwerk durch einen Auslösehebel abzuwerfen. Doch merkte ich, daß irgend etwas heute nicht in Ordnung war. Denn es trat ein auffallendes Zittern und Brummen ein, das sich der ganzen Maschine mitteilte, so als ob eine ziemlich starke Verwirbelung die Ursache sei. Von unten sah ich rote Leuchtkugeln aufsteigen: Achtung! Gefahr! Ich versuchte mich durch Kehlkopfmikrophon mit der Schleppmaschine zu verständigen, doch die Verbindung versagte. Statt dessen sah ich, wie der Beobachter vom MG-Stand der Schleppmaschine heftig mit einem weißen Tuch winkte, während im selben Augenblick die Me 110 anfing ihr eigenes Fahrwerk aus- und einzufahren. Dann den Vorgang wiederholte: ausfahren – einfahren, ausfahren – einfahren ... Ich wußte nun, daß irgend etwas mit meinem Fahrwerk nicht in Ordnung war.

In großen „Platzrunden" flog die Me 110 mit mir im Schlepp um den Flugplatz.

Ich wünschte mir nur eines – in sichere Höhe zu gelangen, in der ich vom Schleppseil losgelöst, versuchen konnte, ob das Flugzeug gefahrlos zu steuern wäre. Da ich mich nicht vom Schleppseil löste, begriff der Motorpilot, was ich wollte, und schleppte mich so hoch, wie es die Wolkenbasis erlaubte. In dreieinhalbtausend Meter Höhe klinkte ich aus.

Mit harten Abfangbewegungen versuchte ich das Fahrwerk abzuschütteln. An dem anhaltenden Vibrieren der Maschine merkte ich jedoch, daß es nicht gelingen wollte. Ich konnte jetzt nur noch die Maschine in ihren verschiedenen Fluglagen prüfen, ob sie völlig beherrschbar war und nicht irgendein

Steuerteil durch das am Rumpf hängengebliebene Fahrwerk gestört war.

Kein Pilot läßt ein so kostbares Flugzeug, das ihm zur Erprobung anvertraut ist, durch Fallschirmabsprung im Stich, solange noch geringste Aussicht besteht, es heil zum Boden zu bringen. Wie und wo das unselige Fahrwerk am Rumpf hängen geblieben war, konnte ich nicht ahnen, ebenso wenig, ob das Fahrwerk beim Landen den Rumpf aufreißen würde. Hier konnte ich nur meinem guten Stern vertrauen. Bis zum Boden hinab würde ich das Flugzeug heil bringen. Doch es sollte anders kommen.

Vor dem Platz, den ich genau, wie ich es geplant hatte, mit einer gewissen Reservehöhe anflog, wollte ich die letzten achtzig Meter Höhe bis zum Platzrand hinunterslippen*). Ich spürte dabei plötzlich, daß trotz ausreichender Geschwindigkeit das Flugzeug durchsackte und auf kein Steuer mehr reagierte. Durch das Slippen waren die Steuerflächen in den Wirbelbereich geraten, der hinter dem hängengebliebenen Fahrwerk entstanden war.

Was dann kam, ging so blitzschnell, daß mir keine Zeit zum Denken blieb. Ich war noch mitten in meinen Anstrengungen, um die Maschine in meine Gewalt zu bringen, als auch schon der Acker vor meinen Augen auftauchte. So stark wie möglich krümmte ich mich zusammen. Die Maschine schlug auf und überschlug sich krachend.

Das erste, was mir bewußt wurde, als die Maschine stand, war, daß ich nicht in den Gurten hing. Die Maschine lag also nicht auf dem Rücken.

Ganz automatisch hatte meine rechte Hand das Kabinendach geöffnet, – sie also war noch heil. Vorsichtig tastete ich damit

*) Anmerkung: slippen = seitliches Abrutschen, um rasch Höhe zu verlieren.

den anderen Arm und die andere Hand ab. Behutsam fuhr sie den Körper entlang, die Seiten, den Leib, die Beine. Alles war noch da und ich konnte alles bewegen. Jedesmal, wenn ich es versuchte, war ein dankbares Staunen in mir. Ich hatte das Gefühl von einem anderen, sehr fernen Ufer her zu kommen. Ich fühlte keinen Schmerz. Aber ich merkte plötzlich, daß ein Strom Blut an mir herunterfloß und als ich der Spur nachging, und mit meinen Fingern das Gesicht abtastete, war da, wo sonst die Nase saß, nur noch ein breiter, offener Spalt und an der Nasenwurzel quollen beim Atmen Luft- und Blutblasen hervor. Sollte ich jetzt ohne Nase durch die Welt laufen müssen?

Ich versuchte, meinen Kopf seitwärts zu drehen. Dann wurde es plötzlich schwarz vor meinen Augen.

Ich hielt den Kopf unbeweglich, holte aus einer Tasche Bleistift und Notizblock und skizzierte Ursache und Verlauf des Sturzes. Der Flug sollte nicht umsonst gewesen sein. Dann nahm ich ein Taschentuch und band es um das Gesicht in Nasenhöhe, um den anderen, die zu Hilfe herbeieilen würden, den Anblick meines verletzten Gesichts zu ersparen.

Dann umfing mich Dunkelheit. Als ich wieder bei Bewußtsein war, sah ich meine Kameraden weiß wie die Wand vor mir stehen. Ich riß mich zusammen, um ihnen ein wenig den Schreck zu nehmen. Auch jetzt empfand ich noch keine Schmerzen.

Mit dem Auto wurde ich vom Flughafen nach Regensburg in das Hospital der Barmherzigen Schwestern gebracht. Die Röntgenaufnahme ergab ein böses Bild. Ich hatte einen vierfachen Schädelbasisbruch, zwei Gesichtsschädelbrüche, den Oberkiefer nach rechts verschoben, eine Gehirnquetschung und dazu die Nase gespalten. Ich hatte bei dem Chirurgen

Dr. Bodewig das große Glück, in ausgezeichnete ärztliche Hände zu kommen. Noch sah ich den Operationssaal, – dann senkten sich sanft die Schleier.

Als ich wach wurde, lag ich in einem hellen, freundlichen Zimmer und sah in Gesichter, die mir zulächelten und doch merkwürdig besorgt schienen. Der Kopf war dick verbunden. Nur die aufgeschwollenen Lippen und die blauunterlaufenen Augenränder waren noch zu sehen.

Ganz langsam nur fanden sich meine Gedanken zurecht. „Mutter", dachte ich, und obwohl meine Tante Käthe von Cochenhausen neben dem Arzt stand und dies schon wie ein Stück Zuhause war, fühlte ich plötzlich heißes Heimweh.

Am nächsten Morgen war Mutter bei mir. Als ich die Augen aufschlug, kniete sie an meinem Bett. Jetzt war ich ganz geborgen.

Daß es nicht gut mit mir stand, sah ich dem Gesicht des Arztes an. Ich fühlte darüber keine Unruhe, doch wollte ich mich vorbereiten können, wenn es das Ende bedeuten sollte.

Der Arzt gab mir nur eine ausweichende Antwort. Ich bat deshalb um den Besuch meiner mir besonders nahestehenden Freundin Edelgard vom Berg, die als befähigte Chirurgin bei Professor Gorband im Robert-Koch-Krankenhaus, Berlin, tätig war. Sie würde es mir sagen.

Mutter rief sie an, und sie versprach, sofort zu kommen. Nun war sie schon mit dem Wagen unterwegs. Von Leipzig aus hatte sie zuletzt angerufen. Eine glückliche Vorfreude hatte mich erfaßt, während Stunde auf Stunde still verrann.

Auf dieser Fahrt verunglückte Edelgard vom Berg tödlich. Als Mutter es mir sagen mußte, verlor ich das Bewußtsein.

Mein Zustand war für lange Zeit sehr ernst. Ich wußte es, obwohl man es mir verschwieg. Trotzdem fühlte ich keine Furcht, denn ich lebte jetzt ein neues, nie gekanntes Leben, abgekehrt von Dingen, die mich bisher begleitet hatten und jetzt in der Stille, die Gott um mich gelegt hatte, so unwesentlich geworden waren. Und meine Mutter, die bei mir war, wußte davon und lebte es mit. Was sie mir in diesen Wochen gegeben hat, konnte sie selbst wohl kaum ahnen. Es gehört diese Zeit zu den qualvollsten meines Lebens, nicht meiner Schmerzen wegen. Ständig liefen die angstvollen Gedanken durch mein schwerverletztes Gehirn. War ich doch aufs engste mit dem Zeitgeschehen verknüpft und wußte um die schlechten Nachrichten, die von der Front eintrafen. Gerade jetzt so hilflos dazuliegen, dies brachte mich immer von neuem in Verzweiflung. Ich wollte aber nichts denken, denn aufregende Gedanken schmerzten, ja sie gefährdeten meinen Zustand. Da war es die Mutter und nur sie allein, die mich immer von neuem zu beruhigen wußte, die mich dazu bewegen konnte, all mein Denken nach und nach auszuschalten, es in Gottes Hand zu legen. Dann zündete sie langsam ein Hoffnungslicht nach dem andern an. Ihre tiefe, felsenfeste Überzeugung, daß ich nach völliger Ruhezeit dem Fliegen wiedergegeben sein würde, trug mich langsam empor.

Über fünf Monate lang lag ich im Regensburger Lazarett, und fast beschämt erlebte ich täglich die ungezählten Beweise der Freundschaft und Liebe, die mir von allen Seiten entgegengebracht wurden. Aufopfernd war das Bemühen von Dr. Bodewig, aufopfernd die Pflege der Barmherzigen Schwestern, die nie müde wurden.
Wenige Tage nach meinem Absturz wurde mir das EK I verliehen.

Im März 1943 war meine Gesundung soweit fortgeschritten, daß ich das Lazarett verlassen konnte. Gesund war ich jedoch noch nicht, und es schien fraglich, ob ich es je wieder ganz werden würde.

Inzwischen waren mir von offiziellen Stellen Sanatorien angeboten worden, in denen ich Heilung suchen sollte. Ich lehnte alles ab. Wenn ich gesund werden wollte, mußte ich meinen eigenen Weg gehen.

Noch vom Lazarett aus rief ich den Oberbürgermeister von Hirschberg, Blasius, an und bat ihn, mir einen Aufenthalt in einem unbewohnten Sommerhaus von Freunden zu ermöglichen, das in Saalberg, fast in halber Höhe des Riesengebirges lag. Das Haus stand verborgen in einem großen parkähnlichen Garten.

Dort wollte ich ganz allein wohnen. Es sollte auch keine Hilfe bei mir sein.

Anfang April, nachdem ich immer noch liegend ein paar glückliche Tage bei meinen Eltern in Hirschberg verlebt hatte, zog ich in diese Eremitage hinauf. Ein Knüppel und eine Pistole waren mein Schutz.

Wie krank ich noch war, wußte nur ich allein. Keiner ahnte, daß ich nie ohne heftige Kopfschmerzen war, und schon die kürzeste Auto- oder Bahnfahrt mir Übelkeit und Schwindelgefühl verursachten. Fern allem Zwang, in völliger Ruhe hoffte ich hier gesund zu werden.

Nachdem ich ein paar Tage da war, in denen ich ganz zeitlos lebte und viel ruhte, begann ich systematisch das Schwindelgefühl zu bekämpfen.

Das Haus hatte ein besonders spitzes Giebeldach. Eine schmale Treppe führte vom Boden aus zu einem Schornstein. Dieses Dach war mein erstes Ziel. Ich erstieg es behutsam und vorsichtig und setzte mich rittlings auf die Giebelkante. Um nicht das Gleichgewicht zu verlieren, schloß ich zunächst die Augen, während meine Hände den Schornstein fest umklammerten.

Dann ließ ich den Blick langsam von Dachziegel zu Dachziegel hinunter bis zu dem Dachrand tasten und darüber hinaus bis zum Boden. Nun kehrte er wieder zu seinem Ausgangspunkt zurück und ich begann von neuem. Einmal links ... einmal rechts ...

Ich wiederholte es Tag für Tag. Zunächst bedeutete jeder Ausflug nach oben für mich eine fast übermäßige Anstrengung, die mich völlig erschöpfte. Allmählich merkte ich aber, daß ich in meinen Übungen langsam Fortschritte machte und mich nun nicht mehr an den Schornstein zu klammern brauchte. Mein Blick ging immer freier über Dach und Landschaft hin. Meter für Meter entfernte ich mich weiter vom Schornstein fort, bis ich im Verlauf von vier Wochen, ohne mich festzuhalten, schwindelfrei über den Dachfirst rutschen konnte.

Zur Abwechslung verlegte ich an manchen Tagen meine Übungen auf eine Kiefer, die ich von Ast zu Ast zu erklettern versuchte. Auch hier erlebte ich anfangs das Ausmaß meiner mir so ungewohnten körperlichen Schwäche. Fast mutlos wurde ich in dem Gedanken an meine Kinderzeit, in der mir kein Baum zu hoch gewesen war, um ihn zu erklettern.

Um mich zu kräftigen, unternahm ich außerdem täglich kleine Wanderungen auf Pfaden, die zum Gebirge führten. Meist mußte ich jedoch vor Erschöpfung und quälenden Kopfschmerzen vorzeitig umkehren. Ich gab deshalb aber mein Ziel nicht auf und allmählich spürte ich auch, wie meine Kräfte langsam zunahmen. Nachdem ich Wochen hindurch die Entfernung täglich gesteigert hatte, erreichte ich jetzt sogar den Kamm des Gebirges.

Da mir das anhaltende, folgerichtige Denken noch schwer fiel, rief ich nun meine Sekretärin, um ihr als Gedankentraining täglich zu diktieren.

Als ich mich endlich gesund und kräftig genug fühlte, bat ich den Kommandeur der Luftkriegsschule Breslau-Schöngarten um die Erlaubnis, die Maschine seiner Schule trainingshalber fliegen zu dürfen. Im Vertrauen darauf, daß ich nichts erzwingen würde, überließ er mir kameradschaftlich die Maschinen, die zur Verfügung standen, wovon jedoch die Ärzte nichts wissen durften. Zuerst begann ich mit einem Schleppflug im Segelflugzeug, was mir nicht die geringste Schwierigkeit verursachte, sondern nur zu einem tiefen Erlebnis wurde, für das ich Gott von Herzen dankbar war. Dann versuchte ich, mit Motormaschinen jeden Tag von größerer Höhe zu stürzen, um zu sehen, wie weit der Kopf ohne Schmerzen Luftdruckänderungen gewachsen war. Danach versuchte ich Beschleunigungen zu erzielen, durch Steilkurven, durch Trudeln und Kunstflugfiguren, um zu erkennen, was ich meinem verletzten Kopf zumuten konnte. Ob mit großen Flugzeugen, Bombern oder Transportern, oder ob ich gar die Erprobung der Raketenflugzeuge fortsetzen konnte. Es fiel mir anfangs nicht leicht, Kunstflugfiguren mit hohen Beschleunigungen durchzuhalten. Mit jedem Tag konnte ich mir mehr zutrauen, und nach einigen Wochen gelang es, alles wieder wie früher zu fliegen. Es schien mir selbst ein Wunder. In Hirschberg führte ich es dann den Ärzten vor, die diese völlige Heilung fast als medizinisches Phänomen ansehen wollten. Mir war es nun wichtig zu wissen, daß ich wieder fliegen konnte.

Denn mein Ziel war, in den Einsatz zurückzukehren. Die Ungewißheit über Deutschlands Schicksal wuchs täglich angesichts der immer schwächer werdenden deutschen Front und lag wie ein schwerer Druck auf mir. Die Gedanken bewegten mich Tag und Nacht. Ich hatte mich niemals mit strategischen oder politischen Fragen befaßt. Ich wollte nur bis zur letzten Stunde meiner Heimat helfen; denn ein verlorener Krieg bedeutet für ein Volk furchtbares Unglück. Deshalb fragte ich auch nicht danach, ob die Überlegenheit des Gegners noch entscheidend zu schwächen war. Ich fragte mein Gewissen. Und nach meinem Gewissen handelte ich, wenn ich alles daran gesetzt hatte, wieder in den Einsatz zurückkehren zu können.

Gespräche mit Himmler

Unter den Blumen und Geschenken, die ich im Regensburger Lazarett empfing, war eines Tages auch ein Päckchen von Himmler, dem ein persönlicher Brief beigelegt war. Es enthielt eine Tafel Schokolade und eine Flasche Obstsaft. In seinem Schreiben wünschte mir Himmler baldige Gesundung und bat, nichts zu unterlassen, was eine völlige Wiederherstellung beschleunigen könne.

Ein wenig ratlos und verlegen betrachteten meine Mutter und ich Brief und Gabe, deren Einfachheit und Unaufdringlichkeit von den vielen großen Blumenarrangements anderer so wohltuend abstach. Himmlers Namen zu erwähnen, wurde bis dahin in unserer Familie vermieden. Meine Mutter sah in ihm den Widersacher des Christentums; somit gehörte er nicht zu uns.

Seine kleinen Geschenke wiederholten sich während meiner Krankheit in regelmäßigen Abständen, stets begleitet von einigen Zeilen von seiner Hand, die so schlicht und natürlich waren, daß auch meine Mutter davon nicht unbeeindruckt blieb. Sie war schließlich davon überzeugt, daß das Bild, welches wir uns von Himmler gemacht hatten, falsch sein könnte. Unsere Vorstellung beruhte nur auf dem, was man uns über sein Wirken zugetragen hatte.

Mutter, der es immer darauf ankam, jedem Menschen in Güte gerecht zu werden und Irrtümer zu beseitigen, drang nach meiner Gesundung darauf, daß ich mich bei Himmler für seine Fürsorge bedanke.

Es war an einem schönen Julitag 1943, als ich in seinem Hauptquartier in Ostpreußen mit meinem Flugzeug kurz vor dem Abendbrot eintraf. SS-Führer empfingen mich und brachten mich zu Himmler. Freundlich kam er mir entgegen und begrüßte mich. Von Anfang an empfand ich die Atmosphäre in seiner Umgebung wohltuend; denn es herrschte sowohl im Verkehr der Männer untereinander, wie auch mit Himmler, ihrem Vorgesetzten, Freimut und Natürlichkeit, so daß ich davon nur angenehm berührt sein konnte. Dieser Eindruck verstärkte sich während des Abendessens, das ganz einfach gehalten war.

Danach bat Himmler mich in sein Arbeitszimmer. Zum erstenmal stand ich ihm jetzt allein gegenüber. Um bei ihm keinen falschen Eindruck zu erwecken, den er aus meinen echt empfundenen Dankesworten hätte gewinnen können, gestand ich ihm, daß die Erwähnung seines Namens in unserer Familie immer ein Erschrecken hervorgerufen habe.

Himmler hörte ganz ruhig zu und fragte dann:

„Urteilen Sie immer so rasch, Frau Hanna?"

Er schob mir einen Sessel hin und setzte sich mir gegenüber:

„Was hat Sie denn bei meinem Namen so erschreckt?"

„Wo soll ich da beginnen?" sagte ich. „Wie können Sie, um ein Beispiel zu nennen, Menschen das aus dem Herzen reißen, was ihnen heilig ist und was Sie durch nichts, auch gar nichts Gleichwertiges ersetzen können?"

Jetzt erfolgte von Himmler ein scharfer Angriff auf die Glaubwürdigkeit der christlichen Lehre, wobei er in der Bibel sehr bewandert schien und zum Beweis manches anführte, wovon mir die Kenntnis fehlte, um es widerlegen zu können.

Ich wollte deshalb auf das mir Wesentliche kommen:

„Hier geht es um einen Glauben", sagte ich bestimmt. „Ich kann Sie nicht zwingen, diesen Glauben zu teilen. Aber als Führer müssen Sie Ehrfurcht haben und den Glauben anderer achten und nicht antasten."

Ich führte noch manches darüber aus, obwohl ich mir bewußt war, daß ich Himmler nicht zu einer Änderung seiner Denkart bewegen konnte. Doch wollte ich, daß er meine Einstellung darüber in aller Offenheit erführe.

Wir kamen dann auf ein anderes Problem zu sprechen, das mir am Herzen lag, es war die Einstellung zu Frau und Ehe. Ich warf Himmler vor, daß er sie nur vom rassisch-biologischen Standpunkt betrachte, die Frau nur als Trägerin des Kindes werte und durch Richtlinien an die SS, von denen ich allerdings nur gerüchtweise gehört hatte, die Moral untergrabe und die Heiligkeit der Ehe zerstöre. Eine solche ehrfurchtslose Einstellung zur Frau mußte, nach meiner Ansicht, zum Niedergang eines Volkes führen.

Himmler ging auf meine Anwürfe sachlich und sehr ausführlich ein. Er versicherte, daß er meine Auffassung uneingeschränkt teile. Entstellungen und Mißdeutungen seien entweder böswillig herbeigeführt worden oder aus Unkenntnis entstanden. Am Beispiel der Stabshelferinnen, die inzwischen beim Heer bereits eingeführt waren und deren Einführung bei der SS zu diesem Zeitpunkt erwogen wurde, erläuterte er mir, wie wichtig es ihm sei, daß dieses Gerücht nicht entstünde. Er selbst hatte Richtlinien entworfen, die sich eng an diejenigen der finnischen Lottas, deren Einsatz und Haltung im Krieg ja beispielhaft waren, anschlossen. Seine Ausführungen mußten mich überzeugen. Ich versäumte nicht, Himmler darauf aufmerksam zu machen, daß der Schein ganz allgemein gegen ihn sprach.

Unser Gespräch dauerte Stunden. Ich hatte inzwischen auch

Gelegenheit, mich umzusehen und mußte feststellen, wie schlicht, aber mit wieviel Geschmack dieser Raum eingerichtet war. Besonders fielen mir die schönen alten Stiche an den Wänden auf. Als Himmler merkte, daß sie meine Aufmerksamkeit anzogen, gab er mir zu den einzelnen Bildern eingehende Erläuterungen, die mir zeigten, wieviel er sich damit beschäftigte. Er erzählte mir im weiteren Verlauf unseres Gesprächs auch von der neuen Porzellanmanufaktur Allach und zeigte mir Entwürfe, die er selbst angefertigt hatte. Er wurde auch nicht ärgerlich, als ich ihm auf sein Befragen freimütig erklärte, daß mir ein von ihm entworfener Weihnachtsteller, den er mir zeigte, nicht gefiel, stimmte nach kurzem Besinnen zu und entschied, daß der Entwurf nicht zur Ausführung kommen sollte.

Als ich mich von ihm verabschiedete, dankte er mir für meine Offenheit, die er, wie er versicherte, in dieser Form noch nicht erlebt habe. Er nahm mir das Versprechen ab, mit jeder Kritik und Beanstandung auch fernerhin zu ihm zu kommen.

Dieses Versprechen habe ich gehalten.

Im Oktober 1944 erschien bei mir im Haus der Flieger in Berlin mein alter Fliegerkamerad Peter Riedel, der zur deutschen Botschaft in Schweden gehörte, warf mir eine Broschüre hin, während er mir aufgeregt zurief:

„Weißt du, was in Deutschland vor sich geht? Dies hier wird uns draußen auf den Tisch gelegt."

Ich blätterte die Broschüre durch. Sie behandelte die Gaskammern. Jetzt war ich außer mir:

„Das glaubst du?" sagte ich empört. „Im ersten Weltkrieg hatte die Feindpropaganda lügenhaft den deutschen Soldaten alle nur erdenklichen Grausamkeiten angedichtet. Jetzt müssen es gleich Gaskammern sein."

Meine Erregung beeindruckte Peter Riedel stark.

„Dir will ich es glauben", sagte er, bat mich aber, Himmler umgehend darüber zu unterrichten.

Ich rief Himmler an und erhielt die Erlaubnis, in sein Feldquartier zu kommen. Die Broschüre nahm ich mit. Ich legte sie Himmler vor.

„Was sagen Sie dazu, Reichsführer?"

Himmler nahm die Broschüre und blätterte sie durch. Keine Miene verzog sich in seinem Gesicht. Dann schaute er auf und sah mich ruhig an:

„Und das glauben Sie, Frau Hanna?"

„Nein", rief ich überzeugt, „natürlich nicht. Aber Sie müssen etwas dagegen tun. Das dürfen Sie nicht auf Deutschland sitzen lassen."

Himmler legte die Broschüre auf den Tisch.

„Sie haben recht."

Einige Tage später wurde die Nachricht in einer führenden deutschen Zeitung dementiert. Von Peter Riedel hörte ich, daß ein Dementi auch in schwedischen Zeitungen erschienen war.

Rußland

Als der deutsche Wehrmachtsbericht im Februar 1943 die Niederlage von Stalingrad bekannt gab, wurde es dem deutschen Volk in seiner Gesamtheit bewußt, daß es in einem Kampf um Leben und Tod stand.

Nach Stalingrad senkten sich, nunmehr für alle sichtbar, die Schatten über Deutschland. Wir sahen sie immer dunkler fallen und trotz der Propaganda, die unverändert auf Sieg eingestellt war, verdichtete sich Monat für Monat das Gefühl eines unabwendbaren Unglücks.

In den langen Monaten meiner Lazarettzeit hatte ich diese Entwicklung mit wachsender Sorge beobachtet. Nach meiner Gesundung meldete ich mich bei Göring zurück. Überraschend erhielt ich von ihm eine Einladung in sein Haus auf dem Obersalzberg. Dort empfing er mich mit seiner Frau zum Mittagessen. Unser Gespräch drehte sich um meinen Absturz und um das Raketenflugzeug. Zu meinem Entsetzen mußte ich feststellen, daß Göring über den Stand der Entwicklung völlig falsch unterrichtet war. Er glaubte einen schwanzlosen Raketenbomber bereits in großer Serienherstellung, während er in Wirklichkeit noch nicht einmal im Versuchsstadium, sondern nur geplant war. Ich machte ihn darauf aufmerksam, aber ich hatte mit meiner Berichtigung wenig Glück. Göring wurde sehr aufgeregt und verließ sogar voll Zorn den Tisch. Erst seiner Frau, die ganz natürlich und instinktiv fühlte, daß es besser war, eine unangenehme Wahrheit zu hören, als sich selbst zu betrügen, gelang es, ihn zu beruhigen. Ein entspanntes Gespräch kam jedoch danach nicht wieder auf. Es war offensichtlich, daß Göring in den ihm fälschlich eingegebenen Vorstellungen sich nicht stören lassen wollte. Es war das letztemal, daß ich bei Göring war.

Zutiefst deprimiert über den Eindruck, den ich empfangen hatte, kehrte ich in den Erprobungseinsatz zurück. Die Raketenversuche wurden jetzt in Bad Zwischenahn in Oldenburg durchgeführt. Hier traf mich der Ruf des Generalobersten Ritter v. Greim, der mich bat, an die Ostfront zu seinen Männern zu kommen, die dort in einem fast übermenschlich schweren Einsatz standen. Ich zögerte nicht einen Augenblick.

Greim war im Mittelabschnitt als Flottenchef eingesetzt. Er war Pour le mérite-Flieger des ersten Weltkrieges und gehörte zu den Offizieren, die Tapferkeit, Lauterkeit der Gesinnung und eine hohe sittliche Lebensauffassung als die wesentlichsten Voraussetzungen für das Offizierkorps ansahen. Der Eid des Soldaten war für ihn ein Begriff, mit dem sich nicht handeln ließ.

Entsprechend war auch sein Verhältnis zu seinen Soldaten. Er hatte eine hohe Ehrfurcht vor dem Leben und hätte keinen seiner Männer, ohne daß es unbedingt notwendig gewesen wäre, einer Gefahr ausgesetzt. Im Einsatz verlangte er von ihnen, was die Umstände geboten. Seine Offiziere und Soldaten verehrten ihn deshalb wie einen Vater.

Generaloberst v. Greim stand zu diesem Zeitpunkt schon vor der schweren Aufgabe, eine Front unterstützen zu müssen, ohne genug Flugzeuge zu haben. Um so wichter schien es ihm, die Moral der Truppen hoch zu halten. Er selbst war voll tiefer Vaterlandsliebe und von einer fast tragischen Strenge der Treuepflicht des Soldaten erfüllt. An die gleichen Kräfte, die in ihm lebendig waren, appellierte er auch bei seinen Männern. Er wußte, daß das nur durch eigenes Beispiel geschehen konnte. Jedoch schien es ihm nicht genug, daß er selbst immer wieder zu ihnen in die vordersten Gräben ging, er war davon überzeugt, daß eine Frau, die das Ehrenzeichen des Soldaten trug, noch mehr in dieser Richtung erwirken konnte. Wenn er auch bereits den Waffensieg Deutschlands äußerst gefährdet sah, so hoffte er doch, daß es der Führung gelingen würde, mit den westlichen Mächten zu einem Übereinkommen zu gelangen, um das Abendland zu retten.

Im November 1943 traf ich in seinem Hauptquartier, das in einem Wald in der Nähe von Orscha lag, ein. Ich wußte, daß die Aufgabe, die vor mir stand, ungewöhnlich war. Nach meiner Auffassung durfte ich bei dem Ernst der Lage jedoch nicht danach fragen.

In der Nacht hörte ich bis in den Schlaf hinein das unaufhörlich donnernde Rollen der Artillerie von der nahen Front. Am nächsten Morgen, als der Tag eben graute, startete ich mit Generaloberst v. Greim, um in den vordersten Linien seine Flak aufzusuchen, die in Erwartung eines feindlichen Großangriffes standen. Ein zweiter „Fieseler-Storch" begleitete uns.

Wir flogen in den nördlichen Raum. Es herrschte eisige Kälte.

Zum erstenmal erlebte ich nun den Krieg unmittelbar, wie ihn der Soldat erlebt. Um vom Feind nicht gesehen zu werden, flogen wir dicht über dem Boden, bis wir in Frontnähe beim Stab einer Luftwaffenfelddivision den „Storch" gegen einen Panzerwagen tauschten, der uns bis dicht an die vordersten Stellungen brachte. Dann mußten wir auch den Panzerwagen zurücklassen. Da der Feind Einsicht nehmen konnte, mußten wir uns gebückt und vorsichtig an die Stellungen heranarbeiten.

Wir hatten jedoch kaum unser Ziel erreicht, als die Russen ein Trommelfeuer eröffneten. Wie automatisch sprang alles in die Erdlöcher hinein, während es um uns her pfiff und krachte, als ob die Hölle aufgebrochen sei. Ich wußte in meiner Angst kaum, wie tief ich in mich hineinkriechen sollte; denn neben uns begann jetzt auch noch ohrenbetäubend die eigene Flak zu antworten, während uns gleichzeitig ein Pulk russischer Flugzeuge mit Bomben bewarf. Verwundete schrien auf, und ihr Schreien war in diesem Inferno ringsherum für mich schrecklicher zu hören als das Pfeifen und Einschlagen der Granaten und das Rauschen der Bomben, das die Luft erfüllte. Meine feste Überzeugung war, daß niemand von uns hier lebend herauskommen würde. Ich saß in meinem Erdloch zusammengekauert und fühlte meine Knie gegeneinanderschlagen und versuchte vergeblich, dagegen anzugehen.

Dies hier war einfach stärker als ich. Doch wenn ich an die Soldaten dachte, die das täglich hier erlebten, fühlte ich mitten in meiner Angst eine stille Kraft wachsen.

Wenn es dann sein sollte ...

Aber es ging nach endlos scheinender Zeit vorüber. Die Einschläge wurden schwächer und hörten schließlich ganz auf. Der feindliche Angriff war zum Stehen gebracht.

Wir kamen aus den Löchern heraus. Ich half die Verwundeten verbinden. Die einsetzende Feuerpause mußten wir benutzen, um zu den einzelnen Flakstellungen zu kommen. Da die Gefahr zu groß war, sollte ich als Frau nicht mitgehen. Doch ich wußte nun und hatte es an dem Aufleuchten der Augen gesehen, was es für die Männer bedeutete, daß ich aus der Heimat zu ihnen kam. Ich wollte deshalb auf keinen Fall zurückbleiben.

An diesem ersten Tag, dessen Eindrücke ich nie vergessen werde, hatte ich gemerkt, wie hinderlich es war, daß ich keinerlei Fronterfahrung hatte. Das machte mich unsicher. Hier lauerte auf allen Wegen Gefahr. Der Soldat wußte, wie er ihr begegnen mußte, und ich wußte es nicht.

Am andern Tag ließ ich mich deshalb während eines feindlichen Artilleriefeuers von einem Unteroffizier unterweisen. Wir hatten einen Panzer als Deckung gewählt. Ich drängte meine Angst zurück und hörte nur angestrengt in das Krachen und Einschlagen hinein, um die Geräusche genau unterscheiden zu lernen, während klar und ruhig die Stimme des Unteroffiziers ertönte:

„Eigener Abschuß" – „feindlicher Abschuß" – „ungefährlicher Einschlag" – „stehen bleiben" – „Achtung" – „hinlegen" und schon krachte es, Erde wirbelte hoch ...

Allmählich bekam die Feuerhölle für mich ein Gesicht. Ich gewöhnte mich, jeden Lärm und jedes Geräusch mitzuhören und sie einzeln unbewußt zu definieren. Dadurch fand ich langsam Verständnis für das Geschehen.

Ich besuchte nun an Tagen, an denen durch schlechtes Wetter keine Einsätze geflogen werden konnten, mit dem „Storch" einzelne Luftwaffeneinheiten im Raum Orscha-Witebsk. Unvergeßlich bleiben mir die Stunden mit den Kameraden, die mich als zu ihnen gehörend in ihren Kreis einschlossen. Bedenken, Sorgen und Fragen wurden an mich herangetragen. Ich vermied es, falsche Hoffnungen zu machen, weil eine Propaganda, die Unmögliches verspricht und deren Unhaltbarkeit sich deshalb über kurz oder lang erweisen mußte, die Kampfmoral schwächen, nicht aber stärken würde. Dabei galt es auf die vielen dringlichen Fragen das richtige Wort zu finden, um den tieferen Sinn des Aushaltens trotz anscheinender Aussichtslosigkeit aufzuzeigen. Unsere Gegner haben uns diese Haltung nach dem Krieg als Schuld angerechnet, obwohl das englische Volk, in ähnlicher Situation nach Dünkirchen, keinen anderen Weg gegangen ist, und Churchill selbst es war, der ihn seinen Landsleuten zur vaterländischen Pflicht machte.

Drei Wochen war ich fast täglich zu Besuch bei den im Kampf stehenden Verbänden mit dem „Fieseler-Storch". Überall wohin ich kam, erlebte ich die Freude einer inneren Verbundenheit, wie sie in gemeinsamer Not entsteht. Die Flüge unter grauem Himmel über weite, von Partisanen besetzte Strecken, die Gespräche und das Zusammensein in primitivsten Unterkünften und Erdlöchern, der Händedruck, den ich von dem Landser erhielt, – dies alles verdichtete sich von Tag zu Tag mehr zu einem einmaligen Erlebnis, dessen Außergewöhnlichkeit ich gerade als Frau empfand.

Ich fliege die V 1

Über das Fliegen der bemannten V 1 ist viel geschrieben und noch mehr geredet worden. Jahre hindurch, bis auf den heutigen Tag sind immer wieder Sensationsnachrichten durch die Presse der ganzen Welt gegangen. Man überbot sich in Berichten über die aufregende Form der Erprobung und über den Einsatz und den Zweck dieser Waffe, die von Freund und Feind als Wunderwaffe angesehen wurde. Die wahren Gründe, die zum bemannten Fliegen der V 1 führten, wurden jedoch nie berührt. Bis heute hat die Öffentlichkeit noch keinen Bericht erhalten, der die Voraussetzungen dieses Einsatzes wirklichkeitsgetreu dargestellt hätte.

Es war im August 1943, nach meiner Genesungszeit in Saalberg, als ich, nach Berlin zurückgekehrt, dort eines Tages im Haus der Flieger beim Mittagessen zwei alte Freunde traf, von denen der eine in der Forschung der Luftfahrtmedizin tätig, der andere ein bewährter und erfolgreicher Segelflieger war.

Unser Gespräch galt der Sorge um unser Land. Die Entwicklung der Kriegsgeschehnisse war immer mehr ein Grund tiefster Beunruhigung für jeden Deutschen, der um das Schicksal seines Volkes bangte. Wir waren uns darin einig, daß die Zeit nicht Deutschlands Verbündete sein würde. Täglich sahen und erlebten wir, wie das Land langsam ausblutete, eine Stadt nach der anderen den Bomben zum Opfer fiel, die Produktionsstätten und das Verkehrsnetz von der überlegenen feindlichen Luftwaffe systematisch zerstört wurden, das Material sich immer mehr verknappte und der Tod unter den deutschen Menschen eine fürchterliche Ernte hielt.

Wir waren uns aber auch mit vielen Deutschen nüchtern klar, was uns ein total verlorener Krieg bringen würde. Roosevelts Forderung von Casablanca nach bedingungsloser Kapitulation war in Deutschland bekannt, und so ahnten wir die kommende Tragödie, in der Schuldige und Unschuldige das gleiche Schicksal teilen würden.

Was in unserer Macht stand, wollten wir tun, um Deutschland davor zu bewahren. Wieviel aber stand in unserer Macht?

Das war die Frage, die mich nun schon seit Monaten bewegte. In den langen Tagen meines Krankenlagers in Regensburg, in den Wochen meiner Einsamkeit in Saalberg hatte auch ich sie mir immer wieder vorgelegt. Uns war bewußt geworden, daß in diesem Krieg, der zu einem Ungeheuer der Technik geworden war, eine Wende nur möglich war, wenn wir dieses Ungeheuer mit seiner eigenen Kraft und dem Einsatz unseres eigenen Lebens überwinden konnten.

Wieviel aber lag dabei in unserer Macht?

Die Frage hatte einer von uns aufgeworfen. Aber als wir uns anblickten, wußte plötzlich jeder vom anderen, daß er die gleiche Antwort hatte.

Es gibt unter Menschen Vorgänge des gegenseitigen Erfühlens und Erahnens, die schließlich zu einem gemeinsamen gleichen Erkennen führen. Hier war es so. Wir setzten uns zusammen, und jeder sprach aus, was er vorher tastend angedeutet hatte.

Deutschland war nach unserer damaligen Meinung aus seiner ausweglosen Situation nur dann zu retten, wenn es gelingen würde, eine günstige Verhandlungsbasis für ein schnelles Kriegsende dadurch zu schaffen, daß man die wichtigsten Schlüsselpositionen des Gegners und die Zentren seiner Widerstandskraft in schnell aufeinander folgenden Schlägen unter Schonung der feindlichen Zivilbevölkerung zerstörte. In Frage kamen unter anderem große Elektrizitätsanlagen,

Wasserkraftwerke, wichtigste Produktionsstätten und, im Falle einer Invasion, Schiffseinheiten.

Unsere Überlegungen sagten uns, daß das nur zu erreichen war, wenn sich Menschen fanden, die bereit waren, sich mit einem technisch geeigneten Mittel auf das Punktziel zu stürzen, um es in sein Zentrum zu treffen und damit jede Ausbesserung und Wiederinstandsetzung unmöglich zu machen. Bei einem solchen Einsatz würde es keinerlei Chance für das eigene Leben geben.

Dieser Einsatz durfte weder ein Opfer von „reinen Toren" sein, welche die tatsächlichen Verhältnisse mißachteten, noch ein Einsatz von blinden Fanatikern oder lebensmüden resignierenden Menschen, die vielleicht damit eine geeignete Form des Abtretens von der Lebensbühne fänden.

Der Selbstopfereinsatz verlangte Menschen, die bereit waren, sich selbst zu opfern in der klaren Überzeugung, daß kein anderes Mittel mehr Rettung bringen konnte.

Mit falschem Idealismus hatte diese Einstellung nichts zu tun; denn sie war nicht allein eine Frage der inneren Bereitschaft, sondern zugleich auch der nüchternsten Berechnung. Der Gedanke durfte nur dann verwirklicht werden, und allein von dieser Voraussetzung ging jeder von uns aus, wenn erwiesenermaßen eine Waffe vorhanden war, die den Erfolg garantierte. Es hätte der Idee dieses Einsatzes widersprochen, wenn nur ein einziges Menschenleben leichtfertig und sinnlos aufs Spiel gesetzt worden wäre.

Ich muß an dieser Stelle darauf hinweisen, daß zu diesem Zeitpunkt in Deutschland noch nichts über die japanischen Kamicace-Flieger bekannt war. Doch es zeigte sich, daß die Gedanken, die wir an jenem Augusttag in meinem Zimmer miteinander besprochen hatten, im deutschen Volk weit mehr lebendig waren, als wir es ahnten. Überall gab es Menschen, die wie wir zu diesem Einsatz bereit waren. Die meisten von ihnen waren glückliche Familienväter, kerngesund in ihrer Lebenseinstellung. Ihnen lag deshalb nichts ferner als eine Lebensflucht. Doch waren sie überzeugt, daß nur durch diesen Einsatz ihre Frauen und Kinder und ihr Land gerettet werden konnten. Auch wenn die Zahl der Freiwilligen, die dabei den Tod finden würden, in die Tausende ginge, so würde dies nur eine geringe sein gegen die Verlustzahlen an der Front und in der Heimat, welche die Weiterführung des Krieges bringen würde.

Wir hielten unsere Gedanken vor Fremden und Außenstehenden verborgen. Trotzdem bildete sich durch mündliche Übermittlung rasch eine Gemeinschaft. Daß wir oft nicht verstanden wurden, ist nur natürlich, denn hier lockte weder ein ehrgeiziges Ziel noch Ruhm und auch kein spannender Kampf mit der Chance eines gutes Ausganges. Hier wurde die völlige Überwindung des eigenen Ichs gefordert.

Von der Führung erwarteten und erhofften wir ohne Zeitverlust eine schnelle Prüfung unserer Gedanken auf ihre Brauchbarkeit hin. Wenn der Einsatz im großen Stil zu einer gut vorbereiteten Durchführung kommen würde, mußte es gelingen, die kriegswichtigen Schlüsselstellungen des Gegners zu zerstören.

Wir ahnten aber nicht, welchen Schwierigkeiten und Widerständen wir begegnen würden.

Bevor wir den Plan Hitler vortrugen, sollte er genauestens bis in die technischen Einzelheiten geprüft werden.

Ich trug Feldmarschall Milch unsere Gedanken vor. Milch lehnte den Einsatz ab. Nach seiner Ansicht widersprach ein soldatischer Einsatz ohne eine Chance zum Weiterleben der Mentalität des deutschen Volkes. Da ich ihm die Berechtigung einer Selbstaufopferung für die Rettung anderer in unserer mündlichen Auseinandersetzung nicht beweisen konnte, bat ich ihn, die Frage den Beteiligten selbst zu überlassen, da sie ja nur das eigene Gewissen anginge.

Wir wandten uns dann an die Akademie der Luftfahrtforschung, die alle in Frage kommenden Wissenschaftler, Techniker und Taktiker zusammenrufen konnte.

Die erste Sitzung, die unseren Plan zum Gegenstand hatte, fand im Winter 1943/44 im Beisein des Kanzlers der Akademie statt. Anwesend waren Sachverständige aus allen kriegstechnischen Gebieten, Sprengstoff- und Torpedosachverständige, Navigations- und Funkfachkräfte, Schiffsingenieure, Marineoffiziere und erfahrene Flugzeugkonstrukteure. Der General der Jagdflieger und der General der Kampfflieger hatten ebenfalls Vertreter entsandt. Auch Luftfahrtmediziner waren vertreten.

Der Plan wurde grundsätzlich für durchführbar und erfolgversprechend gehalten. Als Gerät sollte eine bemannte Gleitbombe Verwendung finden, und zwar, um Zeit zu sparen, eine bereits vorhandene Konstruktion, die Me 328. Als zweite Möglichkeit wurde die Verwendung der bemannten V 1 erwogen. Je nach Angriffsart und Ziel sollte in die Rumpfspitze eine Spezialbombe oder ein Bombentorpedo eingebaut werden.

Die höchste Stelle mußte nun den Auftrag zur Entwicklung dieser Waffe geben. Wir mußten darum versuchen, Hitler selbst für unseren Plan zu gewinnen. Aber wie vorauszusehen war, gelang es keinem aus dem Kreis meiner Kameraden, bis zu ihm vorzudringen. Da kam mir unerwarteter Zufall zu Hilfe. Am 28. Februar 1944 wurde ich auf den Berghof gerufen, wo mir Hitler eine von Frau Troost entworfene Urkunde zur Verleihung des EK I nachträglich überreichte.

Wir nahmen in dem Raum mit dem Blick auf die Landschaft

von Berchtesgaden den Tee ein. Anwesend war nur Hitlers Luftwaffenadjutant Oberst v. Below.

Eine günstigere Gelegenheit, unser Anliegen vorzubringen, konnte es nicht geben. Ich zögerte auch nicht, es zu tun. Das Gespräch, welches sich dann zwischen uns entspann, nahm einen beinahe dramatischen Verlauf.

Zunächst erwies sich, daß auch Hitler dem Gedanken des Selbstopfereinsatzes völlig ablehnend gegenüber stand. Er hielt weder die deutsche Situation für so hoffnungslos, noch den Zeitpunkt für gekommen, um einen derartigen Einsatz zu rechtfertigen. Diesen Zeitpunkt zu bestimmen, wollte er sich selbst vorbehalten.

In langen monologartigen Ausführungen legte er seine Ansicht dar und begründete sie eingehend mit geschichtlichen Beispielen, die er von weit her holte. Ich merkte, daß trotz der augenscheinlich zwingenden Logik in seinen Gedankengängen, die er in klarer und prägnanter Formulierung vortrug, ein Trugschluß lag, und wandte deshalb ein, daß die Lage, in der sich Deutschland jetzt befand, meines Erachtens nicht damit vergleichbar sei und nur noch mit besonderen Mitteln gemeistert werden könnte.

Meine Bemerkung veranlaßte Hitler, in seinen weiteren Ausführungen mit Plänen über den Einsatz von Spezial-Düsenbombern zu operieren, von denen ich mit Gewißheit wußte, daß sie erst in der Entwicklung standen und dann noch lange Zeit vergehen würde, ehe sie serienmäßig hergestellt und danach eingesetzt werden könnten. Während ich ihm zuhörte, wurde mir die verhängnisvolle Tragweite dieser unwirklichen, von Wunschträumen genährten Vorstellungswelt klar. Ich vergaß in diesem Augenblick Hitlers Autorität, mein Temperament ging mit mir durch. Ich unterbrach einfach seine Rede. „Mein Führer", rief ich laut, „Sie sprechen von den Enkeln eines Embryo." Überrascht sah Hitler auf und blickte mich fragend an.

Das Ende der peinlichen Pause, die nun zwangsläufig eintrat – ich sah das erstarrte Gesicht von Oberst v. Below – wartete ich gar nicht erst ab, sondern fuhr fort, Hitler an Hand von Tatsachen, deren ich ganz sicher war, zu beweisen, daß er sich im Irrtum befinde.

Ich hatte die gute Stimmung Hitlers zerstört. Sein Gesicht zeigte jetzt einen verärgerten Ausdruck und seine Stimme klang gereizt, obwohl er immer noch konventionell höflich blieb, als er mir zu verstehen gab, daß ich nicht genügend unterrichtet sei, um die Lage richtig beurteilen zu können. Damit drohte das Gespräch, auf das ich meine ganze Hoffnung gesetzt hatte, ergebnislos zu verlaufen. Das aber durfte um der Sache willen nicht sein. Ich nahm mir deshalb ein Herz und brachte die Sprache noch einmal auf den Selbstopfereinsatz. Dabei griff ich auf seine zu Anfang unseres Gesprächs gemachte Äußerung zurück und bat ihn, daß wir diese Waffe vorbereiten dürften, damit sie zu dem von ihm zu bestimmenden Zeitpunkt zum Einsatz bereitstünde. Hitler willigte darin ein, wollte jedoch selbst vorerst nicht damit belastet werden.

Zehn Minuten später trug mich der Wagen vom Berghof zurück nach Berchtesgaden, wo mich meine Kameraden erwarteten.

Das Weitere lag nun in der Hand des Chefs des Generalstabes der Luftwaffe, General Korten. Er teilte die Männer des Selbstopfer-Einsatzes einem Geschwader zu, das sie als Sondergruppe aufnehmen und betreuen sollte. Von den Tausenden, die zum Einsatz bereit waren, wurde zunächst nur eine kleine Gruppe von etwa siebzig Mann eingezogen. Später, wenn das technische Gerät einsatzbereit und erprobt wäre und auch

Form und Führung des Einsatzes feststünden, sollten die anderen Männer einberufen werden.

Die schriftliche Meldung zum Selbstopfer-Einsatz hatte folgenden Wortlaut:

„Ich melde mich hiermit zum SO-Einsatz als Führer der bemannten Gleitbombe. Ich bin mir bewußt, daß dieser Einsatz mit dem Tod endigt. (Unterschrift)".

Selbstverständlich gab auch ich sofort meine Meldung ab, hielt mich jedoch zunächst nach Rücksprache mit einem Kameraden der Formation selbst fern, um nicht der militärischen Befehlsgewalt zu unterstehen. Daß diese Entscheidung richtig war, sollte sich später zeigen, als sich Führung und Form des Einsatzes nicht in unserem Sinne entwickelten und für mich auf diese Weise eine Intervention außerhalb der Formation möglich war.

Mit der technischen Vorbereitung wurde das Reichsluftfahrtministerium beauftragt. Glücklicherweise lag sie dort in den besten und gewissenhaftesten Händen, denn der Leiter der Abteilung, Heinz Kensche, gehörte selbst zu den einsatzbereiten Männern. Ich wurde gebeten, mit ihm zusammen die fliegerische Erprobung der Geräte zu übernehmen.

Sie fand zunächst in Hörsching bei Linz mit der Me 328 statt, die wir anfänglich für diesen Zweck vorgesehen hatten. Die Me 328 war ursprünglich als Jäger oder Zerstörer geplant gewesen. Sie war in Gemeinschaftsarbeit der Firma Messerschmitt und einer Luftfahrtforschungsanstalt konstruiert worden und sollte von zwei Argus-Schmitt-Rohren angetrieben werden. Nach den ersten Versuchsflügen war jedoch diese Entwicklung vom Ministerium abgestoppt worden.

Nun sollte sie von uns ohne Triebwerk als eine Art bemannte Gleitbombe für den SO-Einsatz Verwendung finden. Sie war ein Einsitzer mit ganz kurzen Flügeln, etwa vier bis fünf Meter

Spannweite. Gleitzahl war bei zweihundertundfünfzig Kilometer je Stunde rund eins zu zwölf, bei siebenhundertundfünfzig Kilometer je Stunde rund eins zu fünf. Die Me 328 konnte nicht selbständig starten, sondern wurde im Huckepack-Schlepp auf der Tragfläche des Bombers Do 217 zur Erprobung auf eine Höhe von dreitausend bis sechstausend Meter getragen. Man konnte sich im Führersitz der Me 328 von der Do 217 selbst abkuppeln und ohne irgendwelche Schwierigkeiten die Maschine während des Fluges von den Tragflächen abheben. Die Flugeigenschaften reichten für den vorgesehenen Zweck aus. Wir mußten gute Sicht, Bequemlichkeit, große Wendigkeit, Längsstabilität und Kursstabilität fordern. Diese Bedingungen wurden erfüllt.

Die Erprobungen waren im April 1944 abgeschlossen. Im Auftrage des Ministeriums sollte nun ein Thüringer Werk den Serienbau übernehmen. Aus mir bis heute nicht ersichtlichen Gründen ist die Serie jedoch niemals richtig angelaufen. Nicht eine einzige Serienmaschine ist in unsere Hände gelangt.

Wie sehr bedauerten wir, daß wir nicht von vornherein auch den zweiten Vorschlag vorbereitet hatten, nämlich die bemannte V 1 zu verwenden. Doch wer konnte uns jetzt eine Hilfe bringen, die zu diesem Zeitpunkt und dieser Kriegslage noch einen Sinn hatte?

Sie kam uns dennoch unerwartet. In diesen Tagen sagte sich bei mir im Haus der Flieger überraschend Otto Skorzeny, der Mussolini-Befreier, telephonisch an. Bisher kannte ich ihn nur von Bildern und von dem, was man sich von seinem abenteuerlichem Einsatz erzählte. Zur verabredeten Stunde stand er vor mir. Seine große, breite Gestalt füllte fast den Rahmen meiner Tür. Seine warmen und freundlichen Augen verrieten nicht, daß sich hier Herz mit soviel männlicher Härte und Tapferkeit paarten. Die erste Verbindung schuf schnell der österreichische Dialekt, den Skorzeny sprach – für mich heimatlich vertraut.

Skorzeny kam von Himmler, der ihm von unserem Plan berichtet hatte. Er selbst hatte sich mit dem Einsatz von Sonderwaffen eingehend beschäftigt und stand bereits in Verbindung mit der Marine, die mit Einmanntorpedos und Tauchern ebenfalls einen Weg suchte, um eine Wende in der Entwicklung des Krieges zugunsten Deutschlands in letzter Stunde herbeizuführen. Unabhängig von uns war ihm der Gedanke der Verwendung der V 1 gekommen.

Nun war er hier, um mit mir die Durchführbarkeit des Planes zu beraten. Er konnte nicht ahnen, daß wir deswegen bereits in Besprechungen mit den maßgeblichen Fachleuten standen. Doch sollte es dann ausschließlich Skorzenys Hilfe sein, die den Plan in kürzester Zeit Wirklichkeit werden ließ. Er ging dabei ebenso großzügig wie abenteuerlich vor, indem er bei den entscheidenden Stellen alle Bedenken und Hindernisse einfach mit dem Vorwand hinwegfegte, daß er die Vollmachten besitze und angehalten sei, darüber Hitler laufend Bericht zu erstatten.

Es scheint mir selbst heute fast unglaublich, daß es einem Stab von Konstrukteuren und Luftfahrtingenieuren tatsächlich gelang, die V 1 in wenigen Tagen umzukonstruieren und umzubauen. Die bemannte V 1 erhielt die Tarnbezeichnung „Reichenberg". Sie wurde streng geheim gehalten. Mit Ausnahme von wenigen Männern wußte niemand von ihrer Existenz, selbst jene nicht, die an der normalen V 1 arbeiteten.

Die V 1 wurde in verschiedenen Ausführungen konstruiert und mit den bereits vorhandenen Serienteilen der V 1 zum Einfliegen fertiggestellt.

Die erste Ausführung war eine einsitzige V 1 mit abgefederter Kufe und Landeklappe, um landen zu können, mit Triebwerk versehen und diente zum Trainieren. Der Führersitz befand sich direkt hinter dem Flügel.

Die zweite Ausführung war eine doppelsitzige V 1, bei der ein Sitz vor der Fläche, der andere hinter der Fläche lag. Sie hatte Doppelsteuer, war ohne Triebwerk und sollte den SO-Männern als Schulmaschine dienen. Da jede Landung mit der V 1 besonders schwierig war, sollten aus den Reihen dieser Männer die besten als Fluglehrer ausgebildet werden, die dann auch jeweils die Landung nach dem Training durchführen sollten. Bei der Gesamtheit der SO-Männer durfte man nicht ohne weiteres voraussetzen, daß sie eine Landung ohne Gefährdung ihres Lebens durchführen konnten.

Die dritte Ausführung war die sogenannte Einsatzmaschine, einsitzig, mit Triebwerk, ohne Landemöglichkeit, das heißt, ohne Kufe und ohne Landeklappen.

Ich stellte mich für die Erprobung zur Verfügung. Die Militärerprobungsstelle Rechlin wollte jedoch die Erprobung mit eigenen Piloten durchführen. An einem sommerwarmen Tag flog ich mit meiner Bücker 181, begleitet von dem baumlangen Otto Skorzeny nach Lärz, um den Versuchen beizuwohnen. Als wir in Lärz landeten, war schon alles für den Versuchsflug vorbereitet. Die V 1 hing unter der rechten Tragfläche des Bombers He 111. Der Start der bemannten V 1 erfolgte im Tragschlepp der He 111, und zwar in der gleichen Weise, in der die unbemannte V 1 gestartet wurde, nachdem die Katapult-Abschußrampen in Feindeshand gefallen waren. Der Aktionsradius der unbemannten V 1 hätte nicht mehr ausgereicht, um von deutschen Plätzen aus die englischen Ziele zu erreichen*).

---

*) Daher mußte die unbemannte V 1 im Tragschlepp der He 111 näher an das feindliche Ziel herangetragen werden.

Bei der bemannten V 1 kam ein Katapultstart wegen der auftretenden hohen Beschleunigungen (etwa siebzehn g*) nicht in Frage.

Die He 111 hatte sich längst vom Boden abgehoben. Fasziniert folgte ihr unser Blick, wie sie nun mit ihrer Last höher und höher stieg bis zu dem Augenblick, in dem sich die bemannte V 1 selbständig machte, um wie ein kleiner, schneller Vogel dem Schutz der He 111 zu enteilen.

Der Pilot flog einige Kurven. Dann blieb er in kerzengeradem Kurs, verlor unaufhaltsam in ständig steiler werdendem Gleitflug an Höhe. Wir hatten atemlos zusehend längst erkannt, daß in dem Verhalten der Maschine keine Absicht des Piloten lag.

Die Maschine war unserm Blick entschwunden. Eine Rauchwolke in der Ferne und eine Detonation schienen das Ende zu sein. Es folgte eine lähmende halbe Stunde, bis wir erlöst die Nachricht erhielten, daß der Pilot nicht tot, sondern nur schwer verletzt war.

Man stellte fest, daß nicht ein Konstruktionsfehler die Ursache für den Absturz war. Der Pilot hatte versehentlich den Verschluß des Kabinendaches gelöst. Es flog davon, und, benommen von der Stärke des Luftzuges, verlor der Pilot die Gewalt über die V 1. Am anderen Tag startete ein zweiter Pilot. Auch er verunglückte, kam jedoch ebenfalls mit dem Leben davon.

Danach übernahmen Heinz Kensche und ich zunächst die weitere Erprobung.

Mein erster Flug glückte und die anderen acht oder zehn, die ich nachher machte, auch. Natürlich gab es dabei einige recht schwierige Situationen. So streifte zum Beispiel bei einem

Der letzte Oberbefehlshaber der deutschen Luftwaffe,
Feldmarschall Ritter v. Greim: Hier als Luftflotten-Chef

Oben und links:
Mit dem Luftflotten-Chef
Generaloberst Ritter v. Greim
an der Front, November 1943

Mit dem Kampfflugzeug „He 111"
von einem Besuch bei Frontverbänden
zurückgekehrt

Oben: In dieser Form wurde die „V 1"
zu Versuchs- und Trainingszwecken
geflogen

Mitte: Die bemannte „V 1",
genannt „Reichenberg", wie sie zum
Spezialeinsatz geplant war

Rechts: Das Raketenflugzeug
„Me 163 B", das in 1½ Minuten
10 000 Meter Höhe erreichte

Die bemannte „V 1" wurde im Tragschlepp unter der rechten Fläche
der „He 111" hängend gestartet

Beim Start mit der „Me-328" im Huckepackschlepp
auf der Kampfmaschine „Do-217"

meiner Flüge der Bomber, der mich trug, nachdem mich der Pilot abgehängt hatte, den Rumpf meiner Maschine.

Es krachte dabei erheblich, als wenn der Schwanz der V 1 abgesägt worden wäre. Nur mit großer Mühe konnte ich die V 1 mit den vorhandenen Ruderausschlägen halten. Trotzdem gelang es, glatt zu landen. Wir stellten fest, daß der Schwanz angebrochen und fast um dreißig Grad nach rechts verdreht war. Es schien ein Wunder, daß er nicht abgebrochen und die Maschine abgestürzt war.

Bei einem anderen Versuch wollte ich in einem Bahnneigungsflug die Eigenschaften der V 1 bei den verschiedensten Geschwindigkeiten feststellen, wobei ich sie bis achthundertundfünfzig Kilometer je Stunde ausflog. Während des Versuchs löste sich, von mir unbemerkt, ein im Rumpf verzurrter Sandsack, den ich als zusätzliches Gewicht in den vorderen Sitz der doppelsitzigen V 1 hatte einbauen lassen. Als ich nun die Maschine aus großer Fahrt abfangen wollte, blockierte er das Höhenruder in Richtung „Ziehen". Ich hatte nicht mehr genug Höhe und auch nicht genug Zeit, um mit dem Fallschirm aussteigen zu können. Ich mußte jetzt alles riskieren, um noch eine kleinste Chance der Rettung zu gewinnen. Ich stellte deshalb die Maschine kurz vor Erreichen des Bodens auf den Kopf und riß sie mit dem geringen, mir noch verbleibenden Steuerausschlag in Richtung „Ziehen" dicht über den Boden wieder heraus. Das Aufbäumen genügte tatsächlich, um die Maschine abzufangen. Sie setzte hart auf. Kufe und Rumpf splitterten. Ich blieb unverletzt. Ein anderes Mal sollte ich hohe Geschwindigkeiten bei voller Last erproben. Zu diesem Zweck hatten wir einen Tank mit Wasser eingebaut. Da aber die provisorische Landekufe für eine Landung mit solcher Last nicht berechnet war (die Einsatzmaschine brauchte ja nicht zu landen, sondern stürzte sich in das Ziel), mußte das Wasser vor der Landung aus dem Tank herausgelassen werden, weil sich sonst bei der geringen Federung der Pilot unweigerlich beim Landen das Rückgrat verletzen mußte. Ich begann die Versuche in etwa sechstausend Meter Höhe, was zur Folge hatte, daß die Tanköffnung zum Ablassen des Wassers vereiste. Als ich nun in fünfzehnhundert Meter Höhe im Horizontalflug den Tank öffnen wollte, ließ sich die Auslösung infolge der Vereisung nicht mehr bewegen. Da aber der Flug ohne Triebwerk im Gleitflug vor sich ging, und die Maschine sich mit hoher Sinkgeschwindigkeit rasch dem Boden näherte, wurde jede Sekunde entscheidend. Meine Hände rissen sich in verzweifelter Anstrengung an dem Auslösegriff, der sich nicht bewegen wollte, blutig. Die Erde kam immer näher. Endlich, wenige hundert Meter über dem Boden ließ sich die Öffnung lösen, und es gelang noch eben, den größten Teil des Wassers aus dem Tank zu lassen. Die Maschine war gerettet. Ich hatte Glück gehabt.

Die V 1 war fliegerisch leicht zu beherrschen und hätte flugeigenschaftsmäßig von Durchschnittspiloten einwandfrei geflogen werden können. Schwierig war lediglich die Landung, da die Landegeschwindigkeit sehr hoch war und meist ohne Triebwerk gelandet werden mußte.

Inzwischen begannen wir in der doppelsitzigen V 1 die Männer zu schulen, die später selbst wieder als Lehrer die übrigen SO-Männer ausbilden sollten. Wir ließen uns Rauchziele, die wir systematisch anflogen, in große Höhen schießen. Wir studierten alle maßstabgetreuen Modelle der Schlüsselstellungen des Gegners und bereiteten in dieser Form unter anderm den Einsatz ganz nüchtern fliegerisch und technisch vor.

Doch die Zeit rollte über alle diese Anstrengungen hinweg und veränderte das Bild immer eindeutiger zu ungunsten Deutschlands.

Inzwischen hatte die Invasion begonnen. Weder die Me 328

noch die bemannte V 1 konnten jemals eingesetzt werden. Jetzt wurde es zum erstenmal offensichtlich, daß der entscheidende Augenblick verpaßt worden war. Die Schwierigkeiten, die sich von Beginn an unserem Plan entgegengestellt hatten, waren größer gewesen als unser Wille. Und hier beginnt dann die Reihe der persönlichen und sachlichen Mißverständnisse, die auch innerhalb der Formation zu großen Schwierigkeiten geführt haben. Sie aufzuzeigen lohnt sich heute nicht mehr, denn sie müssen im Schmelztiegel der großen geschichtlichen Ereignisse, die sich seitdem begeben haben, klein und unbedeutend erscheinen. Eines jedoch muß festgestellt werden: die Männer des Selbstopfer-Einsatzes lebten während der ganzen Zeit nur dem einen hohen Ziel, das sie sich gesetzt hatten. Dieses Ziel mußte notwendig alles ausschließen, was der Idee hätte Abbruch tun können. Dazu gehörte zum Beispiel Himmlers Vorschlag, für den Selbstopfer-Einsatz nur Lebensmüde, Kranke oder Verbrecher vorzusehen, die mit ihrem freiwilligen Tod ihre „Ehre" wiedergewinnen sollten.

Dazu gehörte aber auch jegliche Herausstellung der Männer durch die Propaganda, wie es durch Goebbels geschah, der sie eines Tages zu sich rief, um ihnen eine vorzeitige Heldenehrung zu bereiten, die unterschiedslos bei jedem einzelnen nur peinlichste Betroffenheit auslöste. Solche Vorgänge zeigten nur die völlige Verkennung unseres Planes. Man verkannte die Haltung, aus der bei uns der Gedanke des Selbstopfer-Einsatzes geboren worden war.

Wir hatten jedoch wenig Möglichkeiten, uns dagegen zu wehren, denn die Verhältnisse waren stärker. Meine Kameraden lebten weiter eingeschlossen in dem engen Kreis ihrer militärischen Einordnung, während die Zeit verrann. Die militärische und politische Entwicklung machte unsere Einsatzbereitschaft gegenstandslos. Es war zu spät!

Ob es den Rahmen meines Buches sprengt, wenn ich hier der Mutter allein ein ganz kurzes Kapitel widme? Sie spielt in meiner Entwicklung und in meinem Fliegerleben eine so ausschlaggebende Rolle, daß alles bisher über sie Gesagte mir ungenügend erscheint.

Meinen Entschluß zum Selbstopfer-Einsatz habe ich mit ihr besprochen. Sie blieb sich auch hier treu, wie sie es von allem Anfang an gewesen war. Seit Jahren wußte sie ihr Kind in ständig steigender Lebensgefahr. Keine Klage darüber kam je über ihre Lippen. Wozu wäre dies auch gut gewesen? Ich wußte es ganz genau, sie gehörte nicht zu den Menschen, denen es gelingt, einen derartigen Zustand nach und nach gewohnheitsmäßig hinzunehmen. Das lag nicht in ihr. Immer von neuem mußte sie sich durchringen. Aber sie tat dies mit so viel Kraft, mit so viel Glauben, daß ich mich in dieser unerschütterlichen Zuversicht geborgen fühlte. Es kam die Zeit, da unzählige um mich her den Tod fanden, nur dadurch, daß sie derselben Aufgabe dienten, die auch täglich die meine war. Mutter ließ sich nicht irremachen. Ihr Glaube hielt die härtesten Proben aus. Dabei blieb ihr Urteil klar und unbestechlich. Wurde sie bei Entscheidungen um ihre Meinung befragt, entschied sie sich immer für den Weg, den das Gewissen ihr vorschrieb, auch wenn er der schwerste, gefahrvollste für mich war. Es fiel ihr das bitter hart. Aber sie konnte nicht anders.

In allen Dingen wußte ich sie neben mir. So intensiv lebte sie mein Leben mit, daß sie auch bei monatelanger Trennung im Augenblick für mich einspringen konnte, wenn es nottat. Das zeigte ich sogar in ungezählten Kleinigkeiten. Hatte ich zum Beispiel gelegentlich einmal öffentlich zu sprechen, aber infolge meiner Arbeitsüberlastung keine Zeit, mich vorzubereiten, rief ich einfach in den Fernsprecher: „Mutter, bitte denk dir aus, was ich heut' abend reden soll", und nannte ihr die paar Gesichtspunkte, die ich für mich vorgesehen hatte. Noch ehe die Stunde des Vortrags da war, kam der erwartete Anruf. Rasch teilte mir die Mutter mit, was sie zusammengestellt hatte. Immer waren es höchst eigengeprägte und ungewöhnliche Gedanken. Verwertet habe ich sie zwar merkwürdigerweise nie. Denn wenn ich in so viel fragende Augen schaute, fiel mir das Sprechen nie schwer. Diese mütterliche Hilfe gab mir aber völlige Ruhe. Ich stand ja nun unter keiner Bedingung mit leeren Händen da, und aus dieser Ruhe heraus konnte ich dann ohne weiteres meine eigenen Gedanken vorbringen. Zahllose ähnliche Dinge könnte ich noch berichten. Aber ich will mich kurz fassen.

Nur eines noch möchte ich schließlich sagen: unter den hohen geistigen und menschlichen Fähigkeiten meiner Mutter, die unser gegenseitiges Verhältnis so ungewöhnlich gestalteten, war ihre allergrößte Begabung die Liebesfähigkeit. Alles, alles konnte man von ihr fordern. Wo wirkliches Helfen in Betracht kam, gab es für sie keine Schwierigkeiten. Dieses Empfinden war so stark in ihr, daß es einen erwärmte und beglückte, auch wenn man nur in der Ferne daran dachte. Ja, solange die Mutter da war, konnte einem nichts Arges geschehen.

Das letzte halbe Jahr

Im Oktober 1944 wurde ich bei einem Luftangriff auf Berlin auf dem Wege zum Bunker verletzt. Man brachte mich in das Luftwaffen-Lazarett des Flakbunkers am Zoo. Dort stellte man Gehirnerschütterung und einen Riß der linken Armgelenkkapsel fest. Erneut würde ich für Wochen am Fliegen verhindert sein.

Als ich erst wenige Tage im Lazarett lag, erhielt ich die Nachricht, daß Heinz Kensche, der für mich bei der Weitererprobung der V 1 eingesprungen war, bei einem Versuchsflug mit dem Fallschirm hatte abspringen müssen. Es ließ mir keine Ruhe, daß ich nichts Näheres über sein Ergehen und die Ursache des Absturzes in Erfahrung bringen konnte. Ich benutzte deshalb die Gelegenheit, während mich Arzt und Schwestern auf einem Genesungsspaziergang durch den Tiergarten vermuteten, und fuhr nach Adlershof, wo meine „Bücker 181" stand, um schnell zu meinem Kameraden nach Lärz zu fliegen.

Als der Arzt von diesem heimlichen Flug erfuhr, erhielt ich Verbot, das Lazarett zu verlassen. In der Abgeschlossenheit von der Außenwelt bedrängte mich immer wieder neu das Bild des durch Bomben zerstörten Berlin, wie ich es auf meinem Flug gesehen hatte, und immer stärker verdichtete sich in mir die Ahnung, daß diese Stadt noch nicht am Ende ihrer Prüfungen stände und noch Schlimmeres erleben würde.

Es konnten dann Situationen eintreten, in denen es unmöglich sein würde, auf normale Weise in Berlin zu landen. Wie aber sollte sich ein Flieger zurechtfinden, wenn die Stadt noch mehr zerstört in Qualm und Feuer verhüllt lag? Dann aber konnte es gerade notwendig werden, Berlin anzufliegen, um Verwundete zu transportieren, oder um Sonderaufträge auszuführen.

Ich besprach diese Frage mit Oberst Rudel, der zur selben Zeit mit einer Beinamputation im Bunker lag. Dabei dachte ich vor allem an die Verwendung eines Hubschraubers, der zum Starten und Landen nur eine kleine Fläche braucht, wobei ein flaches Dach genügt. Vielleicht kam dafür sogar der Turm des Zoobunkers in Frage.

Rudel und ich sahen uns daraufhin den Turm an. Auch unter den ungünstigsten Bedingungen, in der Verwirrung eines Kampfgeschehens zum Beispiel, mußte der Flakturm auch dann noch anzufliegen sein, wenn durch Qualm und Rauch keine ausreichende Sicht gegeben wäre. Man müßte dann die fehlende Hilfe einer Funkpeilung zu ersetzen versuchen. Zu diesem Zweck trainierte ich, sobald mich der Arzt wieder frei ließ, und flog systematisch bei jeglichem Wetter in ganz niedriger Höhe von weit sichtbaren Anhaltspunkten von der Peripherie der Stadt aus den Flakturm an. Gastürme und Kirchtürme, der Funkturm, der Turm des Ullsteinhauses waren die stets gleichen Anhaltspunkte. Von jedem einzelnen aus bestimmte ich den Kompaßkurs in Richtung Zoobunker und prägte ihn mir ein. Bald war mir jeder Winkel und jedes Trümmerdach auf diesem Weg bekannt, und ich wußte, daß ich auch unter den ungünstigsten Gegebenheiten bei Tag oder Nacht, bei Nebel oder Feuer absolut sicher den Weg zum Flakbunker finden würde. Davon erfuhr Generaloberst von Greim. Als ich im Januar 1945 aus dem Lazarett entlassen wurde, war der Krieg bereits in seine Endphase eingetreten. Das vergebliche Ringen der letzten Monate rollte unaufhaltsam ab wie eine Lawine, die alles verschüttet. Alliierte Truppen hatten im Westen wie im Osten längst deutschen Boden besetzt. Mit Erbitterung wurde auch der Kampf um Schlesien geführt. Breslau war zur Festung erklärt worden und versuchte, dem Ansturm der russischen Armeen standzuhalten. Niemand konnte daran zweifeln, daß es vergeblich sein würde. Um so größer war die Anteilnahme an dem Schicksal der eingeschlossenen Bevölkerung und die Sorge um sie.

Schlesien war meine Heimat. In meinen glücklichen Tagen hatte ich von der schlesischen Bevölkerung ungezählte Beweise der Zuneigung und Liebe erhalten. Ich zögerte deshalb nicht, als mich ein Funkspruch aus Breslau dorthin rief. Mitte Februar flog ich zum erstenmal in die Stadt ein, die zu diesem Zeitpunkt von einer Seite eine zwar ständig von feindlichen Luftstreitkräften bedrohte, aber noch offene Einflugschneise hatte. Ich blieb dort einen Tag und eine Nacht, um mit dringenden Nachrichten versehen, nach Berlin zurückzufliegen. Ende Februar flog ich – nun in Begleitung von Staatssekretär Naumann – zum zweitenmal nach Breslau, das inzwischen völlig eingeschlossen war. Wir machten Zwischenlandung in Schweidnitz, das damals noch in deutscher Hand war, um uns mit den neuesten Lageberichten zu versehen. In letzter Minute vor dem Start hatte mich noch ein telephonischer Befehl Hitlers erreicht, der mir unter allen Umständen den Einflug nach Breslau verbot. Hier aber mußte ich nur meinem Herzen folgen. Ich war ja immer noch zivile Angestellte der Forschungsanstalt in Darmstadt und deshalb keinem militärischen Befehl direkt unterstellt, auch wenn er von höchster Stelle kam. Ich flog, „sprang" in niedrigster Höhe, wenige Meter über dem Boden, über Hecken und Bäume, um den Fieseler-Storch der Sicht der russischen Panzer zu entziehen. Heil kamen wir nach Breslau und landeten in der eingeschlossenen Stadt. Und wieder, wie in Rußland, erlebte ich den Krieg in seiner grausamsten Nacktheit. Während mein Begleiter seinen Auftrag erfüllte, sah ich alte Männer, blasse, angstvolle Frauengesichter, in denen der Mund stumm geworden war vor dem Entsetzlichen, das nach ihnen griff. Auch der Rückflug aus dem eingeschlossenen Breslau gelang. Noch ein drittes Mal wurde ich im April nach Breslau gerufen. Ich flog nach Hirschberg, das vom größten Teil der Zivilbevölkerung geräumt, von den Russen aber noch nicht besetzt war. Von dort wollte ich nach Breslau weiterfliegen, aber als ich in meiner Vaterstadt eingetroffen war, erfuhr ich, daß sich mein Auftrag nach Breslau bereits

erledigt hatte. Am 19. April erreichte mich dort ein Funkspruch, der mich nach München rief. Schweren Herzens nahm
ich von Oberbürgermeister Blasius, dem alten Freund meiner
Eltern, Abschied, wohl wissend, daß ich diesen vorbildlichen
deutschen Mann und die geliebte Stadt nicht wiedersehen
würde.

In München erhielt ich den Auftrag, in dem Raum von Kitzbühel Notlandeplätze für Verwundetentransporte ausfindig zu
machen. Einen ganzen Tag durfte ich noch bei meiner Familie
in Salzburg verleben. Dorthin waren meine Eltern, meine
Schwester Heidi mit ihren drei Kindern und unsere treue
Hausgehilfin Anni, evakuiert worden. Unser Wiedersehen
schenkte uns noch – wenn auch unter dem lähmenden Anwachsen der deutschen Tragödie – das ganze Glück des Zusammenseins.

Ich begab mich nun nach Kitzbühel. Dort erreichte mich am
25. April eine Nachricht des Generalobersten von Greim, der
mich bat, sofort zur Durchführung eines Sonderauftrages nach
München zu kommen. Unterwegs erfuhr ich, daß Greim durch
Funkspruch umgehend in die Reichskanzlei zu Adolf Hitler
befohlen worden war. Da er wußte, daß Berlin von den Russen
bereits völlig eingeschlossen war und sich russische Truppen
schon in der Stadt befanden, glaubte er die Reichskanzlei am
ehesten mit einem Hubschrauber erreichen zu können. Er
erinnerte sich dabei meiner systematischen Trainingsflüge über
dem zerstörten Berlin und wußte, daß ich mich in jedem Falle
über der Stadt auskennen würde. Nach der ganzen Lage
mußte er jedoch damit rechnen, daß wir von diesem Flug nicht
zurückkehren würden. Deshalb trug er sein Anliegen zuerst
meinen Eltern vor. Sie zögerten keinen Augenblick, ihre Zustimmung zu geben.

Es war Mitternacht, als ich in Salzburg eintraf, um von meiner

Familie Abschied für immer zu nehmen. Dort erwarteten meine Familie mich schon in der Toreinfahrt von Schloß Leopoldskron. Wortlos schlossen sie mich in ihre Arme. Ich ging in den Kellerschutzraum zu den schlafenden Kindern, hob noch einmal ein jedes auf und drückte es ans Herz – dann sah ich zum letztenmal in die geliebten Augen von Vater und Mutter, die gerade und aufrecht standen, als ich in den Wagen stieg.

Die Ju 188, welche Generaloberst von Greim und mich nach Rechlin bringen sollte, startete gegen 2.30 Uhr morgens vom Flugplatz Neu-Biberg bei München. Sie flog mit eigenem Piloten. Schweigend stand ich im engen Rumpf der Maschine und sah in die sternklare Nacht, die wider Erwarten frei von feindlichen Maschinen war, welche schon seit Wochen den deutschen Luftraum beherrschten. Für mich waren nun die Würfel gefallen.

Am 26. April gegen vier Uhr morgens trafen wir in Rechlin ein. Dort befand sich der Führungsstab Nord der Luftwaffe. Die Nachrichten, die wir erhielten, waren sehr schlecht. Seit zwei Tagen war es infolge starker russischer Abwehr keiner deutschen Maschine mehr gelungen, nach Berlin einzufliegen. Von den Berliner Flughäfen befand sich nur noch Gatow in deutscher Hand, das jedoch auch bereits von den Russen umschlossen war und unter ihrem Artilleriebeschuß lag. Es war unbekannt, ob das Flugfeld noch genügend trichterfreies Gelände aufwies, um landen zu können. Der Hubschrauber, mit dem wir bei Nacht vor der Reichskanzlei niedergehen wollten, war inzwischen auf dem Flugplatz Rechlin bei einem Bombenangriff zerstört worden.

Man entschied sich deshalb für die FW 190, einen einsitzigen Jäger, dessen Gepäckraum zu einem zweiten Sitz ausgebaut worden war. Es war die schnellste Maschine, die Rechlin im

Augenblick besaß, und es war die gleiche, mit der Speer zwei Tage vorher nach Berlin hinein- und wieder herausgeflogen war. Der Pilot der Maschine, Feldwebel B., der bisher die meisten Einsätze über Berlin geflogen hatte, besaß ausgezeichnete Erfahrung und Kenntnis von der Taktik der Russen, ihren Abwehr- und Flakstellungen.

Es schien deshalb zweckmäßig, daß er auch den Flug nach Gatow durchführte. Dann jedoch sollte er mit der Maschine sofort wieder nach Rechlin zurückfliegen, da man zu jeder Stunde auch mit der Einnahme von Gatow durch die Russen rechnen mußte.

Dieser Umstand machte meinen Gedanken zu schaffen. Was würde von Gatow aus werden? Denn der Einflug in das Stadtinnere würde ja erst den schwierigsten Teil dieses Fluges bedeuten. Allerdings war er mir bereits durch meine Trainingsflüge bis in alle Einzelheiten bekannt. Mein Entschluß stand fest. Ich verließ den Besprechungsraum und begab mich zum Flugplatz. Den Piloten, der die Vorbereitungen traf, fragte ich, ob ich das Gelingen des Fluges gefährden würde, wenn ich mitflöge. Er lachte. „Ihr Gewicht spielt keine Rolle. Aber der Platz reicht nicht aus.“

Nun, das stand noch nicht fest. Vielleicht war es möglich, daß ich im hinteren Teil des Rumpfes Platz fand, obwohl darin bereits Geräte, wie Akkumulatoren und Sauerstoffflaschen, verstaut waren, die sonst im Gepäckraum untergebracht wurden.

Mit Hilfe von Kameraden ließ ich mich durch eine Luke in den hinteren Teil des Rumpfes buchstäblich „einfädeln“, mit den Beinen voraus. Zusammengekrümmt lag ich nun in völliger Dunkelheit auf den scharfen Metallspanten, die den Rumpf bilden. Es blieb kein Platz, um meine Lage auch nur etwas ändern zu können. Ich wußte, daß ich ohne Hilfe nie mehr herauskommen würde.

Kaleidoskopartig jagten jetzt die schrecklichsten Bilder an meinem geistigen Auge vorbei. Eine fürchterliche Angst, wie ich sie noch nie erlebt hatte, überfiel mich plötzlich. Aber ich mußte sie überwinden. Ich durfte jetzt nicht kapitulieren.

Inzwischen war es über dem Flugplatz lebendig geworden. Dreißig bis vierzig Jäger, die unsere Maschine als Jagdschutz begleiten sollten, erfüllten die Luft mit ihrem Getöse. Schon allein der Gedanke, daß sie da waren, gab mir Kraft. Ich konnte mich nicht entsinnen, in den letzten Monaten je so viele deutsche Maschinen zusammen am Himmel gesehen zu haben.

Kurz darauf traf Generaloberst v. Greim ein und nahm in der Maschine Platz. Erst als wir startklar waren, rief ich ihn von meinem Versteck aus an. Einen Augenblick war es still. Dann hörte ich ihn laut und suchend rufen: „Kapitän, wo sind Sie?" Ich gab noch einmal Antwort, dann rollten wir über den unebenen Platz, was ich auf den scharfen Metallspanten schmerzhaft spürte.

Wenn alles gut ging, mußten wir Gatow in etwa 30 Minuten erreicht haben. Doch wer durfte damit rechnen, daß alles gut ging? Der Luftraum von Berlin wurde von feindlichen Jägern ständig kontrolliert. Sie würden sich wie Habichte auf uns stürzen.

Überraschend ging jedoch der Flug bis kurz vor Berlin völlig glatt. Trotzdem hatte ich das Gefühl, daß sich die Minuten, die ich auf dem Leuchtzifferblatt meiner Uhr ablas, zu Ewigkeiten ausdehnten. Nie hatte ich einen Flug in einer solchen marternden Spannung gemacht, so völlig allem und jedem ausgeliefert, was an dunklem, unbekanntem Schicksal auf uns zukommen wollte.

Plötzlich – wir mußten eben das Gebiet von Berlin erreicht haben – stellte der Pilot die Maschine fast senkrecht auf den kopf und stürzte brausend nach unten. Noch größer als die physische Anstrengung – ich lag ja mit dem Kopf nach unten – war für mich in diesem Augenblick die innere Erregung; denn ich mußte annehmen, daß die Maschine angeschossen worden war; nun erwartete ich, daß sie auf den Boden aufschlagen und in Brand geraten würde. Ich wußte nicht, daß sich der Pilot durch diesen Sturz angreifenden russischen Jägern entzogen hatte. Ich merkte nur, wie er nach einer Weile die Maschine abfing. Kurz danach setzte sie auf den Boden auf. Wir befanden uns auf dem Flugplatz Gatow.

Sofort suchten wir den Luftschutzbunker der Flugleitung auf. Greim nahm telefonisch mit der Reichskanzlei Verbindung auf, was unter großen Schwierigkeiten und immerwährenden Unterbrechungen endlich gelang. Auf sein Befragen teilte ihm Oberst v. Below mit, daß Hitler ihn unter allen Umständen zu sprechen wünsche, ohne ihm jedoch Gründe dafür anzugeben. Zugleich wurde ihm mitgeteilt, daß alle Zufahrtsstraßen in die Stadt hinein bereits in den Händen der Russen waren, ebenso in der Stadt selbst der Anhalter Bahnhof, das Knie, Teile der Bülow- und Potsdamer Straße.

Unter diesen Umständen schien es fast aussichtslos, die Reichskanzlei noch erreichen zu können. Greim fühlte sich aber verpflichtet, wenn nur irgend möglich, dem Befehl zu folgen. Unsere Überlegungen führten zu dem Entschluß, zu versuchen, mit dem Fieseler-Storch nach Berlin hineinzufliegen und am Brandenburger Tor zu landen.

Der erste „Storch", den wir benutzen wollten, fiel aber kurz vor dem Start durch einen Artillerietreffer aus. Erst gegen sechs Uhr abends war der zweite, noch einzig verbliebene „Storch" startklar. Da ich keine Fronterfahrung in Feindflügen hatte, wollte Greim die Maschine selbst steuern. Hinter seinem Sitz stehend machte ich, noch bevor wir starteten, den Versuch, ob für mich Gashebel und Steuerknüppel über seine linke Schulter hinweg erreichbar wären, um sie im Notfall bedienen zu können.

Die Maschine hob leicht vom Boden ab. Wir flogen in niedrigster Höhe. Unter uns lag der Wannsee silbern in der niedergehenden Sonne, friedliches Bild der Natur! Nur flüchtig nahm ich es auf; denn die Gefahr hielt mich wie ein Tier hellwach.

Jetzt hatten wir den Grunewald erreicht. Wir hielten uns dicht über den Baumwipfeln, um den feindlichen Jägern zu entgehen, die überall am Himmel auftauchten. Aber dann brach es hervor, vom Grund und aus den Schatten und aus den Kronen der Bäume, ein höllisches Feuer, das nur uns zu gelten schien.

Ich hatte mich nicht getäuscht. Unter uns wimmelte es von russischen Panzern und Soldaten. Deutlich sah ich die Gesichter der Russen, die mit allem, was sie hatten, mit ihren Gewehren, mit Maschinenpistolen und mit Panzerwaffen auf uns schossen. Rechts, links, über und unter uns saßen kleine verderbenbringende Explosionswolken, bis es auf einmal furchtbar krachte. Ich sah eine gelblich weiße Flamme neben dem Motor aufleuchten und hörte gleichzeitig Greim rufen, daß er getroffen sei. Ein Panzersprenggeschoß hatte seinen rechten Fuß durchschlagen. In fast mechanischer Reaktion ergriff ich über seine Schulter hinweg Gashebel und Steuerknüppel und versuchte die Maschine in Abwehrbewegungen zu halten. Der Verwundete hatte inzwischen das Bewußtsein verloren und war in sich zusammengesackt. Immer noch war die Luft erfüllt von unzähligen Detonationen, so mächtig, daß der eigene Motor kaum zu hören war. Einschläge trafen die Maschine. Mit Schrecken sah ich, daß aus beiden Flächentanks Benzin rann. Jede Sekunde mußte die Explosion erfolgen, und ich konnte nicht begreifen, daß es nicht dazu kam. Der „Storch" blieb weiter manövrierfähig, und ich blieb unverletzt. Dabei quälten sich meine Gedanken um den Verwundeten, der ab und zu für kurze Augenblicke aus der Ohnmacht erwachte und dann versuchte, mit ungeheurer Energie das Steuer wieder selbst zu übernehmen. Aber immer wieder entglitt es seiner Hand.

Wir näherten uns jetzt dem Funkturm. Qualm, Rauch, Staub und ein intensiver Geruch von Schwefel wurden noch dichter und beißender, aber das Schießen ließ langsam nach. Offensichtlich flogen wir jetzt über deutsch besetzte Stadtteile. Ich flog den Funkturm an, doch hatte ich von hier aus kaum Sicht. Jetzt kamen mir meine Trainingsflüge über Berlin zu Hilfe. Ich brauchte nicht umherzusuchen, was in dieser Situation hätte gefährlich werden können, es genügte, daß ich den Kompaßkurs zum Flakbunker wußte. Links davon lag die Ost-West-Achse mit der Siegessäule. Dicht vor dem Brandenburger Tor setzte ich die Maschine auf; im Tank war kaum noch Benzin.

Die Gegend war wie ausgestorben. Ausgerissene Bäume, abgeschlagene Äste und Betonbrocken lagen herum. Das Grauen, das von ihnen ausging, war furchtbar. Hier schien es nichts Lebendes mehr zu geben.

Mit großer Mühe half ich dem zum Bewußtsein gekommenen Generaloberst aus der Maschine, die von oben erkannt und beschossen werden konnte. Er setzte sich an den Straßenrand. Nun mußten wir warten, warten, ob vielleicht ein Fahrzeug die Straße kreuzen würde. Ob es dann ein deutsches oder ein feindliches sein würde, war gänzlich ungewiß.

Tödlich langsam schlich die Zeit. In der Nähe krachten kurze harte Einschläge. Sonst nichts als die unheimliche Öde. Aber dann – ich weiß nicht wie lange wir gewartet hatten – kam endlich ein deutscher Kraftwagen, den wir anhielten und der uns aufnahm.

Wir fuhren durch das Brandenburger Tor, unter den Linden entlang, durch die Wilhelmstraße und bogen in die Voßstraße ein. Was ich auf diesem Weg sah, schien mir eine unwirkliche Kulisse, wenn ich an die stolze Straßenfront vergangener Tage dachte. Nichts war von ihr übrig geblieben als Schutt, Asche und beißender Brandgeruch.

Vor dem Eingang des Luftschutzbunkers der Reichskanzlei hielten wir an. SS-Wachen brachten den Generaloberst in den Operationsbunker, in dem Dr. Stumpfecker sofort seine ärztliche Behandlung übernahm. Danach wurden wir – der Generaloberst auf einer Bahre liegend – zwei Stockwerke tiefer in den Führerbunker gebracht. Auf der Treppe kam uns Frau Goebbels entgegen, die ich zum erstenmal sah; ich erkannte sie von Bildern her. Einen kurzen Augenblick starrte sie mit weit aufgerissenen Augen unseren kleinen Zug an, als ob sie nicht begreifen könne, daß hier überhaupt noch Menschen hereinfanden. Dann schloß sie mich weinend in die Arme.

Im Führerbunker trafen wir in dem kleinen dielenartigen Gang Adolf Hitler. Seine Gestalt war jetzt stark vornübergebeugt, beide Arme zitterten ununterbrochen, und sein Blick hatte etwas gläsern Fernes. Mit fast tonloser Stimme begrüßte er uns.

Greim erstattete Bericht. Ruhig und gespannt hörte Hitler zu. Am Ende des Berichtes ergriff er Greims Hände, und sagte dann, zu mir gewandt: „Sie tapfere Frau! Es gibt noch Treue und Mut auf der Welt."

Dann erfuhren wir durch ihn, warum er Greim hatte rufen lassen. Er glaubte sich von Göring verraten. Hitler zeigte Greim den bekannt gewordenen Funkspruch, in dem Göring um die Bestätigung der Nachfolge ersucht hatte. „Es bleibt mir nichts auf der Welt erspart, keine Enttäuschung, kein Treuebruch, keine Ehrlosigkeit und kein Verrat. – Ich habe Göring sofort verhaften lassen, ihn aller seiner Ämter enthoben und ihn aus allen Organisationen ausgestoßen."

Dann ernannte er Greim zum Nachfolger Görings mit gleichzeitiger Beförderung zum Generalfeldmarschall.

Im Raum war es still. Ich blickte auf das Gesicht des neuen Feldmarschalls, der unbeweglich und mit zusammengepreßten Lippen zuhörte. Es war nicht schwer zu erraten, welche Gedanken und Empfindungen diese Ernennung in ihm auslösten. Oberbefehlshaber einer Luftwaffe, die nicht mehr existierte! In dieser Lage konnte der Auftrag für ihn, dessen Ehrbegriff als Offizier auch im Chaos unwandelbar blieb und über jede Rücksichtnahme auf die eigene Person hinausging, nur eine Bedeutung haben – hier im Bunker auch das Ende zu erleben! So war es auch für mich selbstverständlich, zu bleiben.

Der Kreis, in dem wir uns befanden, war klein. Außer Dr. Goebbels und seiner Frau, die aus freiem Willen darauf verzichtet hatte, mit ihren Kindern Berlin zu verlassen, lernte ich auch Eva Braun kennen. Weiter begegnete ich hier im Bunker Martin Bormann, Staatssekretär Naumann, Botschafter Hevel, Admiral Voß, Oberst von Below, General Krebs, General Burgdorf, Hitlers Piloten Baur und Betz, den Sekretärinnen Frau Christian, Frau Jung und Fräulein Krüger, Dr. Lorenz, SS-Gruppenführer Rattenhuber, SS-Gruppenführer Fegelein, der vor kurzem die Schwester von Eva Braun geheiratet hatte. Die Genannten waren, mit Ausnahme von Goebbels, in Bunkerräumen untergebracht, die ein Stockwerk höher lagen.

Im untersten Teil des Bunkers wohnten Hitler, Eva Braun, Dr. Goebbels und Dr. Stumpfecker.

Wenn mich der Krankendienst bei Feldmarschall v. Greim nicht in Anspruch nahm, widmete ich mich den Kindern von

Goebbels. Kurz nach der Begrüßung mit Hitler hatte mich Frau Goebbels in ihr Zimmer, das einen Stock höher lag, geholt, wo ich mich von Staub und Schmutz reinigen konnte. Als ich den Raum betrat, schaute ich in sechs schöne Kindergesichter im Alter von vier bis zwölf Jahren, die mir aus ihren übereinandergebauten Luftschutzbetten mit lebhafter Neugier entgegensahen. Daß ich fliegen konnte, schloß sofort das Tor ihrer Kinderphantasie weit auf, und während ich mich – noch aufgewühlt von den letzten Stunden – wusch, plapperten und fragten ihr Münder in einem fort und zwangen mich so, ob ich wollte oder nicht, in ihre bunte Welt. Von da an mußte ich zu jeder Mahlzeit zu ihnen kommen, ihnen von fremden Ländern und Menschen, die ich gesehen hatte und von meinen Flügen berichten oder Märchen erzählen, die sie hören wollten. Jedes einzelne Kind entzückte in seiner natürlichen, klugen und aufgeschlossenen Art. Die geschwisterliche Liebe der Kleinen untereinander hatte etwas Ergreifendes. Als eines der Kinder einer Angina wegen im Nebenraum isoliert lag, mußte ich von Zeit zu Zeit meine Erzählungen unterbrechen, damit abwechselnd eines der Geschwister dem kranken Schwesterchen den Fortgang des Märchens berichten konnte. Ich lehrte sie mehrstimmige Lieder singen und auch echte Tiroler Jodler, die sie rasch lernten. Das Donnern und Krachen der Einschläge beunruhigte sie nicht; denn sie glaubten kindlich, wie man es ihnen vorgesagt hatte, daß der „Onkel Führer" damit die Feinde besiege, und wenn einmal das Jüngste ängstlich wurde, ließ es sich von den älteren Geschwistern mit dieser Vorstellung schnell trösten.

Dieses friedliche Bild, das sich auch dann nicht änderte, als sich die Spannung mit jeder Stunde verdichtete und ins schier Unerträgliche stieg, wurde mir in diesen Tagen, in denen ich im Bunker war, fast zu der größten inneren Belastung. Sie schien mir in manchen Augenblicken kaum mehr tragbar. „Morgen früh, wenn Gott will, wirst du wieder geweckt" sang ich mit den Kindern abends vor dem Einschlafen. Würden sie noch einmal geweckt werden?

Die Haltung der übrigen Bunkerinsassen war beherrscht und gefaßt, doch kamen wir nur bei zufälligen Begegnungen zusammen.

Schon in der ersten Nacht (26./27. April), die ich im Bunker verbrachte, hatten sich die Russen endgültig auf die Reichskanzlei eingeschossen. Über uns trommelte unaufhaltsam Artilleriefeuer mit zunehmender Gewalt. Unter dem Donnern und Krachen der Einschläge regnete selbst in diesen untersten Räumen der Mörtel von den Wänden. An Schlaf war nicht zu denken. Jeder blieb in Alarmbereitschaft.

Ich zweifelte nicht, daß das Ende immer näher kam; alle anderen fühlten es auch. Dieses Erkennen lag lähmend auf allen Eingeschlossenen und erzeugte eine künstlich hervorgerufene Hoffnung, der der Verstand widersprach. Der engste Kreis um Hitler lebte gänzlich abgeschlossen von den Geschehnissen, die sich draußen in dem verzweifelten Kampf um Restberlin und um Restdeutschland abspielten, und trotzdem brach aus allen immer wieder ein Hoffen auf Rettung hervor. Es wurde genährt von Gerüchten und Nachrichten, die den Bunker von Zeit zu Zeit erreichten, und führte zu Vorstellungen, die angesichts der Lage zu einem Zerrbild der Wirklichkeit wurden. Dazu gehörte auch die Hoffnung auf einen Entsatz Berlins.

Dieser Eindruck war besonders stark für den, der – wie wir – von draußen kam. Obwohl wir hier alle auf engstem Raum zusammen waren und vielleicht in Stunden schon das gleiche Schicksal teilen würden, so war es, als ob mich und Greim dadurch eine Wand von den übrigen Insassen im Bunker trennte.

Dieser innere Abstand wurde um so größer, je mehr sich die Lage zuspitzte.

In den zwei folgenden Tagen (27., 28. April) geschah aber noch nichts, was die Lage grundsätzlich geändert hätte. In quälendem Warten verrannen die Stunden, ab und zu aufgepeitscht durch eine neue Hoffnung, welche die Illusion gebar, oder durch eine Schreckensnachricht, die plötzlich wie ein Lauffeuer durch den Bunker ging. Fegelein, der langjährige Verbindungsmann zwischen Hitler und Himmler, Schwager von Eva Braun, sollte wegen eines Fluchtversuchs auf Befehl von Hitler erschossen worden sein. In solchen Augenblicken erschien es mir, als verlöre ich jeden Boden unter den Füßen.

Die Wucht des Angriffes auf die Reichskanzlei steigerte sich von Stunde zu Stunde. Es war kein Zweifel: der Russe war in ständigem Vordringen. Wir hatten keine Hoffnung mehr, jemals wieder das Tageslicht zu sehen. Wie ein Wunder wirkte die Nachricht, daß eine Ju 52 auf der Achse gelandet war, um Greim und mich aus Berlin herauszuholen. Auch Rudel rief aus Rechlin über die letzte noch verfügbare Leitung aus demselben Grunde an. Greim lehnte ab.

Am zweiten Tag unseres Aufenthaltes im Bunker hatte mich Hitler in sein Arbeitszimmer rufen lassen. Als er vor mir stand, noch einen Schein blasser, noch stärker in sich zusammengesunken mit einem fahlen, greisenhaft verfallenen Gesicht, gab er mir zwei kleine Phiolen mit Gift, damit – wie er sagte – Greim und ich jederzeit die Freiheit der Entscheidung haben sollten. Danach sprach er aus, daß er freiwillig mit Eva Braun aus dem Leben scheiden würde, wenn sich die Hoffnung auf einen Entsatz von Berlin durch General Wenk nicht erfüllen sollte. Auch wenn sich seine Hoffnung auf die Armee Wenk erfüllt hätte, würden – meinem Eindruck nach – Hitlers Kräfte aber nicht zu einem Weiterleben ausgereicht haben. Jede Chance einer Rettung für seine Person, die sich ihm in diesen Tagen noch bot, wie die Landung der Ju 52 und der Arado 96 auf der Ost-West-Achse, wies er als indiskutabel ab. Allein sein Glaube, daß sein Verbleib in Berlin den Soldaten ein letzter Ansporn sei, hielt ihn noch am Leben. Dann kam die Nacht vom 28./29. April. Ein Feuerüberfall löste den anderen ab, ein Orkan prasselte auf die Reichskanzlei hernieder. Nach einem Gerücht hatte der Russe bereits den Anfang der Wilhelmstraße erreicht und war auch schon bis zum Potsdamer Platz vorgedrungen.

Es war kurz nach Mitternacht, als Hitler unerwartet ins Krankenzimmer des Feldmarschalls eintrat, kalkweiß im Gesicht; wie mir schien, das Bild eines schon ausgelöschten Lebens. In der Hand hielt er einen Funkspruch und eine Karte. Er wandte sich an Greim: „Nun hat auch Himmler mich verraten. Sie beide müssen so schnell wie möglich den Bunker verlassen. Ich habe Nachricht bekommen, daß der Russe im Laufe des Vormittags die Reichskanzlei erstürmen will."

Er entfaltete die Karte.

„Wenn es gelingt", fuhr er fort, „durch einen Bombenangriff die Bereitstellungen auf den Zufahrtsstraßen zur Reichskanzlei zu vernichten, so können wir mindestens vierundzwanzig Stunden Zeit gewinnen und dadurch General Wenk ermöglichen, noch rechtzeitig bis hierher vorzudringen. Bei Potsdam hört man schon deutsches Artilleriefeuer."

Dann erklärte er weiter, daß eine Arado 96, der es noch gelungen war, auf der Achse zu landen, uns zur Verfügung stehe.

Ich hatte von militärischen Dingen kaum Ahnung. Doch war mir unfaßlich, wie man zu diesem Zeitpunkt noch ernsthaft mit der Vorstellung einer Befreiung rechnen konnte. Ich dachte an die Bilder, die wir in den letzten Wochen überall in Deutschland gesehen hatten, an die Straßen und Wege, angefüllt und verstopft mit flüchtender Bevölkerung und rückflutenden Truppen, an die Nächte im Bombenhagel, an den pausenlosen Beschuß, unter dem die Reichskanzlei seit Tagen lag – hier konnte nach meiner Ansicht auch keine Armee Wenk mehr helfen.

Doch die Welt der Illusion war immer noch nicht zu zerstören. Weinend beschwor uns Frau Goebbels, nichts unversucht zu lassen, was eine Rettung herbeiführen könnte. Die moralische Verantwortung lag damit auf Greim. Wir machten uns bereit.

Von Hitler, der im Lagebesprechungszimmer war, verabschiedete ich mich kurz mit einem Händedruck. Ich fand in dieser Situation kein Wort, das ich ihm hätte sagen können, während er mit leiser Stimme nur noch sagte: „Gott schütze Sie!" Frau Goebbels, die ich in diesen Tagen nur beispielhaft gefaßt erlebt hatte, gab mir einen Brief an ihren Sohn aus erster Ehe mit. Die Kinder schliefen. Wie gerne hätte ich sie noch einmal gesehen. Wortlos war der Abschied von den anderen.

Oberst von Below geleitete mich und Ritter von Greim, der sich mühsam auf Krücken stützte, nach oben. Je höher wir kamen, um so beißender wurde der Geruch von Brand und Schwefel, um so undurchsichtiger der Kalkstaub, der die Luft durchsetzte. Gerade war eine Feuerpause eingetreten. Als wir auf die Voßstraße traten, war der Himmel ein einziges gelbrotes Flammenmeer. Ein Panzerwagen nahm uns auf. Nun begann eine gespenstige Fahrt über die Trümmer der Voßstraße hinweg, die bereits keine Straße mehr war. Das Pfeifen der Granaten und das Krachen der Einschläge erfüllte die Luft, ließ die Erde erbeben, während Feuer und Rauch zum Himmel quollen. Aber schrecklicher als das alles war die Ungewißheit, ob man nicht schon in den Bezirken war, in denen die Russen Fuß gefaßt hatten.

Die Ecke Voßstraße/Hermann-Göring-Straße hatten wir glücklich passiert. Erlöst atmeten wir auf. Nun hatten wir auch den Tiergarten erreicht, und jetzt die Flugleitung an der Siegessäule, die noch in deutscher Hand war. Die Achse selbst lag unter ständigem Beschuß.

Die „Arado" stand in einer Splitterbox. Sie unter diesen Umständen hier gelandet zu haben, bedeutete eine hervorragende fliegerische Leistung. Es war derselbe Pilot gewesen, mit dem wir nach Gatow geflogen waren. Jetzt mußten wir zu dritt herausfliegen, obwohl die Maschine nur zweisitzig war.

Kuriere meldeten, daß die Achse noch auf vierhundert Meter frei von Granittrichtern sei, doch könne sich das jede Sekunde ändern. Der Start würde auf jeden Fall Glücksache sein.

Die feindlichen Scheinwerfer suchten mit langen Fingern unablässig die Achse ab. Trotzdem konnte die „Arado" ungesehen vom Boden abheben. Wir nahmen Richtung Brandenburger Tor. Der Siegeswagen stand wie eine schwarze Silhouette im Licht der Scheinwerfer. Wir flogen über ihn hinweg. Der Feind hatte uns jetzt aufgespürt und schoß mit Leuchtspurmunition. Die ganze Luft schien erfüllt davon.

In etwa siebzehnhundert Meter Höhe erreichten wir eine Wolkenschicht, die uns rettend aufnahm. Wir durchflogen sie, und über uns war der Himmel wieder mondhell und klar. Wir nahmen Richtung Rechlin. Der silberne Glanz der märkischen Seen wechselte ab mit dem roten Schein der brennenden Dörfer, die überall die Straßen des Krieges und der Verwüstung säumten.

Morgens gegen drei Uhr landeten wir in Rechlin, von den Männern des Führungsstabes, der sich noch dort befand, schweigend empfangen. Fröstelnd, übernächtig und innerlich zerrissen von dem Erlebten, stiegen wir aus der Maschine und betraten wieder festen Boden.

Die Luft war kalt und klar. Ich atmete tief auf. Doch spürte ich nicht auch hier schon aus Asche den Geruch von Brand und Untergang?

Nach Besprechungen, die Feldmarschall von Greim mit dem Stab in Rechlin führte, flogen wir nach Plön zu Großadmiral Dönitz und von dort nach kurzem Aufenthalt nach Dobbin zu Feldmarschall Keitel. Die kleine „Bücker", die ich mit Vorbedacht gewählt hatte, war wendig und hatte gute Sicht. Sie schien deshalb am ehesten ein Durchkommen zu gewähren. Ich vermied es, über Straßen und Bahngleise zu fliegen, die das ständige Ziel von Tieffliegern waren, schlich mehr als ich flog in niedrigster Höhe von Wald zu Wald, immer am Rand entlang, wo die Schatten uns schützend aufnehmen konnten, und sprang über Hecken und Zäune, um den Feindfliegern zu entgehen. Streckenweise mußten wir die Maschine mit einem Auto vertauschen. Aber auch diese Fahrten waren nicht weniger gefährlich und qualvoll, als es der Flug gewesen war. Immer wieder mußten wir anhalten und mit dem verwundeten Feldmarschall in Deckung gehen. Nachdem wir uns von Keitel getrennt hatten, da vor Güstrow russische Panzer gemeldet waren, fuhren wir zurück nach Lübeck. In der Nacht vom 1. auf 2. Mai hörten wir im Radio die Nachricht von Hitlers Tod und daß sich die neue deutsche Regierung unter Dönitz konstituiert hatte.

Abermals war Plön unser Ziel.

Doch unser Aufenthalt betrug nur Stunden. Greim drängte, zu seinen Truppen in Böhmen zu kommen. Wir flogen deshalb mit einer Do 217 nach Königgrätz. Schon unterwegs wurde er von einem schweren Nesselfieber befallen, das sich als Folge der Tetanusspritze einstellte. Vier Tage lag er in Königgrätz mit hohem Fieber, das sein Herz bedrohlich angriff, während die Ereignisse über Deutschland hinwegrollten. Als er am

7. Mai zum erstenmal wieder fieberfrei war, erreichte ihn die Nachricht von der bevorstehenden Kapitulation am 9. Mai.

Bevor Greim eine persönliche Entscheidung für sich und seine Truppen traf, wollte er sich mit Generalfeldmarschall Kesselring in Verbindung setzen. In zwei Maschinen flogen wir deshalb nach Graz und von dort aus nach Zell am See, wo sich Kesselring aufhalten sollte.

Ein wunderbar ruhiger Flug, dessen Frieden in krassem Gegensatz zu den turbulenten Ereignissen stand, trug uns über die Alpen. Als wir am 8. Mai in Zell am See landeten, erfuhren wir, daß bereits die bedingungslose Kapitulation unterzeichnet worden war. Damit war Greim auch die Rückkehr zu seinen Truppen abgeschnitten.

Das Lazarett in Kitzbühel nahm den Kranken, der immer noch bettlägerig war, auf. Es erfolgte der Einmarsch der Amerikaner und der innere Zusammenbruch für uns, die wir Besiegte waren.

Nach der Kapitulation

Der einzige, mich tröstende Gedanke war die Nähe meiner Familie, die ich in Salzburg wußte. Der Gedanke bedeutete in dem Unglück, das uns empfing, Heimat und Geborgenheit für mich. Gerne hätte ich ihnen Nachricht zukommen lassen. Endlich fand sich eine Gelegenheit dazu durch einen Boten. Aber sie antworteten nicht mehr. Nur sieben Grabhügel der liebsten Menschen, die ich besaß, waren geblieben.

In den Tagen vor dem Einmarsch der Amerikaner war das Gerücht verbreitet worden, daß alle Flüchtlinge in ihre Heimat zurückgebracht würden. Mein Vater hatte erlebt, was das für die Frauen und Kinder der Ostgebiete bedeuten mußte, weil er in die zeitweise zurückeroberten Dörfer als Arzt geholt worden war. Er fühlte nur die Verantwortung, die Seinen davor zu bewahren; darum nahm er das Schwerste auf sich. Mein Bruder galt als verschollen, von mir wußte man nicht, daß ich noch lebte.

Auch Ritter von Greim schied aus dem Leben, wenige Tage, nachdem ich die Nachricht vom Tod meiner Familie erhalten hatte. Amerikanische Offiziere hatten ihn unter nicht gerade würdiger Behandlung nach Salzburg gebracht; von hier aus sollte er als Gefangener abtransportiert werden. Jetzt, da die Ehre des Offiziers nichts mehr galt, endete sein Weg, den er unbeirrt, getreu der Tradition seines Standes, in letzter Pflichterfüllung gegangen war.

Ich versuchte zu leben. Und ich lebte.

Ich war jetzt Gefangene der Amerikaner. Achtzehn Monate sollte ich es bleiben und in krassem Wechsel alle Stationen einer „high criminel person" durchmachen.

Mein Verschulden?

Ich war eine Deutsche, eine Fliegerin, die man kannte, von der man wußte, daß sie bis zuletzt ihre Pflicht getan hatte und ihr Vaterland heiß liebte. Legenden rankten sich um meinen letzten Flug. Konnte ich nicht vielleicht doch Hitler irgendwo versteckt haben?

Höflich und zuvorkommend wurde ich in der Villa in Gmund, wohin man mich zuerst von Kitzbühel aus gebracht hatte, behandelt. Vielleicht gab ich das vermutete Geheimnis preis? Danach stießen mich Kolbenschläge amerikanischer Wachen in die Zelle des Gefängnisses, in dem ich die demütigende Unfreiheit kennen lernte, die Gleichförmigkeit der Tage zwischen engen Wänden, während das Auge sehnsüchtig ein Stück Himmel durch das hochgelegene kleine, vergitterte Fenster zu erhaschen sucht. Dann wurde ich zwischen Kisten und Gepäck

330

auf einen Jeep verfrachtet, der in einer Teufelsfahrt über Straßen fuhr, die nur aus Schlaglöchern zu bestehen schienen, um mich endlich nach neunstündiger Fahrt, zerschunden und verbeult, mit entsetzlichen Schmerzen behaftet, im Internierungslager abzuliefern.

Wieder schloß sich hinter mir die Zellentür.

Der Raum hatte die Größe eines Schlafwagenabteils. Er besaß außer einem Strohpolster, das auf dem Boden lag, keinerlei Einrichtungsgegenstände. Das vergitterte Fenster war ohne Glas, so daß die feuchte Oktoberkälte einströmen konnte.

War das Amerika? Amerika, das ich 1938 gesehen, erlebt und lieben gelernt hatte?

Ich ließ nicht nach, in dem Gesicht des Siegers zu lesen, weil ich hoffte, etwas von jenem amerikanischen Gesicht zu finden, wie ich es in Erinnerung hatte. Aber ich fand es nicht, und das war noch schlimmer als der Stacheldraht, der mich von der Freiheit trennte.

Das Gesicht Amerikas hatte sich in Haß verhärtet.

Dann kam ein Tag, an dem in Oberursel im Haus „Alaska", dem letzten Internierungslager, in das man mich eingewiesen hatte, ein amerikanischer General erwartet wurde. Er kam und suchte mich in meinem Zimmer auf. Ich begegnete in dieser Stunde jenem Amerikaner, wie ich ihn von drüben kannte, offenherzig, freimütig und menschlich aufgeschlossen. Ich lernte später auch seine Frau kennen, eine grauhaarige Amerikanerin mit schönem, klarem Gesicht. Auch sie lebte in der Vorstellungswelt des Siegers von 1945. Schon an den deutschen Verhältnissen hatte ich erfahren, daß Propaganda nicht nur zu einer groben, mißbräuchlichen Verallgemeinerung verleiten kann, sondern Menschen und Völker blind macht gegen eigene Schuld. Die Gespräche mit dem General und seiner Frau bestätigten mir nur, daß es auf der Seite des Siegers nicht anders zuging. Diese beiden Menschen waren nämlich zum Unterschied von denen, welche mich bisher bewacht, vernommen und verhört hatten, nicht kleinlich und rachsüchtig, sondern großherzig und aufrichtig und entsprachen damit dem Bild, welches ich von Amerika seit 1938 hatte. Aber auch an ihnen konnte ich die Wirkung einer jahrelang gegen Deutschland gerichteten Propaganda studieren.

Aber vielleicht war alles, was ich als Gefangene durchmachen mußte, nicht amerikanische Grausamkeit, sondern Verblendung von Völkern, die gegeneinander Krieg führen?

Wieder ist es Sommer geworden. Auf hellem, blauem Grund zeigt der Himmel schleierartige Wolkenbildungen. Ich stehe an dem offenen Fenster meines Gartenzimmers, das ich seit meiner Entlassung aus der Gefangenschaft bewohne, und sehe, wie sich die Wolken bilden, sich formen und langsam wieder zerfließen.

Ich habe Flugsehnsucht. Nach den Wolken, dem Wind, nach der Weite. Dort oben möchte ich jetzt mit meinem Segelflugzeug lautlos ziehen, fern unter mir die Erde. Und während meine Hand ruhig den Steuerknüppel hält, blicken meine Augen über die glänzenden Flügelflächen hinweg in den Himmel. Ehrfurcht erfüllt mich, denn um mich herum ist Schweigen.

Im Gleitflug trägt mich nun das Segelflugzeug wieder der Erde zu. Sie kommt näher und näher. Berge erheben sich, Hügel fallen zur Ebene ab, Städte wachsen empor.

Die Erde ist dieselbe geblieben. Aber sie hat sich nun in mir gewandelt. Wer Gott begegnet ist, muß dem Menschen nahe sein. Das ist die Erkenntnis, die mich das Fliegen gelehrt hat. Menschlicher Geist, Wissenschaft und Technik vermögen nichts, wenn Herz und Seele mit der Entwicklung *nicht* Schritt halten. Sie sind das Gewissen, das zur Ehrfurcht vor der göttlichen Ordnung führt. Haben wir nicht längst im Nächsten den Menschen verloren? Wir werden ihn erst wiederfinden, wenn wir die Ehrfurcht wiedergefunden haben.

Und wir Flieger haben alle die Aufgabe, das, was wir am Himmel erlebt haben, auf die Erde hinunterzutragen. Es kann kein besseres Werkzeug geben für Frieden und Versöhnung als unseren geliebten Segelflug.

Fliegen – ist mein Leben.

Der Flug über der Erde ist sein Sinnbild. Möge das Fliegen in Zukunft nur noch dazu dienen, die Menschen und Völker einander näherzubringen.